L'EXPRESS EMPLOI

Le Guide du CV et de la lettre de motivation

150 Lettres de motivation commentées et corrigées

200 CV commentées et corrigés

Le Guide du CV et de l'entretien d'embauche en anglais

L'entretien d'embauche en 202 questions

Réussir ses entretiens d'embauche

Culture générale : testez-vous en 1500 QCM

Entretien d'embauche : testez-vous en 200 questions

Femmes, tous les conseils pour réussir vos entretiens d'embauche

Réussir les tests de sélection

500 tests psychotechniques, de logique et d'intelligence

Le guide complet des tests de logique et d'intelligence

Le Guide complet du nouveau manager

5 Outils pour bien gérer sa carrière

Le Guide de l'expatriation

S'installer et travailler en Grande-Bretagne et en Irlande

S'installer et travailler aux États-Unis

S'installer et travailler au Québec

S'installer et travailler en Chine

Bien négocier avec votre employeur

Réussir ses interventions en public

Développer son réseau professionnel

Reprendre ses études

Valider ses acquis

Claude Desbordes

Master Manager®

le guide du manager performant

GROUPE
EXPRESS editions

« Le militaire avec le sabre, le diplomate avec les ruses, le géomètre avec le compas,
le chimiste avec les cornues, le physiologiste avec le scalpel,
le héros par ses actions, le philosophe par ses combinaisons,
s'efforcent de parvenir au commandement.
Ils escaladent par différents côtés le plateau au sommet duquel se trouve
l'être fantastique qui commande à toute la nature et que chaque homme
fortement organisé tend à remplacer. »
(*Comte de Saint-Simon*)
… chercheraient-ils à parvenir au niveau de MasterManager® ?

Remerciements

Merci à tous ceux qui ont été mes maîtres, soit dans leur fonction d'éducateur ou de formateur, soit en qualité de clients au cours de mes missions de conseil, d'étude, de formation, au cours de séminaires, de conférences, soit dans les échanges familiaux et amicaux, soit par l'intermédiaire de livres, études, conférences... Toutes ces interactions ont été riches d'enseignements dont je les remercie vivement.

Un remerciement particulier au professeur Dr Friedrich Schneider que j'ai rencontré en 1970 aux États-Unis alors que nous enseignions dans une école expérimentale pour surdoués issus de milieux défavorisés. Ce fut le point de départ d'une longue amitié et d'une fructueuse coopération fondée sur notre intérêt commun pour la performance des hommes. Spécialiste de la psychomotricité, Friedrich Schneider a enrichi ma réflexion par ses constantes analogies entre le corps humain et le corps-entreprise, deux types d'organismes biologiques tellement comparables.

Merci aussi à lui pour m'avoir accompagné depuis le début des années 1990 dans le développement et la conduite des séminaires Mastership® auxquels ont participé quelque 30 000 managers à ce jour.

Cette aventure, qui a permis de positionner Mastership® comme référent incontournable en matière de management, n'aurait pas eu lieu sans Florian

Piëch. Non seulement il nous a accompagnés dans le développement d'une méthodologie aujourd'hui reconnue, avec ses périodes d'euphorie et de doutes, mais a fait davantage : il nous a insufflé l'esprit Porsche (Ferdinand Porsche est son arrière-grand-père) : appui sur les fondamentaux, faible sensibilité aux modes, avance technologique, simplicité, fiabilité et, bien entendu, performance. Un immense merci à lui.

Je tiens aussi à remercier vivement les grands témoins qui ont accepté d'être présents dans cet ouvrage au travers des interviews qu'ils m'ont fait l'honneur et le plaisir de m'accorder, et dont je ne cite que de trop courts extraits. Je leur suis reconnaissant d'avoir contribué à enrichir ce livre en me confiant une part de leur expérience de manager.

Un remerciement spécial à un manager original, le commandant Yves Girard, leader 2001 de la Patrouille de France. Il m'a permis de confirmer que, même dans une organisation apparemment éloignée du monde de l'entreprise, les principes fondamentaux de la performance managériale sont applicables.

Merci à Annie, Muriel, Camille et Nathalie pour la relecture du manuscrit.

Enfin, cette liste de remerciements ne serait pas complète si je n'y incluais ma famille, mes amis et mes collaborateurs. La recherche et l'écriture m'ont pris un temps que je n'ai pu leur consacrer.

Claude Desbordes

Dans cet ouvrage, les mots homme, manager, leader, collaborateur, responsable, directeur, MasterManager®... désignent un homme ou une femme. Certains managers cités ont changé de fonction ou d'entreprise.

Sommaire

MasterManager® : le guide du manager performant

Introduction

Cet ouvrage n'a d'autre but que de vous faire revisiter au travers du prisme des connaissances d'aujourd'hui un art qui existe depuis toujours : l'art du commandement.

Malgré tout l'intérêt des modèles de management élaborés depuis des siècles, malgré la volonté des meilleurs spécialistes de faire d'un art millénaire une science, des fondamentaux incontournables demeurent. Dès lors qu'ils ne sont pas respectés, les théories et les modèles les plus brillants, les plus sophistiqués, sont mis en échec. Soit parce qu'ils en sont trop éloignés, soit parce qu'ils sont tellement évidents qu'on ne les voit plus et qu'on les occulte.

Le présent ouvrage se focalisera sur ces fondamentaux qui animent les hommes, qui les font imaginer, projeter, s'engager, risquer, persévérer... et finalement réussir. Si, en respectant ces principes, le manager crée les conditions de la réussite pour lui et ses hommes, pourquoi s'en priverait-il ? Pour vous permettre de vous les approprier et d'en tirer le meilleur bénéfice au jour le jour, il vous sera proposé une palette d'outils opérationnels qui représentent l'équipement managérial indispensable.

Ce livre doit vous être utile pour à la fois prendre de la distance sur votre fonction, et pour l'embrasser pleinement dans sa réalité quotidienne. Puisse votre lecture optimiser votre performance et celle de vos collaborateurs. Puisse-t-elle vous permettre de mieux appréhender le périmètre de votre fonction et vous aider à améliorer la qualité de votre management sur la durée. Puisse *MasterManager®* vous aider à devenir un MasterManager® !

Cette compétence est une nécessité, particulièrement dans le contexte actuel de l'entreprise qui peut, à lui seul, faire l'objet d'une encyclopédie.

Dix paramètres sont assez significatifs pour avoir une influence sur votre quotidien de manager. Ils seront traités de manière directe ou indirecte tout au long de l'ouvrage : le changement permanent, la compétition exacerbée, le stress omniprésent, l'égocentrisme croissant, les ponts de toutes sortes entre les personnes, les sciences et les organisations, la progression de la complexité, les paradoxes à tous les niveaux, l'exigence accrue de qualité, l'accélération de la vitesse, la montée en puissance de la mondialisation.

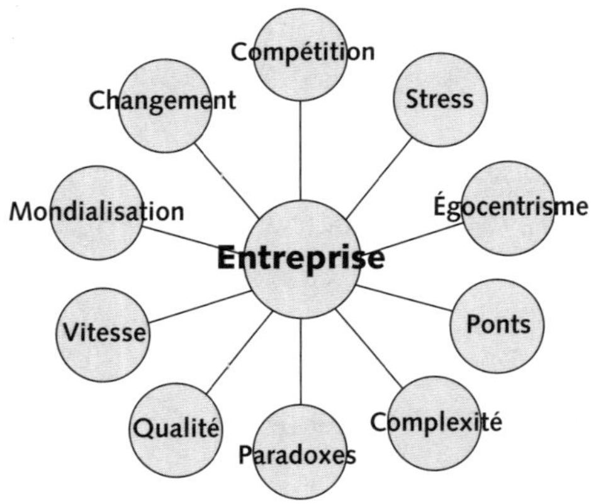

Face à ce contexte, le manager et l'entreprise doivent être préparés à donner les réponses les plus pertinentes. Ils doivent concevoir et mettre en œuvre les actions qui produisent les meilleurs résultats, en tout cas ceux qui seront les plus adaptés. Ils doivent être performants dans la limite d'une approche spécifique que je vous invite à explorer.

Claude Desbordes

PARTIE 1

Le manager et la performance

Comment le manager et l'entreprise peuvent-ils appréhender la performance pour s'en faire une alliée ? Il conviendra de démystifier un concept souvent galvaudé, d'en préciser le périmètre, d'en identifier les facteurs les plus influents, et de s'assurer des conditions qui garantissent qu'elle soit durable.

Sommaire

Être ou ne pas être performant

Dans l'environnement actuel de l'entreprise, le choix du manager ne se réduit-il pas finalement à une question shakespearienne : « Être performant ou ne plus être ? » Quel autre recours que la performance pour continuer d'exister ? N'est-elle pas aujourd'hui plus que jamais une exigence ?

Encore faut-il définir ce que recouvre le mot, en déterminer les contours, les limites. On peut vouloir être performant mais pas nécessairement à n'importe quel prix, comme le précise le commandant Yves Girard : « Pour définir la performance à la Patrouille de France, je serais tenté de commencer par dire ce qu'elle n'est pas : la recherche du mieux à tout prix. »

Qu'est-ce que la performance ?

Souvent galvaudé, le concept recouvre une multitude de réalités, dont certaines sont acceptables et d'autres légitimement contestables. Le mot performance vient de l'ancien français « parformer » qui signifiait tout simplement « accomplir ». Après un séjour chez nos amis d'outre-Atlantique, il nous est revenu avec une connotation de compétition, voire d'exploit.

Au niveau de l'entreprise, nous ne considérerons que le premier sens du mot performance : accomplir. Car, si l'entreprise évolue dans un contexte compétitif où les exploits sont recherchés, il est difficile d'en produire durablement sans prendre le risque du *« burn-out »*, c'est-à-dire de l'épuisement. En matière de performance, ce qui est attendu de l'entreprise et de ses acteurs, ce sont peut-être des exploits, mais c'est surtout des résultats… en qualité et en quantité pour répondre à un cahier des charges spécifique. Mais aussi sur la durée, pour assurer la pérennité de l'entreprise.

Revenons sur l'origine du mot performance avec la signification « accomplir ». Notons deux interprétations qui prêtent souvent à confusion. Selon certains, pour accomplir il suffit de bien faire : « J'ai accompli mon travail. » Concentrés sur la réalisation de leur tâche, ils se désintéressent de l'objectif à atteindre. Comme ce qu'ils font est de bonne qualité, ils sont contents d'eux et sont surpris d'entendre qu'ils ne sont pas performants. D'autres ne sont focalisés que sur l'objectif. Même si les étapes intermédiaires sont négligées, leur satisfaction est d'atteindre le but visé. Les Anglo-Saxons disent : « *Doing things right is not enough, you've got to do the right things.* » Traduction française, la rime en moins : « Ce n'est pas tout de faire les choses bien, encore faut-il faire les bonnes choses. » Il faut effectivement savoir choisir les activités qui font la différence et permettent d'atteindre l'objectif fixé. Faire les bonnes choses permet de «[…] réaliser ses objectifs le matin et aller au cinéma l'après-midi ! » (Roland Desjardins, ex-directeur des opérations Gestetner).

Faire et finir

Restons dans la langue de Shakespeare qui, contrairement au français, différencie deux aspects de l'action. Le premier est lié au verbe « *to do* », qui signifie faire. Pour le second « *to achieve* », il convient également de faire mais sans oublier de finir ! Combien font les bonnes tâches, les exécutent correctement et s'arrêtent en chemin ?

Quand elles sont accomplies de façon satisfaisante par la compétence à « faire », le relais doit être passé à celle qui sait « finir » jusqu'à l'obtention des résultats. Ceux-ci étant produits en quantité et en qualité, les objectifs fixés sont atteints. La performance est à la clé. Vu sous cet angle, le concept de performance s'applique donc simultanément au but et au chemin. Le chemin, c'est « faire » pour optimiser les moyens et les procédures selon une stratégie définie. Le but, c'est « finir », atteindre les objectifs fixés, obtenir les meilleurs résultats, quantitativement et qualitativement. Et dans les deux cas, l'évaluation passe par des questions relatives à quatre catégories de critères.

1. La productivité permet-elle d'obtenir la qualité souhaitée ?

2. Le niveau de compétitivité est-il suffisant ? Quels avantages qualitatifs nous différencient des concurrents ? Notre ratio qualité/prix est-il supérieur au leur ?

3. La rentabilité est-elle au rendez-vous grâce au bénéfice économique et au retour sur investissement attendus ?

4. Le bénéfice non économique est-il au niveau souhaité, avec principalement la satisfaction des clients ?

Si cette façon d'appréhender la performance est encouragée, reconnue, récompensée, c'est un premier pas vers une culture de performance.

FINALITÉ DE LA PERFORMANCE

« Si la finalité est de revendre une entreprise à cinq ans, toute la stratégie en dépend, donc les performances. »

Michel Berger, vice-président d'Afplane

« C'est la performance relative qui importe. »

Leo Apotheker, P-DG de SAP

« Un grand sportif dans son pays peut être non performant ailleurs. »

Concetta Lanciaux, ex-DRH de LVMH

« La performance doit avoir un sens. »

Jacques Cambon, ex-DRH de Volkswagen France et DG d'Inforsud

La performance n'est pas une fin en soi. Quel est, en effet, l'intérêt d'être performant pour être performant, sauf à figurer dans le *Livre des records ?*

Un moteur de 1 000 CV par exemple doit être adapté à un véhicule qui puisse le recevoir dans de bonnes conditions. Il faut que ledit véhicule soit prévu pour une utilisation, une destination, un but spécifiques. Installer un tel moteur sur la voiture de Monsieur Tout-le-monde est non seulement un non-sens, mais un acte irresponsable qui peut s'avérer lourd de conséquences. Le moteur est certes performant, mais en l'occurrence il est au service d'un objet inadéquat. Sa finalité n'a pas été clairement définie. Il est performant dans le seul but de l'être.

Si la performance n'est pas une fin en soi, comment peut-on en appréhender la finalité ? Nous sommes tous capables de nous engager dans l'action et d'être durablement performants. À une condition : percevoir la direction vers laquelle nous nous dirigeons et les raisons pour lesquelles nous agissons. La finalité de la performance est donc liée au sens. Et, dans notre belle langue, le mot « sens » a trois acceptions :

– perception, système sensoriel, cinq sens ;
– direction, cap, orientation, destination ;
– signification, raison, motif.

Pour orienter une équipe vers la performance, la mobiliser pour réussir, la clarification de ces deux axes s'impose. Il est cependant des performances qui ne sont pas sur ces deux axes. Ces performances, pour remarquables qu'elles soient, sont ou éphémères ou pathogènes.

Nous pouvons tous être victimes d'une situation dans laquelle nous avons perdu le cap et n'avons plus conscience des motifs de nos actions. Par exemple, telle personne engagée à 200 % dans l'action peut se réveiller un jour *groggy,* ne sachant où se situer, déboussolée, perdue, apathique, dépressive, incapable de s'engager à nouveau. Cette personne a perdu le cap et ne perçoit plus les raisons pour lesquelles elle agit. Dans son ouvrage *Tomber sept fois, se relever huit*, Philippe Labro fait une touchante démonstration de cette situation sur la base de sa propre expérience. Ce touche-à-tout talentueux dans divers domaines, à la fois chef d'entreprise, journaliste, écrivain, scénariste, réalisateur de films, s'est trouvé confronté à la dépression pour avoir perdu le sens de sa performance.

Faute d'avoir un cap clair, faute de percevoir avec précision les motifs qui l'animent, l'être humain peut cesser d'agir ou, au contraire, continuer inlassablement…

MasterManager®

« On n'a pas besoin de faire des choses extraordinaires pour être performant. » (Antoine Rostand, ex-P-DG d'EDS)

Pourquoi faire rimer performance avec souffrance ?

Dans notre culture, nous avons souvent le sentiment que la réussite doit être liée à la douleur et à la difficulté. Nous adorons faire rimer performance et souffrance : un succès nous paraît légitime s'il est obtenu difficilement, et suspect s'il est obtenu avec facilité.

« Tu enfanteras dans la douleur », phrase bien ancrée dans nos cerveaux par la culture judéo-chrétienne indique clairement qu'un enfant, et par extension tout projet, ne peut naître que dans la souffrance.

« On n'a rien sans rien », « Réussir, c'est 1 % d'inspiration et 99 % de transpiration », « Pour réussir, il faut travailler dur », « Travaillez, prenez de la peine… », sont quelques autres des expressions qui nous sont familières et qui nous influencent.

Pour prendre conscience de notre attachement culturel à la souffrance, il convient de faire une pause, de s'arrêter un instant pour observer et réfléchir, car « la pause, elle aussi, fait partie de la musique » (Stefan Zweig).

Dans l'agitation frénétique qui est trop souvent le lot quotidien, s'arrêter, prendre du recul, s'octroyer un moment de respiration pour trouver ou retrouver son inspiration, sont trop souvent considérés comme une perte de temps, voire un luxe.

ILLUSTRATION DE NOTRE ATTACHEMENT CULTUREL À LA SOUFFRANCE

COMBIEN S'ÉCHINENT À POUSSER ou à tirer leur chariot, alors qu'il existe des solutions à portée de main ? Mais ils ne souffriraient sans doute pas assez...

En l'occurrence les roues rondes transportées dans le chariot remplaceraient avantageusement les roues carrées, n'est-ce pas ?

Il était une fois un bûcheron qui avait tellement de travail qu'il ne prenait même plus le temps d'affûter sa hache. Il était une fois un manager qui avait tellement de travail... Cela vous rappelle-t-il quelque chose ?... quelque chose qui concerne quelqu'un que vous connaissez ?... que vous connaissez intimement ?...

Et si la performance exigeait de prendre du temps ? Et si la performance n'était pas exclusivement liée à la volonté et à l'effort ? Et si la performance pouvait être produite sans souffrance, avec légèreté, agilité, facilité ? Et si, cerise sur le gâteau, nous avions un peu de chance ?

MasterManager®

Faites rimer performance avec aisance ! Ça rime mieux qu'avec souffrance...

La chance est un facteur de performance

Nous sommes inconsciemment portés à nous éloigner de ceux qui n'ont pas de chance, comme s'ils étaient atteints d'une maladie contagieuse. La chance et la malchance sont-elles des fatalités qui justifient cette attitude ? Sont-elles des facteurs de succès ou d'échec ?

La chance est souvent évoquée pour expliquer une performance. Peut-on pour autant lui attribuer la majorité des performances dont nous sommes témoins ? Envisageons une autre hypothèse au travers de l'expérience suivante.

Un groupe d'enfants est invité chez la petite Audrey pour fêter son anniversaire. Le programme de la journée est décidé. Le matin, ce sera une course d'orientation en forêt. L'après-midi commencera par la construction d'une cabane et finira vers 17 heures par le gâteau d'anniversaire.

Avec le programme de la journée en tête, les enfants se lancent dans l'activité du matin. Celle-ci prend une tournure imprévue : pendant la course d'orientation, les enfants recueillent toutes sortes d'objets. Dans la perspective de la cabane qu'ils ont projetée pour l'après-midi, tout ce qu'ils rencontrent sur leur chemin prend une dimension particulière. Le moindre morceau de bois est récupéré pour une fonction bien définie. Tout objet est perçu comme une opportunité et toute opportunité devient une chance. Les enfants rentrent pour déjeuner avec un bric-à-brac d'objets dont ils savent exactement l'usage qu'ils en feront dans la construction de la cabane.

UN PROJET CLAIR FAVORISE LA CHANCE

Dans la vie en général et dans la vie de l'entreprise en particulier, il en est de même. Lorsqu'une personne a un projet clair en tête, il l'habite en permanence, parfois même de façon obsessionnelle. Et lorsqu'une opportunité se présente, elle la saisit immédiatement, tout simplement parce qu'elle a du sens par rapport au projet.

Imaginez une autre personne, qui n'a en tête qu'un projet flou ou qui n'en a pas du tout, et qui se trouve elle aussi en présence de la même opportunité. Elle ne la percevra même pas et n'y prêtera donc pas attention. Cette opportunité ne présentera pour elle aucun intérêt parce qu'elle ne pourra pas la relier à un projet, parce qu'elle ne lui trouvera pas de sens. Et cette personne clamera haut et fort qu'elle n'a pas de chance.

La chance serait-elle tout simplement l'art de saisir une simple opportunité et de la mettre en relation avec un projet que l'on a en tête ?

C'est ainsi qu'on pourrait dire qu'Albert Einstein a eu de la chance lorsqu'il a découvert la relativité, que Fleming a eu de la chance lorsqu'il a découvert la pénicilline, qu'André Citroën a eu la chance de pouvoir acheter le brevet des engrenages à chevrons (dont on lui affecte d'ailleurs à tort la paternité) ou de pouvoir révolutionner l'automobile avec l'invention de la « traction avant », que Pierre Bellon a eu de la chance pour que Sodexho devienne leader mondial de la restauration collective, que Claude Bébéar a eu de la chance pour pouvoir saisir toutes les opportunités de rachat qui s'offraient à lui et conduire Axa dans le peloton de tête des compagnies d'assurances… La liste d'exemples comparables est longue.

Un jour j'ai entendu à la radio une personne confier aux auditeurs : « Je n'ai jamais de projets, je ne me fixe jamais d'objectifs. Comme cela je suis sûre de ne jamais être déçue ! » Elle aurait sans doute pu ajouter : « Je dois dire aussi que je n'ai jamais de chance. » Ne sachant pas où elle va, elle ne peut pas saisir les opportunités qui se présentent ; elle ne peut donc pas les transformer en chance.

Souhaitons que cette personne, à défaut d'être chanceuse, soit au moins heureuse ! Bonheur, encore un mot inusité dans les manuels de performance…

MasterManager®

« Le hasard ne favorise que les esprits préparés. » (Louis Pasteur)

Associer bonheur et performance

« Il n'y a qu'un seul devoir, c'est d'être heureux. »
Denis Diderot

Beaucoup de managers sont aujourd'hui conscients des limites d'un système fondé sur la compétition et sur la production de résultats exclusivement quantitatifs. S'ils n'en étaient pas conscients, les jeunes générations se chargeraient de toute façon de le leur rappeler.

Remettant en question la dictature de la compétition avec toutes ses conséquences, refusant de tout sacrifier à la croissance et à la tyrannie de la Bourse, refusant d'immoler l'homme et son écosystème sur le bûcher du productivisme, ils ne veulent plus perdre leur vie à la gagner. Ils en ont assez de tout sacrifier pour une réussite qui ne rend même pas heureux. Ils considèrent que l'on peut faire davantage tout en faisant mieux, car ils veulent que le progrès serve d'abord l'homme et que leurs efforts développent le bien-être, à commencer par le leur et celui de leur famille.

Certains managers, comme Christian Boiron, PDG des laboratoires Boiron, ou le CJD (Centre des jeunes dirigeants) osent même associer les mots bonheur et entreprise. Christian Boiron fait cependant remarquer très pertinemment que le mot bonheur est utilisé « à toutes les sauces » et trop souvent à la place de son faux ami, plaisir.

LE BONHEUR EST AUSSI DANS L'ENTREPRISE

Lorsque nous faisons ce que nous aimons, sur une trajectoire choisie, dans un environnement matériel et humain que nous apprécions, lorsque nous parvenons à atteindre les objectifs que nous nous sommes fixés... nous sommes dans une dynamique de plaisir.

Lorsque, de plus, nous agissons en pleine conscience, en conformité avec notre système de valeurs, lorsque nous savons apprécier la molécule émotionnelle constituée par les multiples atomes de bien-être du quotidien, atomes générés par la cohérence entre nos pensées et nos actions, alors nous entrons dans la sphère du bien-être et dans celle du bonheur. Notre état émotionnel est satisfaisant. Nous nous sentons bien, bien avec nous-mêmes et bien avec les autres.

Qu'est-ce que le bonheur ? Un état de complète satisfaction dans lequel nous sommes lorsque nous agissons en conformité avec ce que nous pensons. Une définition du bonheur qui comporte trois mots-clés applicables aussi bien à la personne qu'à l'entreprise.

Penser : c'est grâce à la pensée que nous sommes capables d'agir en pleine conscience, avec intelligence, en organisant nos actions dans un but donné. Nous sommes ici au niveau de la réflexion, de l'analyse, de l'anticipation et de la stratégie.

Agir : c'est se mettre en mouvement, ce qui satisfait pleinement notre système nerveux. « Un système nerveux ne sert qu'à agir », aimait à dire le père de la biologie comportementale, le professeur Henri Laborit. Nous sommes ici au niveau de l'engagement, c'est-à-dire de l'action dans une direction donnée.

Complète satisfaction : elle est mesurée par l'état émotionnel, le meilleur indicateur qui soit pour évaluer le niveau de satisfaction, tant au niveau individuel qu'au niveau collectif (climat social).

DÉSIRER ET SAVOURER L'EXISTANT

Dans l'entreprise, le bonheur se situe plutôt aujourd'hui dans une perspective spinoziste. En effet, alors que pour Platon le désir est manque, pour Spinoza il s'agit de désirer ce qui ne manque pas, c'est-à-dire de désirer l'existant. Le management platonicien utilise donc la frustration comme moteur tandis que le management spinoziste est naturellement orienté vers la jouissance.

Le manager doit ainsi aider les subordonnés à se réjouir de leur mission, à savourer ce qu'ils accomplissent, à prendre conscience du périmètre et de l'intérêt de leur fonction, du sens de leurs actions, du bien-être qu'ils peuvent retirer de leur quotidien dans l'entreprise.

Le manager doit favoriser le bien-être de ses hommes et ne pas perdre de vue son exigence, celle de l'entreprise, celle du marché. Il doit les conduire à la fois vers le bonheur et vers la performance. Est-ce la quadrature du cercle ? Peut-être. C'est en tout cas une compétence indispensable pour le manager qui agit dans une perspective de pérennité.

MasterManager®

Vous avez un impact sur le bonheur de vos collaborateurs par le choix des missions que vous leur confiez et par la qualité des relations que vous instaurez !

Managez durable !

« De nos jours, l'entreprise est également invitée à jouer un rôle citoyen dans le milieu où elle opère, et il convient d'enrichir l'appréciation économique par un indicateur d'ordre sociétal et environnemental. »

Fayçal Zemmama, ex-DG de la Banque centrale populaire du Maroc

Dans les années 1980, l'équilibre entre l'économique et le social était l'un des thèmes de prédilection des managers. Le CJD (Centre des jeunes dirigeants) en a été l'un des promoteurs les plus actifs.

L'un de ses anciens membres, Christian Boiron, me confiait : « Le fondement de notre philosophie sociale, c'est l'épanouissement des gens plutôt que le stress. En tant que chef d'entreprise, on n'a pas le droit ni la fonction essentiels de faire le bonheur des salariés. Ceci dit, il faut passer par là pour assurer notre métier : produire les meilleurs produits au meilleur prix. Ce n'est pas de l'angélisme, c'est du réalisme. »

La recherche de l'équilibre entre l'économique et le social a fait son chemin. Les spécialistes, dans leur immense majorité, reconnaissent qu'aujourd'hui l'économique seul ne suffit pas pour faire réussir une entreprise sur le long terme. Si le social, c'est-à-dire le personnel, est insatisfait, il n'est pas disposé à s'investir avec l'énergie nécessaire pour faire réussir l'entreprise, en tout cas pas de manière suffisante pour que cette réussite soit durable.

Ce dernier adjectif nous conduit à un concept émergent, le développement durable, qui fait son chemin depuis un quart de siècle et qui marquera probablement ce début de millénaire d'une empreinte indélébile.

GENÈSE DU DÉVELOPPEMENT DURABLE

Né à la conférence des Nations unies sur l'homme et son environnement en 1972 à Stockholm, le développement durable a pris son envol au Sommet de la Terre à Rio en 1992 et surtout à celui de Johannesburg en 2002.

Son appellation française est due à une traduction approximative du terme anglais « *sustainable development* », c'est-à-dire « développement supportable ». Il s'agit en effet de créer les conditions d'un développement supportable pour la survie et l'épanouissement de l'espèce humaine.

La définition de référence du développement durable est celle de Mme Gro Harlem Brundtland, ex-Premier ministre de Norvège qui écrivait en 1987 dans *Our common future* : « Un développement qui répond aux besoins du présent sans compromettre la capacité des générations futures à répondre aux leurs. » Dans la droite ligne de cette définition, le traité de Maastricht (janvier 1992) en a intégré une autre quelques mois avant le sommet de Rio (juin 1992) : « Promouvoir une croissance durable respectant l'environnement, inventer des modes de développement et donc de consommation pour assurer le bien-être des hommes d'aujourd'hui sans compromettre celui des hommes de demain. »

Le qualificatif durable commence à poindre dans le management. L'environnement s'ajoute, en effet, de plus en plus aux préoccupations économiques et sociales des managers.

LE MANAGEMENT DURABLE

LE SCHÉMA SUIVANT permet de synthétiser le management durable dans la droite ligne des principes du développement durable.

Le durable est à l'intersection de l'économique, du social et de l'environnement. À l'intersection de l'équitable, du vivable et du viable.

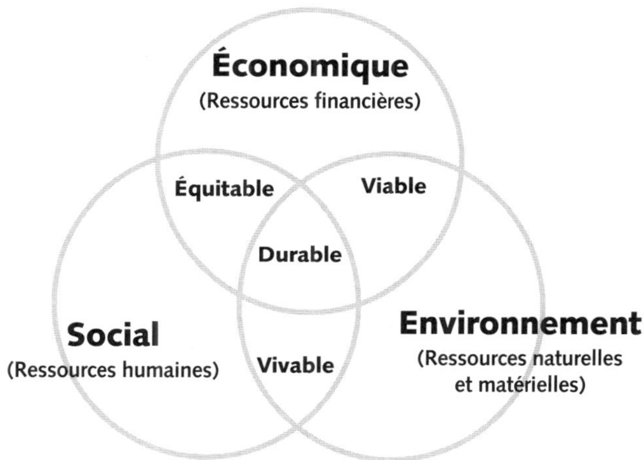

Précisons ce qu'il faut entendre par la prise en compte de l'environnement. Au sens général, il s'agit d'agir pour garantir la qualité de l'air et de l'eau, de lutter contre l'effet de serre, de préserver la nature pour finalement créer les conditions de survie de l'espèce humaine.

Au sens particulier de l'entreprise, la prise en compte de l'environnement se traduit par la recherche d'une bonne ergonomie des postes de travail, une bonne qualité de l'air, un niveau supportable de facteurs stressants (bruit, champs électromagnétiques, température…), la chasse aux composants toxiques, une nutrition de qualité, et cette énumération n'est pas exhaustive.

Le management et le développement durable

À l'intersection de l'économique et du social, on trouve l'équitable ; à l'intersection du social et de l'environnement, le vivable, et à l'intersection de l'environnement et de l'économique, le viable. L'intersection de l'équitable, du vivable et du viable donne le durable (voir encadré page 29).

Pas de développement économique pérenne sans prise en compte des préoccupations des hommes. Pas de progrès social si les résultats économiques ne sont pas au rendez-vous. De la même manière, les moyens financiers conditionnent les investissements accordés à la qualité de l'environnement, qui conditionne lui-même la qualité de vie des hommes, leur épanouissement, leur envie de s'investir. Un cercle vertueux encore trop peu opérationnel aujourd'hui, mais qui sera certainement l'une des évolutions majeures du management en ce début de millénaire… et une preuve de son intelligence.

Comme le précise Jacques Brégeon, directeur du Collège des hautes études de l'environnement et du développement durable : « La gouvernance doit donner l'impulsion nécessaire pour que le développement durable trouve la place qui lui revient. »

Dans l'entreprise, c'est aussi à la direction de donner cette impulsion vers le management durable. Elle s'appuiera sur une philosophie d'action politique et des principes éthiques comparables à ceux du « Contrat mondial » (*The Global Compact*) proposé par Kofi Annan, ancien secrétaire général de l'ONU (Organisation des Nations unies), lors du Forum de Davos en 1999. Les entreprises signataires s'étaient alors engagées sur neuf commandements (voir encadré page ci-contre).

NEUF COMMANDEMENTS DU DÉVELOPPEMENT DURABLE APPLIQUÉS À L'ENTREPRISE

1. Promouvoir et respecter les droits de l'homme.

Respecter les individus en toutes circonstances, ne pas confondre la faute et la personne. Si la faute doit être sanctionnée, la personne doit toujours être respectée.

2. Ne pas se rendre complice de violations des droits fondamentaux.

Assumer ses responsabilités et agir quand une attitude ou un comportement porte atteinte aux droits d'une personne. Ne pas fermer les yeux sur une situation de harcèlement moral par exemple.

3. Respecter l'exercice de la liberté d'association et reconnaître le droit à la négociation collective.

Favoriser et respecter les instances représentatives du personnel. Créer les conditions pour les échanges entre les personnes, quel que soit le niveau hiérarchique.

4. Éliminer toutes les formes de travail forcé et obligatoire.

Favoriser les négociations pour les affectations de mission, pour la mobilité géographique ou fonctionnelle, pour la résolution de conflits.

5. Abolir le travail des enfants.

Refuser de s'approvisionner chez des fournisseurs qui utilisent les enfants comme main-d'œuvre à bon marché. Ne pas feindre d'ignorer la situation malgré les avantages économiques.

6. Éliminer la discrimination en matière d'emploi et d'exercice d'une profession.

Privilégier la biodiversité en termes d'origine ethnique ou sociale, de culture, de sexe, d'âge, de personnalité... pour le bénéfice des personnes concernées et au final pour celui de l'entreprise.

7. Promouvoir le principe de précaution sur les grands problèmes touchant à l'environnement.

▶

NEUF COMMANDEMENTS DU DÉVELOPPEMENT DURABLE

Geler au niveau des choix stratégiques toute action qui pourrait nuire à l'intégrité de l'environnement.

8. Favoriser la responsabilité dans les pratiques environnementales.

Promouvoir l'initiative individuelle en matière de respect de l'environnement. Sensibiliser au niveau des moindres gestes quotidiens.

9. Encourager le développement et la mise en œuvre de technologies respectueuses de l'environnement.

Privilégier les investissements ainsi que la recherche et développement de nouveaux produits, qui prennent en compte le respect de l'environnement.

Le respect de ces engagements aura nécessairement des répercussions sur les pratiques managériales, y compris dans les entreprises non signataires. Les managers seront de plus en plus interpellés sur ces questions par les personnes et organisations avec lesquelles ils sont en contact.

Si l'avenir du monde ne laisse personne indifférent, l'avenir du management passe par l'avenir du monde, ou pour être plus précis, par l'avenir de notre espèce. Car, contrairement à ce que l'on peut entendre ici ou là, ce n'est pas notre planète qui est menacée. La Terre a en effet connu, depuis sa création, des situations bien pires dont elle s'est toujours sortie. Ce qui nous menace aujourd'hui, et qui est le plus inquiétant, c'est la disparition de l'espèce humaine. Si nous n'abandonnons pas la maltraitance de l'environnement et que notre espèce disparaît bientôt, pourquoi se préoccuper du management des hommes ? Ce thème deviendrait dérisoire… et cet ouvrage aussi.

MasterManager®

La manager n'est pas Attila. L'herbe repousse après son passage !

Mondialisation, danger ou opportunité ?

« Faire de la mondialisation quelque chose de positif. »
Leo Apotheker, P-DG de SAP

Dans la perspective du développement durable, que penser de la mondialisation ? Si pour des régions moins développées que la nôtre, c'est une chance, qu'en est-il pour notre pays, notre entreprise, nos enfants, nous-mêmes ?

Que nous considérions la mondialisation comme un risque, un concept à la mode ou une évolution irréversible, que nous nous en réjouissions ou que nous la redoutions, la mondialisation est un fait.

C'est un fait accentué par la réduction des distances : d'un coup d'aile, nous allons en effet aussi vite à Budapest qu'à Montpellier. C'est une situation nouvelle qui change beaucoup de paramètres dans la conduite des entreprises, avec une redistribution géographique en fonction des viviers de main-d'œuvre, des coûts, des décalages horaires, une utilisation de la technologie pour produire à distance une fuite des cerveaux vers des cieux plus accueillants, un repositionnement des capitaux en temps réel au niveau international... Nous pouvons fermer les yeux et nous contenter d'attendre. Nous pouvons aussi les ouvrir, porter un regard objectif et rechercher les avantages et les inconvénients de cette puissante lame de fond.

DES PLUS ET DES MOINS

Nous sommes tous concernés par cette gigantesque redistribution des cartes avec ses plus et ses moins.

L'aspect positif en est une meilleure utilisation des ressources disponibles dans le monde, du travail pour des populations plus démunies que nous, une meilleure répartition des richesses.

L'aspect négatif est la mise en péril de certains secteurs d'activité, le sentiment d'insécurité, le stress, voire l'angoisse, observés chez certaines personnes à la suite des réorganisations, des plans de restructuration, du manque de visibilité.

Les entreprises, petites ou grandes, qui savent valoriser leurs atouts ont, à terme, davantage à gagner qu'à perdre dans ce défi planétaire. Les grands groupes qui disposent d'une force de frappe mondiale l'ont bien compris, et on observe que de nombreuses PME leur ont emboîté le pas :

1. Indélec, entreprise familiale de Douai, leader européen dans le domaine des paratonnerres et des parafoudres, est présent dans plus de 50 pays.

2. Doublet, fabricant de matériel pour les événements sportifs et électoraux (drapeaux, isoloirs, urnes…), vend ses produits partout en Europe et en Amérique du Nord.

3. Louis de Sacy, maison familiale de production de champagne, a réussi, malgré sa taille, à se hisser au niveau des plus grandes marques. Elle exporte aujourd'hui dans le monde entier.

Et la liste d'entreprises comparables est longue. Loin de les affaiblir, la mondialisation les renforce, car elle leur demande de se dépasser pour être au meilleur niveau. Elle les contraint à être des entreprises de classe mondiale (*world class companies,* comme disent les Anglo-Saxons).

Ce qui caractérise ces entreprises, qu'elles soient petites ou grandes, ce sont, entre autres : la capacité de leurs managers à agir plutôt qu'à subir, leur capacité à saisir les opportunités plutôt qu'à gémir, leur faculté d'adaptation, leur agilité tactique, leur vision extra-hexagonale du monde, leur capacité d'analyse, leur méfiance des idées reçues et des solutions toutes faites.

MasterManager®

Évaluez les risques et saisissez la chance de la mondialisation !

Le danger des techniques prêtes à l'emploi

Un de mes confrères, qui voulait mettre en avant l'aspect pragmatique de ses prestations, annonçait fièrement sur ses documents commerciaux : « Pas de philosophie, des techniques ! »

Je demande un jour à l'un de ses collaborateurs s'il est favorable aux chambres à gaz. Devant son étonnement, je poursuis ma provocation en lui indiquant que je trouve remarquable l'efficacité de ces instruments. J'ajoute que j'imagine qu'en tant que spécialiste de la performance, il doit particulièrement les apprécier. Et peu importe, après tout, la philosophie sous-jacente pourvu que les techniques soient efficaces… Mon interlocuteur ne s'était jamais interrogé jusque-là sur le sens de ce slogan commercial maladroit et impropre.

La philosophie, ou en tout cas la réflexion, doit bien évidemment toujours précéder la technique, sinon c'est la porte ouverte à ce que dénonçait déjà François Rabelais dans le célèbre « … science sans conscience… », traduit en langage managérial par Christian Boiron : « Science et philosophie sont deux branches d'un même ADN, une hélice de progression. »

Si la philosophie du manager heurte, les meilleures techniques du monde, en appui sur cette philosophie, heurteront. En revanche, si sa philosophie est acceptable, les techniques en appui sur elle seront acceptables, puis acceptées. Elles auront alors tout naturellement un potentiel d'efficacité. Pour être acceptable, la philosophie du manager doit respecter certains fondamentaux. Il doit en particulier commencer par placer l'homme au cœur de sa réflexion et de son action.

La soumission à l'autorité

Après la Seconde Guerre mondiale, à la suite des atrocités commises sur ordre par les nazis, des chercheurs se sont intéressés aux raisons pour lesquelles une personne dite normale est capable d'avoir un comportement tyrannique, voire pire, lorsqu'un ordre lui est donné par une autorité qui lui paraît légitime. Commencée à Harvard dans le cadre d'un doctorat, poursuivie à l'université de Yale en 1961 et 1962, l'expérience sur la soumission à l'autorité menée par Stanley Milgram est restée dans les annales.

Des volontaires sont recrutés par voie de presse pour une expérience scientifique sur la mémoire et l'apprentissage. Il leur est proposé 4,50 $ de l'heure pour être soit instructeur, soit élève. En réalité, la personne qui répond à l'annonce reçoit toujours le rôle d'instructeur. Il lui est demandé de lire une liste de couples de mots à l'élève et de s'assurer que celui-ci est capable de les mémoriser correctement.

Après les présentations d'usage, l'instructeur se voit confier le pilotage d'un générateur électrique équipé de 30 contacteurs d'intensité progressive. Ceux-ci sont marqués « 15 volts », « 30 volts », « 45 volts » jusqu'à « 450 volts ». Ils sont classés en plusieurs catégories, de « choc léger » jusqu'à « choc violent », les deux derniers contacteurs étant hors classement et marqués « XXX ». L'élève est placé sur une chaise et immobilisé par des sangles. Une électrode reliée au générateur électrique est installée sur l'un de ses bras.

L'expérience commence. L'instructeur lit à l'élève la liste de couples de mots qu'il doit mémoriser. Dans un deuxième temps, il n'énonce que le premier mot et l'élève doit donner le second. Si l'élève se rappelle le mot qui correspond, l'instructeur passe au couple de mots suivant. En revanche, si l'élève donne une mauvaise réponse, l'instructeur déclenche un choc électrique : 15 volts pour la première erreur, 30 volts pour la deuxième, et ainsi de suite.

Au fur et à mesure du déroulement de l'expérience, l'élève montre des signes d'épuisement. Si l'instructeur s'en inquiète, l'expérimentateur le rassure : en sa qualité de chef du laboratoire, il assume l'entière responsabilité s'il arrive quoi que ce soit à l'élève. L'instructeur rassuré continue l'expérience sans états d'âme. Et ce n'est pas le spectacle de l'élève se tordant de douleur à chaque choc électrique qui l'en dissuade.

Si cette expérience est éthiquement contestable, elle l'est moins du côté élève que du côté instructeur, car le dispositif électrique est factice et l'élève est un professionnel qui joue le rôle de la victime.

Le potentiel d'obéissance des hommes

L'expérience de Milgram a démontré que nous sommes pratiquement tous égaux face à une situation de ce genre. Les instructeurs étaient tous des personnes ordinaires. Aucune différence notable n'a été enregistrée lors de cette expérience et lors des nombreuses expériences comparables réalisées un peu partout dans le monde, au regard de l'origine sociale, ethnique, de la profession, du sexe. Les instructeurs sont, dans l'ensemble, obéissants et peuvent faire souffrir leur victime sur ordre, si la demande émane d'une autorité légitime.

« J'ai vu un homme d'affaires mûr et équilibré entrer dans le laboratoire souriant et confiant. En vingt minutes, il avait des tics, il balbutiait et était au bord de la crise de nerfs. Il tirait constamment sur son lobe d'oreille et se tordait les mains. Soudain, il se frappait le poing sur le front et murmurait "Oh ! Mon Dieu, assez !". Il continuait cependant à écouter l'expérimentateur et à obéir jusqu'au bout. » Deux tiers des instructeurs sont allés jusqu'au bout de l'expérience, c'est-à-dire jusqu'à 450 volts. Aucun ne s'est arrêté avant 300 volts.

Des expériences complémentaires ont été menées pour savoir ce qui pourrait empêcher l'instructeur d'infliger la punition. Le niveau d'obéissance diminuait quand il était demandé à l'instructeur de tenir la main de l'élève au moment du choc électrique. Cependant, même dans ces conditions de proximité, voire d'intimité avec l'élève, un tiers des instructeurs allaient encore jusqu'à infliger 450 volts à leur victime.

L'expérience de Milgram invite le manager à s'interroger sur la responsabilité qui est la sienne. Si la propension de l'être humain à la soumission est telle, si son potentiel d'obéissance est tel, ceci oblige encore davantage le manager.

L'action managériale doit être fondée sur une philosophie qui serve l'homme au niveau le plus proche, le plus intime du quotidien, comme au niveau le plus large, le plus universel. Faute de quoi, elle ne produira pas les effets recherchés, en tout cas pas sur la durée.

MasterManager®

Votre action managériale ne sera durable qu'en appui sur une philosophie qui respecte les hommes.

Les hommes, premier facteur de performance

« Les hommes d'abord, la stratégie passe après. »
Jack Welch, président de General Electric de 1981 à 2001

L'idée de départ de cet ouvrage était « Performance, mode d'emploi ». Lorsque j'ai commencé à y réfléchir, j'ai très vite pensé à interviewer des dirigeants. Confrontés quotidiennement à une exigence de performance, ils seraient bien placés pour en parler. Ils me donneraient des exemples concrets. Ils auraient beaucoup à dire sur ce thème. Mon intuition était exacte; ils avaient effectivement beaucoup à dire. Pourtant, au fur et à mesure que se déroulaient les entretiens, j'observais une dérive systématique : du concept de performance au sens large, nous passions insensiblement à la performance des hommes en particulier.

Tous insistaient sur le fait qu'un dirigeant qui se contente d'être un gestionnaire ne peut pas être vraiment performant. Ils mettaient en exergue que la manière de gouverner les hommes est déterminante pour produire des résultats et obtenir un impact durable sur la performance globale de l'entreprise.

Nous aurions pu parler stratégie, gestion, technique, finances, nous avons surtout parlé management des hommes. Cette dérive corroborait ce que je constate au quotidien dans ma pratique de consultant et de formateur : dans la majorité des cas, les solutions techniques ou financières, pour nécessaires qu'elles soient, sont insuffisantes. Les solutions qui produisent des résultats sur la durée passent inévitablement par la façon dont les hommes sont considérés et dirigés.

LES HOMMES ET LA QUALITÉ

Le modèle adopté par les entreprises européennes les plus performantes se nomme EFQM (European Foundation for Quality Management). Sur les neuf éléments qui le composent, trois sont déterminants : ce sont des hommes (le personnel) qui appliquent des processus pour satisfaire d'autres hommes (les clients).

Au sein de l'entreprise, c'est le personnel qui produit les résultats et assure la performance. Patrick Lelorieux, président d'Avaya, ne dit rien d'autre : « La performance de l'entreprise est liée à la performance des individus qui y travaillent. »

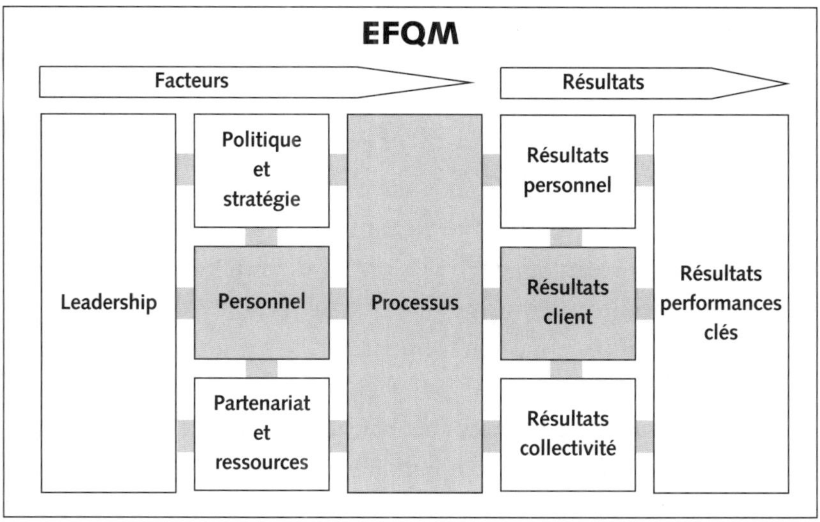

À l'extérieur de l'entreprise, les clients témoignent de la performance des hommes de l'entreprise par leur niveau de satisfaction. Léo Apotheker, P-DG de SAP, suggère même de « créer une bourse de satisfaction client ».

Les autres facteurs de performance (leadership, politique et stratégie, partenariat et ressources) et autres résultats (distribués au personnel, à la collectivité, aux actionnaires) ont bien entendu leur importance, mais les trois éléments qui constituent le cœur du modèle sont déterminants pour la performance de toute organisation : « Des hommes qui appliquent des processus pour satisfaire d'autres hommes. »

Lors d'une reprise d'entreprise, les acheteurs passent un temps considérable à auditer les comptes, ce qui est légitime. Ils partent du postulat qu'à périmètre identique, les performances passées de l'entreprise se poursuivront. Il est accordé une attention particulière à la valeur réelle des stocks, à la qualité du compte client, aux provisions éventuelles pour créances douteuses, à l'évolution des ratios de gestion, aux marchés en cours, aux potentiels de développement du chiffre d'affaires, aux risques et opportunités. Le repreneur demandera éventuellement le maintien en poste du dirigeant pendant six mois et négociera un contrat ferme d'un an avec quelques clients clés de l'entreprise.

Si les hommes sont le patrimoine le plus important de l'entreprise, une étude approfondie sur le personnel devrait être une priorité. Elle est, en l'occurrence, insignifiante, et se résume à quelques entretiens et à l'assurance verbale du vendeur sur la qualité de son personnel. Comme le directeur commercial et le directeur industriel sont les chevilles ouvrières de l'entreprise, on négocie avec eux un engagement de rester dans l'entreprise pendant une année au moins après la cession. Et le chapitre ressources humaines s'arrête là !

La qualité des hommes en place

Une évaluation approfondie du personnel clé en matière de compétence métier, de compétence relationnelle, de capacité à s'engager et à atteindre les objectifs, de potentiel d'évolution, de loyauté à l'égard de l'entreprise, de faculté à s'adapter au changement, de capacité à développer de nouvelles compétences, de capacité de reporting, d'esprit d'équipe… sont autant de critères déterminants pour la performance future de l'entreprise.

Bien qu'il reste encore beaucoup à faire, l'évaluation des hommes est fort heureusement une évolution aujourd'hui perceptible dans les méthodes d'évaluation d'une entreprise.

Le traitement du client

J'ai pu constater qu'une donnée fondamentale était dramatiquement sous-estimée dans les concessions d'un grand constructeur automobile : le client. Drapées dans la certitude d'avoir les meilleurs produits du monde, les personnes en relation avec le client oublient trop souvent de bien le traiter.

Vous avez peut-être vous aussi expérimenté le hall d'exposition dans lequel personne ne s'intéresse à vous, ou dans lequel on vous déshabille du regard en vous faisant comprendre que cette marque de voiture n'est pas faite pour vous. Vous pouvez être interpellé par une phrase comme : « Cette voiture vaut 57 000 € », pour bien vous signifier que vous n'avez manifestement pas les moyens de vous l'offrir. Si, de plus, vous êtes ce jour-là habillé de façon un peu négligée, on peut aller jusqu'à vous faire sentir que votre présence est carrément indésirable.

LA PERFORMANCE DES HOMMES DANS L'AÉRONAUTIQUE

BOEING A RÉALISÉ une étude sur les 86 accidents de jets (Boeing et autres) survenus entre 1982 et 1991. Dans 72 % des cas, l'erreur humaine était à l'origine de l'accident.

Interprétation négative de cette étude : dans 72 % des cas, les hommes n'ont pas été à la hauteur.

Interprétation positive : dans 72 % des cas, les hommes peuvent éviter l'accident.

Le modèle utilisé dans l'aéronautique pour identifier les causes des accidents se nomme « Modèle de causalité de Reason ». Ce modèle est tout à fait transposable à l'entreprise pour appréhender les facteurs de risques.

Considérons les cinq niveaux du modèle comme autant de tranches d'emmental, les erreurs étant représentées par les trous :

1. décideurs défaillants (exemple : plan de vol erroné) ;
2. encadrement défaillant (par exemple : retard de transmission d'une information) ;
3. ressources défaillantes (par exemple : panne de matériel) ;
4. production défaillante (par exemple : non-application d'une procédure) ;
5. défenses défaillantes (par exemple : panne du système de secours).

L'accident se produit lorsque cinq erreurs – cinq trous dans les tranches d'emmental – se trouvent en parfait alignement. Certains considèrent que ce n'est qu'une coïncidence ou le fruit du hasard, la « faute à pas de chance ». À l'analyse, il s'agit très souvent d'une suite d'erreurs humaines dont la concomitance peut être prévue et dont les effets désastreux peuvent être évités.

Dans l'entreprise, bien que les conséquences soient en général moins dramatiques que dans l'aéronautique, moins choquantes, donc moins visibles, cet

alignement, cette concomitance, a aussi des effets désastreux.

COMMENT SE PRODUIT UN ACCIDENT

Que ce soit dans l'aéronautique ou dans l'entreprise, il suffit de cinq erreurs concomitantes – cinq trous en parfait alignement dans les cinq « tranches d'emmental » – pour qu'un accident se produise.

Le modèle de Reason fournit un éclairage supplémentaire, s'il en était besoin, sur le rôle déterminant des hommes dans la performance des organisations. Et donc sur le rôle déterminant des managers dont la fonction est de les diriger.

Dans l'aéronautique, les hommes peuvent éviter près des trois quarts des accidents. Qu'en est-il dans votre entreprise ?

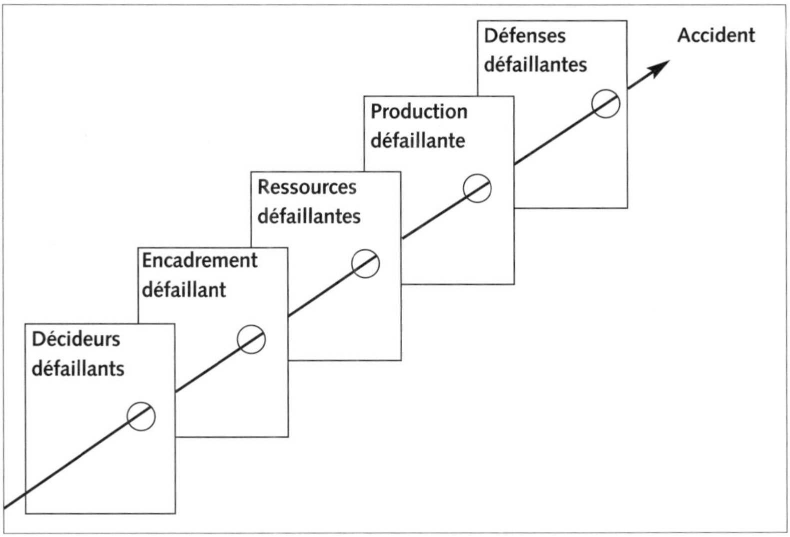

Combien de fois ai-je entendu des managers et des commerciaux déclarer en coulisses qu'une automobile XX ça se mérite ! Le client devrait-il ramper pour profiter de l'extraordinaire avantage de posséder une XX ? Quel client est assez masochiste pour accepter ce type de relation de manière durable ?

Nul ne doute que la qualité du produit est importante. Elle est toutefois insuffisante, car au-delà de la qualité du produit, d'autres paramètres ont une incidence sur la performance de l'entreprise, en particulier la manière dont les personnes sont traitées, clients en externe, collaborateurs en interne.

Certes, cette entreprise fabrique ce qui se fait de mieux techniquement, mais elle fait preuve de ce qui se fait de plus pauvre commercialement. Tant que la direction n'aura pas compris qu'un produit de qualité est insuffisant, tant que la culture client n'aura pas été instillée par tous les pores de la peau à tous les acteurs du réseau, il y a peu de chances que la position de la marque sur le marché s'améliore.

Après des années de formations commerciales tous azimuts, l'entreprise XX doit réaliser qu'il faut commencer par le commencement : améliorer les compétences en management des hommes, en interne. C'est la méthode la plus efficace et la plus rapide pour améliorer le traitement des hommes en externe, c'est-à-dire les clients. Une démarche de pur bon sens, mais ne dit-on pas que le bon sens n'est pas donné à tout le monde ? Tant mieux pour les concurrents de XX.

MasterManager®

Les hommes sont toujours au cœur de la performance durable, qu'ils soient en interne (vos collaborateurs) ou en externe (vos clients) !

PARTIE 2

Compétences essentielles du manager

Faut-il obligatoirement des managers dans une organisation ? Existe-t-il des exemples d'organisations durables sans chefs ? S'il faut des managers, quel est le profil des meilleurs ? Doivent-ils être inconsistants, décoratifs, silencieux, absents, sans autorité, parés de leur seul statut de chef ? Ou alors doivent-ils être consistants, parfois trop, autocratiques, omniprésents, tonitruants ? Doivent-ils être entre ces deux extrêmes ?

Les pages suivantes vous proposeront des réponses à ces questions, après avoir exploré un postulat.

Sommaire

Nous sommes tous des managers !

Le terme « manager » ne s'applique généralement qu'à des dirigeants, des encadrants. À y regarder de plus près, un père ou une mère de famille est aussi un manager. Il doit équiper ses enfants de compétences utiles pour leur chemin de vie, leur tenir la main dans les premiers kilomètres, puis les rassurer, les conforter pour qu'ils puissent développer leur autonomie, et enfin les aider à prendre leur envol. N'est-ce pas un pur acte de management ?

Pour ceux qui en douteraient, peut-être faut-il rappeler que management vient du latin *manus* qui signifie main. Le manager est un effet celui qui tend, prend, tient et qui finalement lâche la main de l'autre quand il est prêt à se lancer seul.

Un éducateur est un manager

Si un père ou une mère de famille est un manager, un enseignant ne l'est pas moins. Or, dans l'univers de l'éducation, le vocable management est souvent perçu comme inadapté. Sans doute y a-t-il quelque différence entre manager dans le monde éducatif et dans celui de l'entreprise. Mais qui peut contester qu'un enseignant conduit ses élèves, les entraîne, les sécurise, les fait progresser dans une salle d'entraînement nommée salle de classe ?

À propos, le monde équestre appelle cette salle d'entraînement « manège », terme qui, curieusement, vient lui aussi du latin *manus*. Les analogies ayant toutefois des limites, les éducateurs que sont les managers ne sont pas pour autant des dresseurs de chevaux...

La fonction managériale de l'enseignant ne s'arrête pas au management des élèves. Elle s'étend à celui des parents d'élèves, des collègues, et même de ses supérieurs hiérarchiques ! Toutes ces fonctions ne sont bien entendu pas contractuelles. Bien qu'elles soient ignorées ou sous-évaluées, elles sont toutefois bien réelles.

En leur qualité de managers, les dirigeants de l'Éducation nationale seraient bien inspirés de montrer l'exemple en équipant, en formant, en accompagnant, en sécurisant les jeunes enseignants dans ces fonctions. On en parle depuis des lustres, mais on continue à affecter des jeunes diplômés non préparés à des classes de lionceaux, souvent adorables mais qui n'en sont pas moins des lionceaux !

Le management paraît plus évident lorsque l'on aborde le domaine sportif. Tout le monde a en effet conscience du fait qu'un coach doit savoir bien manager l'athlète ou l'équipe dont il a la responsabilité, s'il veut leur donner la moindre chance de victoire.

Dans l'entreprise, tous les collaborateurs sont des managers, au sens large du terme bien entendu. Même au niveau hiérarchique le plus bas, ils ont une attitude de manager qui se traduit, par exemple, dans la manière dont ils accueillent un nouveau collègue de travail, dont ils résolvent un conflit dans le service, dont ils répondent à un client. En fait, ils reproduisent la manière dont ils sont eux-mêmes managés. Et c'est dans le domaine commercial que ceci est le plus évident. Les vendeurs reproduisant la relation qu'ils ont avec leur hiérarchie, la qualité de management d'un directeur commercial se répercute naturellement sur les clients. Bien traités, bien « managés », les clients sont disposés à construire une relation durable avec les vendeurs, ce qui assurera la pérennité de leurs affaires.

L'entreprise qui perçoit l'importance du management des hommes investit à la fois sur le management interne (la relation avec ses collaborateurs) et sur le management externe (la relation avec ses clients). La priorité sera toutefois toujours donnée à l'interne, car un collaborateur bien traité traitera bien les clients. Par exemple, une entreprise de transport avait investi un budget publicitaire considérable pour séduire une nouvelle clientèle au niveau national. La campagne était fort réussie. Les nouveaux clients affluaient. Malheureusement, entre le discours publicitaire et ce que vivaient les clients, il y avait un certain hiatus.

Séduit par la publicité, un client décide de signer un contrat avec l'entreprise. À la première livraison, le livreur, de mauvaise humeur, la cigarette au coin de la bouche, grommelle : « De toute façon, c'est toujours la même histoire dans cette boîte. Ils sont tellement désorganisés qu'ils perdent tout le temps des colis. Signez là en signalant le colis manquant. N'hésitez pas à leur passer un savon. De mon côté, je vais voir ce que je peux faire pour vous retrouver le colis… » Vous pouvez imaginer la suite de la relation avec ce client. Bel exemple de ce qui se produit quand on néglige l'interne par rapport à l'externe. Bel exemple de ce qui se produit quand la qualité du management des hommes n'est pas à la hauteur.

MasterManager®

Formez tous vos collaborateurs au management! Même s'ils l'ignorent ils sont tous des managers.

Qu'est-ce qu'un Master Manager® ?

« Une entreprise est comme un poisson, elle se régénère par la tête. »
(inspiré de Confucius : *« Un État est comme un poisson, il pourrit par la tête. »)*

Si la façon dont les hommes sont dirigés est déterminante dans la performance d'une organisation, les managers, quels que soient leur niveau hiérarchique et responsabilité, ont bien sûr un rôle décisif. Précisons ce qu'il faut entendre par manager, car dans ce domaine règne une certaine confusion. Un cadre est en théorie destiné à encadrer. En pratique, nombre de cadres n'encadrent personne, en particulier en France, championne du monde toutes catégories du statut sans fonction ! Ce statut a-t-il été inspiré par une des définitions humoristique du mot cadre : « structure rigide qui délimite un vide » ? Ce n'est évidemment pas le statut de cadre qui devrait légitimer la fonction, mais bien l'inverse : c'est la fonction de cadre, avec la responsabilité d'une équipe, qui devrait légitimer le statut. Une nouvelle révolution culturelle à mener…

Du management au self-management

Au-delà du cadre, nous trouvons le manager. C'est à ce niveau que commence la véritable fonction d'encadrement. C'est l'univers de la planification, de l'organisation, de la gestion, un domaine fortement exploré dans les années 1970.

Au-delà du management, c'est le niveau du leadership, de l'entraînement, de la motivation, de la dynamisation, thèmes très étudiés et investis à partir des années 1980.

Depuis, les managers performants ont réalisé l'importance du dernier niveau, qui est sans doute le premier, celui-ci intègre les trois autres et leur ajoute une dimension de taille : le self-management. Ce niveau ultime nommé Mastership® – « maîtrise » dans la langue de Shakespeare – permet d'expérimenter et de valider ses pratiques sur ses propres projets. Il ouvre la voie à une culture de performance fondée sur l'exemplarité.

C'est là que se révèle le MasterManager®, c'est-à-dire le manager qui vise la maîtrise de l'art du commandement. C'est à ce stade que vous souhaiterez parvenir, je l'espère, après avoir lu ce livre !

Au-delà du Mastership®, des apprentissages complémentaires seront bien sûr toujours nécessaires pour permettre au manager d'entretenir

Les quatre niveaux de commandement

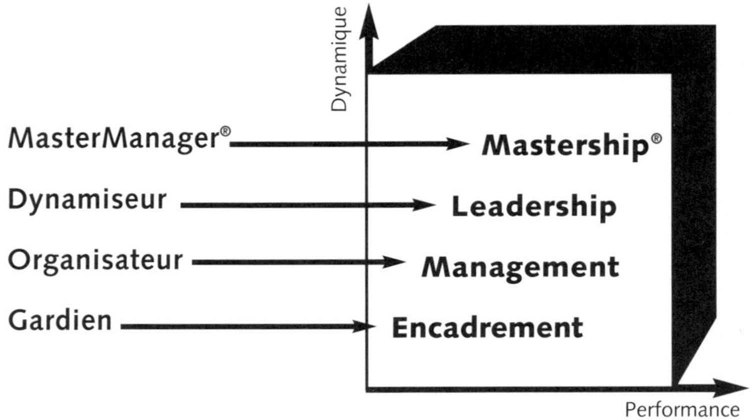

et de développer sa compétence. Cependant, même s'il continue à remplir sa boîte à outils, ceux-ci ne produiront vraiment leurs effets que s'ils sont acquis après et non avant le Mastership®.

Il ne viendrait à l'idée de personne d'installer de nouveaux logiciels performants sur un ordinateur dont le système d'exploitation n'aurait pas été mis à jour. Le résultat serait évidemment décevant. Il en est exactement de même dans le cursus du manager.

Le paléoanthropologue Yves Coppens ne dit rien d'autre lorsqu'il affirme : « Dans l'évolution de l'homme, la culture est toujours en avance sur le comportement », ce qui peut se traduire dans le domaine managérial par : « Dans l'évolution du manager, la culture est toujours en avance sur le comportement. »

S'il est inefficace d'installer des connaissances nouvelles sur une culture de performance inexistante ou fragile, il est tout aussi inefficace de vouloir changer les comportements des collaborateurs sans leur avoir permis de s'approprier auparavant une culture de performance.

Nous pouvons tous citer l'exemple de personnes qui ont suivi de multiples stages de gestion du temps ou de communication et qui ne savent toujours pas fixer leurs priorités ou se faire comprendre... Ils ont tout simplement mis « la charrue avant les bœufs ». Ne commettons pas cette erreur et attachons-nous d'abord à développer une culture de performance managériale avant d'aborder les techniques.

MasterManager®

Ne vous contentez pas du management et du leadership. Visez le Mastership® !

Un chef doit-il être dominant ?

Une population de babouins *Papio anubis* a été étudiée par Robert Sapolsky et Lisa Share à l'Institut de primatologie de Nairobi (Kenya). Au début des années 1980, une épidémie de tuberculose se déclara. L'origine en était le dépôt d'ordures d'un camp de touristes proche de la réserve massaï.

Les mâles dominants du groupe de babouins exerçaient sous diverses formes leur pouvoir sur les femelles du groupe et sur les autres mâles. Ils avaient par exemple la priorité sur la nourriture et étaient les premiers à profiter des ordures. Ceci les conduisit à leur perte et les mâles les moins agressifs, ceux qui n'avaient pu accéder aux ordures, survécurent. Ils remplacèrent les mâles dominants et la communauté des babouins commença à se pacifier en adoptant une culture non violente.

Quand un babouin étranger s'introduit dans la communauté, il est prié de se conformer aux lois pacifiques du groupe et il s'y plie sans problème. Pour la première fois, la preuve est faite que des primates peuvent abandonner la dominance pour adopter des comportements pacifiques et les transmettre sans intervention du patrimoine génétique.

Si une population de babouins trouve des avantages à abandonner la dominance, qu'en est-il des êtres humains ? Alors que nous devrions évoluer vers plus de civilisation, la dominance, cette pulsion archaïque, nous ramène trop souvent à la barbarie. Nous sommes tous concernés par ce risque, surtout lorsque nous occupons une fonction de responsable.

Dominance et décadence

Peut-être est-il utile de rappeler ce que disait Albert Einstein à l'adresse des Américains, propos qui peuvent aller comme un gant à bien d'autres cultures si elles ne corrigent pas leur trajectoire : « [Ils] sont passés de la barbarie à la décadence sans connaître la civilisation. » Excès de langage sans doute, mais il est permis de s'interroger : ne cultivent-ils pas parfois cette pulsion primitive de dominance à travers un certain impérialisme, une volonté d'imposer leurs valeurs à d'autres peuples ?

Peut-on aujourd'hui accepter ce qu'affirmait Roosevelt drapé dans un rôle de sauveur de l'humanité : « L'américanisation du monde est notre destin » ? N'en sourions pas, car le processus d'acculturation qu'ont subi les colonies et les protectorats de plusieurs pays d'Europe est bien de la même veine. Il convient d'être très prudent lorsque l'on fait la promotion d'une culture, en particulier lorsqu'il s'agit d'une culture de l'efficacité et du résultat à tout prix. Pour certains, la performance est une lutte sans merci dans laquelle le but est de détruire les compétiteurs, quelles que soient les méthodes employées. La performance peut pourtant exister sans préjudice pour l'autre.

L'homme est un être social qui ne peut s'épanouir durablement que dans des interactions saines. Si la violence a jalonné son parcours depuis la préhistoire, il doit aujourd'hui la maîtriser pour justifier la civilisation dont il se réclame.

Il a dans ce domaine un point commun avec le rat : il est en retard par rapport à d'autres espèces animales qui ont adopté des rituels de limitation de l'agressivité. Les canidés, tels les loups, utilisent une posture de soumission pour échapper au châtiment de l'animal dominant. Chez certains primates et chez les éléphants, des stratégies d'alliance, de négociation, de réconciliation, une organisation matriarcale sont autant de moyens destinés à limiter l'agressivité.

Chez l'homme, les arts sont des antidotes à la violence. Les jeux et le sport le sont aussi, en tout cas quand ils en respectent la philosophie et ne sont pas eux-mêmes générateurs de violence. Les arts martiaux donnent à cet égard un bel enseignement. Ils apprennent à respecter l'adversaire, même lorsqu'il est à terre. Cette attitude est non seulement digne de la civilisation, mais tout simplement responsable et réaliste. Comment en effet continuer à jouer si l'on n'a plus d'adversaire ? Comment progresser si l'on est tout seul dans le jeu ?

Nous avons toujours intérêt à ce que le jeu continue. Nous devons donc agir pour qu'il en soit ainsi, et ce dans l'intérêt comun. Cette attitude à l'opposé de l'agression n'est pas pour autant une démission, bien au contraire. La pulsion de dominance est bien présente, mais elle est sous surveillance, elle est maîtrisée.

Nous pourrions évoquer le fameux « *fighting spririt* » : « [...] une forme de combativité, d'agressivité maîtrisée (à l'instar de celle demandée à un sportif de haut niveau), de volonté presque obsessionnelle d'aller de l'avant, une envie ou même un besoin de se remettre systématiquement en question... « Il doit, selon moi, rester la qualité première d'un pilote. » (commandant Yves Girard, leader Patrouille de France).

Maîtriser la dominance

À défaut de pouvoir s'en affranchir, maîtriser la dominance est une nécessité si l'on veut faire de la performance un vecteur de progrès et de mieux-être.

Laisser le champ libre à la dominance, c'est prendre le risque de dépendre d'une force primitive dont les effets sont des plus néfastes. L'histoire nous en a montré trop d'exemples.

Que de dysfonctionnements et de mal-être pourraient être évités si les propos d'Henri Laborit étaient mieux entendus : « Tant que l'on n'aura pas diffusé très largement à travers les hommes de cette planète la façon dont fonctionne leur cerveau, la façon dont ils l'utilisent, et tant qu'on n'aura pas dit que jusqu'ici ça a toujours été pour dominer l'autre, il y a peu de chances pour qu'il y ait quelque chose qui change. »

Le microcosme de l'entreprise est très concerné. De nombreux dysfonctionnements relationnels peuvent être évités en tenant simplement en respect la dominance. Et cela aussi bien à l'égard des subordonnés, des collègues et des responsables hiérarchiques, qu'à l'égard des partenaires externes, clients, fournisseurs, collectivité.

Par son exemplarité, le manager a une influence dans cette démarche. Qu'il manage au sein de son entreprise selon un style autocratique et dictatorial, et il installera ce style archaïque et barbare comme référent.

Qu'il adopte un style qui évite la dominance et il installera une culture qui permettra aux personnes d'exister.

La civilisation, le progrès et le mieux-être dans l'entreprise commencent par là. Avec ses conséquences sur la performance. D'où l'importance de l'art et de la manière d'exercer le pouvoir.

MasterManager®

Dominez la dominance ! Elle nuit à la performance durable.

Manager, c'est exercer de l'autorité

Chacun a pu constater que les organigrammes ne donnent que rarement une photographie fidèle de la répartition du pouvoir dans l'entreprise. Il se répartit sur le papier selon une arborescence illusoire mais rassurante. Dans la réalité, il existe une carte virtuelle de répartition du pouvoir, spécifique à chaque entreprise, forgée par un réseau de forces en interaction plus ou moins visibles, plus ou moins puissantes.

Des luttes conscientes et inconscientes sont en œuvre pour maîtriser les goulots d'étranglement et ce que le sociologue Michel Crozier appelle « les facteurs d'incertitude ». Plus on est maître de ces goulots d'étranglement et de ces facteurs d'incertitude, plus on a de pouvoir. Ceci explique qu'un directeur d'usine peut avoir un pouvoir officiel relativisé, voire affaibli, par le pouvoir du subordonné qui contrôle les arrivées de matières premières.

Prendre conscience des niveaux de pouvoir

Un pouvoir informel n'en est pas moins bien réel. Il se manifeste par exemple par :
– la rétention d'information : garder pour soi une information clé ;

– le contrôle d'un service stratégique comme la logistique, l'informatique ou la maintenance ;
– le fait du prince : donner un avis décisif qui influe sur l'affectation des promotions ou des primes ;
– le harcèlement : affecter les personnes dans leur chair et/ou dans leur identité.

Tant qu'il s'agit de rétention d'information ou de primes, il ne s'agit après tout que d'objets. L'être n'étant pas touché, nous sommes en présence d'un simple abus de pouvoir. Ce qui est plus préoccupant, c'est quand l'usage du pouvoir affecte la personne elle-même, c'est-à-dire un sujet. Il s'agit alors d'un abus de pouvoir aggravé qui doit appeler réprobation et sanction.

Laisser perdurer des situations de ce genre, c'est comme laisser se développer une tumeur sans réagir. Rappelons-nous la Seconde Guerre mondiale qui a été le théâtre de soumission sans réaction, qui a conduit le monde au drame que l'on sait. Rappelons-nous l'expérience de Milgram, précisément effectuée pour vérifier jusqu'où l'être humain est capable d'aller dans la relation entre le bourreau et la victime.

La personne à qui est donné le pouvoir est investie d'une responsabilité dont elle doit être digne. Ce pouvoir doit être pensé, assumé dans toutes ses dimensions, utilisé avec mesure par un véritable responsable au sens noble du terme.

Si la question du pouvoir se pose en permanence pour le manager lui-même, il doit se la poser aussi pour toutes les personnes avec lesquelles il est en relation. Par exemple, il est surprenant de voir avec quelle naïveté certains investissent un temps et une énergie considérables avec des personnes qui n'ont pas de pouvoir et qui ne pourront donc pas aller jusqu'au bout d'une négociation.

Lorsque l'on est en négociation avec quelqu'un, l'une des priorités est de s'assurer de son niveau de pouvoir :
• avec un manager : « Avez-vous toute latitude pour prendre une décision de ce genre ? » ;
• avec un client : « Êtes-vous bien le décideur pour ce projet ? » ;
• avec un fournisseur : « Avez-vous la délégation pour m'accorder un encours de X ? ».

Ne pas prendre cette précaution élémentaire, c'est créer les conditions de la contre-performance.

LES TYPES D'AUTORITÉ

On sait en général ce qu'est le pouvoir. On a aussi une idée assez précise de ce qu'est l'autoritarisme. Bien que l'autorité soit une compétence capitale pour un manager, elle est pourtant plus difficile à appréhender. Commençons par quelques définitions utiles.

L'autorité naturelle. Il s'agit d'une disposition personnelle au commandement qui se révèle par un ascendant sur les autres et un plaisir à diriger les opérations. On évoquera à ce stade l'autorité interne parce que les décisions sont souvent prises sans faire appel à des références extérieures. On évoquera aussi le charisme, le pouvoir charismatique, un pouvoir un peu magique, un rayonnement qui exerce sur les autres, une influence, voire une séduction dont les causes nous échappent.

Ce type d'autorité est un atout, mais un atout insuffisant s'il n'est pas renforcé par les deux autres types d'autorité.

L'autorité de statut. Pouvoir de droit ou de fait, c'est l'autorité des galons, du diplôme, du rang, de l'organigramme… Ce type d'autorité est insuffisant sur le long terme parce qu'il ne crée pas les conditions de la crédibilité. Même dans des organisations militaires, l'autorité de statut seule n'est plus de mise car considérée comme non durable.

L'autorité de compétence. Il s'agit ici du pouvoir conféré par des décisions qui font mouche, par un véritable savoir-faire, une pratique reconnue sur le terrain, des résultats tangibles, une reconnaissance des pairs.

Les facteurs d'autorité

Pour que son autorité de compétence soit reconnue et durable, le manager doit maîtriser les interactions entre trois niveaux de pouvoir (voir encadré ci-contre).

Le pouvoir sur soi. Le manager fait preuve d'une bonne gestion de soi. Il est clair sur ses objectifs et sa trajectoire. Il est prévisible, conserve une humeur stable, évite les comportements cyclothymiques. Il ne se noie pas dans un verre d'eau. Il construit le premier étage de son autorité.

Le pouvoir sur les « choses ». Le manager montre une compétence à conduire ses projets. Il fait preuve d'une connaissance suffisante de la « machine » qui lui est confiée. Il sait ce qu'il faut savoir du métier dans lequel il évolue, sans qu'il en soit nécessairement le meilleur expert. Il construit le second étage de son autorité.

Le pouvoir sur la relation aux autres. Le manager cultive sa compétence relationnelle. Il sait communiquer, échanger, négocier, convaincre. Il distingue dominance, pouvoir sur l'autre et pouvoir sur la relation à l'autre. Il construit le troisième étage de son autorité.

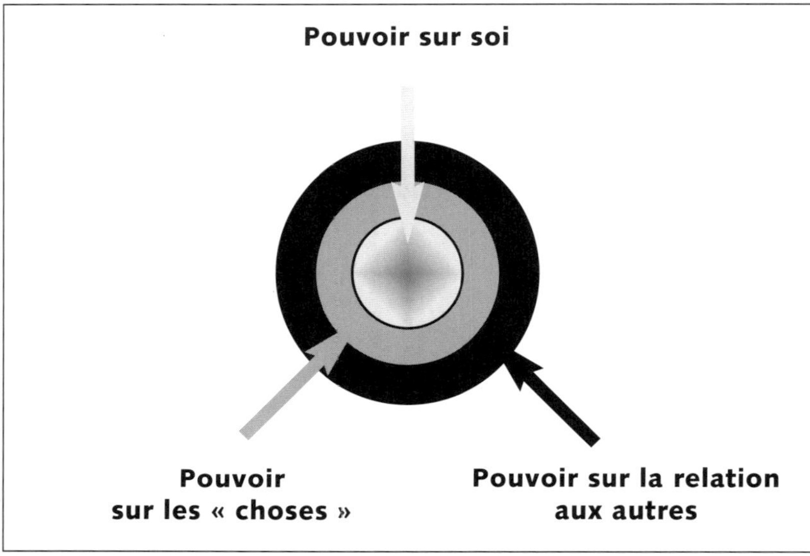

Lorsque le manager maîtrise vraiment les interactions entre ces trois niveaux de pouvoir, lorsque ses comportements sont pertinents, lorsqu'ils sont bien assimilés et automatisés, il est crédible et renforce considérablement son autorité de compétence et son autorité naturelle. Il est alors en mesure d'accéder au statut correspondant à son véritable niveau d'autorité. Les conditions sont réunies pour qu'il puisse accéder à de nouvelles responsabilités.

MasterManager®

Seul un manager qui maîtrise le pouvoir peut avoir de l'autorité !

Un mille-pattes n'a qu'une tête !

« Jamais dessus le trône on ne vit plus d'un maître.
Il n'en peut tenir deux, quelque grand qu'il puisse être. »
Jean Racine - *La Thébaïde*

L'idée de Jean Racine peut être traduite par ces mots : « un mille-pattes n'a qu'une tête ». J'attribue cette phrase à ma grand-mère qui n'avait jamais entendu parler de management, mais qui était dotée d'un solide bon sens rural ! Elle avait observé que les organismes vivants ou les groupes d'organismes vivants, quel que soit leur niveau de complexité, ont un fonctionnement extraordinairement efficace. Pour elle ce miracle de la nature tenait au fait qu'ils n'ont qu'une tête, un seul centre de commandement qui indique la direction à suivre, les actions à mener, et assure la coordination de l'ensemble.

Dans l'entreprise, il est vrai qu'une seule tête peut être amenée à décider. Le manager se trouve alors seul face à lui-même. Qu'il prenne une bonne ou une mauvaise décision, le responsable qu'il est doit assumer.

Vers le management participatif

Les hommes se sont largement inspirés du modèle monocéphale pour inventer le mode de commandement autocratique, dirigiste, voire dictatorial.

Une organisation fondée exclusivement sur ce mode n'est pourtant pas durable. L'histoire regorge de périodes marquées par l'autocratie qui, au mieux, ont eu une fin heureuse avec une évolution vers des régimes démocratiques, et au pire, une fin tragique et sanglante.

L'histoire des entreprises aussi est marquée par l'action de chefs autocratiques. Ils ont souvent un rôle utile en périodes de lancement, de conquête, de crise, mais lorsque l'entreprise sort de ces périodes particulières, le fonctionnement autocratique non seulement détone, mais génère toutes sortes de comportements de contestation. Ils se traduisent par des revendications, des grèves, des déstabilisations, des mutineries, des rébellions, des démissions…

Quand le chef décide tout, s'immisce dans tout, veut être au courant de tout, veut tout contrôler, c'est épuisant pour lui, et pour son équipe. Pire, c'est frustrant, démotivant et inefficace, donc facteur de contre-performance.

C'est pourquoi de nouvelles approches du commandement ont vu le jour, qui prennent davantage en compte l'équipe.

James A. Belasco, professeur de management à l'université de San Diego et Ralph C. Stayer, président de Johnsonville, leader sur le marché de la viande élaborée, avec 49 % du marché américain de la saucisse haut de gamme, ont écrit un livre intitulé *Flight of the buffalo* – littéralement « Le vol du bison ». Ils y évoquent la différence de commandement entre les bisons et les oies.

Lorsque les Indiens d'Amérique du Nord voulaient de la viande pour l'hiver, il suffisait qu'ils repèrent le chef du troupeau de bisons et qu'ils l'abattent. La totalité du troupeau était alors désorientée et à la merci des chasseurs qui assuraient ainsi leur survie pour l'hiver.

Les oies ont un autre mode de fonctionnement : l'oie de tête pilote la formation et au bout d'un certain temps, elle revient dans le groupe et cède sa place à une autre oie, et ainsi de suite. Chaque oie expérimente ainsi l'art de conduire la formation, et lorsqu'une oie manque à l'appel, pour quelque raison que ce soit – fatigue, maladie, accident, mort – il y en a toujours une capable de conduire la formation.

Les oies auraient-elles inventé avant l'heure la polyvalence, l'apprentissage par l'expérience et le management participatif ?

Nous pourrions tout à fait nous inspirer des oies, du moins dans ce domaine. C'est ce que font d'ailleurs avec succès les équipes de Johnsonville.

Le management multicéphale

Dans beaucoup d'entreprises, la mise en œuvre de ces compétences se heurte à certains freins, surtout aux niveaux hiérarchiques supérieurs : peur de perdre le pouvoir, de partager la responsabilité, manque de confiance...

L'un des indicateurs de ces freins est le faible nombre de directions multicéphales. Rares sont en effet les directions à plusieurs têtes qui fonctionnent durablement. Le tandem Dubrule-Pélisson, qui a mené le groupe Accor au succès planétaire que l'on sait, est l'une des exceptions qui confirme la règle.

À l'instar de l'hydre multitête de la mythologie, une direction multicéphale peut tout à fait bien fonctionner si elle respecte trois conditions : une complémentarité des profils, une définition claire du rôle de chacun et un esprit de coopération.

Complémentarité des profils

Dans le cas d'une direction bicéphale, elle peut se faire par la combinaison des talents d'une personne plus orientée stratégie, organisation, analyse... et de l'autre plus orientée intuition, création, synthèse... Lorsque les interactions sont de qualité, les deux profils agissent de concert pour ne faire qu'un. Différents outils de construction d'équipe *(Team-Building)* permettent d'ailleurs d'identifier les profils et d'en valider la complémentarité.

Le MBTI *(Myers Briggs Type Indicator)* et le TMS *(Team Management System)*, par exemple, fondés sur les types de personnalité de C. G. Jung, peuvent être utilisés à cet effet. Ils permettent d'évaluer le profil des personnes sur les quatre axes suivants :

1. Introversion/Extraversion.
2. Sensation/Intuition.
3. Réflexion/Sensibilité.
4. Jugement/Perception.

Pour une direction tricéphale, cette approche peut également être utilisée, tout comme celle qui s'appuie sur les travaux de Paul McLean. Celui-ci a mis en évidence les trois étages du cerveau qui se sont constitués au cours de l'évolution.

1. Le reptilien, considéré comme le siège des fonctions de régulations physiologiques vitales.
2. Le paléomammalien avec le limbique considéré comme le centre des émotions.
3. Le néomammalien avec le cortex considéré comme le centre des fonctions de cognition les plus complexes.

Comme le montrent les études les plus récentes, ils interagissent de façon permanente pour ne former qu'un seul organe, le cerveau « triunique ».

Les directions tricéphales qui fonctionnent bien sont souvent constituées d'individus complémentaires à ces niveaux.

Un reptilien, battant, réactif, qui vit intensément le présent, capable de soulever des montagnes.

Un limbique, émotif, capable d'empathie fusionnelle comme de colères homériques.

Un cortical, rationnel, en charge de réflexion stratégique et de projection dans le futur, capable de calmer le jeu et de prendre de la distance.

Lorsque les interactions sont bonnes, cette équipe est plus qu'une direction tricéphale. C'est vraiment une direction triunique, une seule tête à trois cerveaux.

Définition claire du rôle de chacun

Les rôles correctement définis et attribués permettent d'éviter les dysfonctionnements de tous ordres comme les courts-circuits, la dilution de la responsabilité, les conflits, l'inefficacité, la perte de crédibilité... L'une des causes les plus fréquentes de dysfonctionnement des comités de direction est le flou artistique dans les rôles. Ce flou est contagieux et lorsqu'il se répand à tous les niveaux hiérarchiques, les jeux de délestage de responsabilité et des justifications sont lancés !

On fait porter la responsabilité d'une situation-problème à l'autre. On peut toujours justifier un dysfonctionnement, puisque les attributions, les rôles, les délégations, les responsabilités ne sont pas parfaitement définies. Les multiples zones d'ombre dans les rôles respectifs permettent ces jeux énergivores qui sont d'importants facteurs de contre-performance.

LE DILEMME DU PRISONNIER

LE CÉLÈBRE DILEMME du prisonnier illustre parfaitement l'esprit « co » en action. Deux suspects sont arrêtés. La police n'a ni aveux ni preuves pour les mettre en examen. Ils sont placés dans deux cellules séparées et les policiers leur font les propositions suivantes :

- **si l'un d'eux avoue et que son complice n'avoue pas, le complice écopera de dix ans de prison et celui qui aura avoué sera libre;**
- **si aucun des deux suspects n'avoue, chacun fera un an de prison;**
- **si les deux suspects avouent, chacun fera cinq ans de prison.**

Les prisonniers sont face à un dilemme : s'ils privilégient l'intérêt individuel, ils sont tentés d'avouer, ce qui leur fera un total de dix ans de prison : dix pour l'un et zéro pour l'autre, ou cinq pour chacun d'eux. En revanche, s'ils privilégient l'intérêt collectif, aucun des deux ne doit avouer. Chacun écopera alors d'un an de prison, ce qui fera un total de deux ans au lieu de dix.

Même si la coopération ne va pas de soi, même si l'esprit « co » n'est pas une évidence pour tous, la performance d'un individu, d'une équipe, d'une entreprise tout entière passe par là. Par extension, n'est-ce pas la meilleure justification à l'entraide internationale ? Notre intérêt individuel ne passe-t-il pas par l'intérêt collectif au niveau planétaire ? L'intérêt d'un pays ne passe-t-il pas par la coopération avec d'autres nations, même et peut-être surtout si elles ont des cultures différentes ?

L'intérêt du manager passe en tout cas de façon évidente par la promotion d'un esprit de coopération, et ce, d'autant plus que ses collaborateurs ont des profils nombreux et différents.

UN ESPRIT « CO »

Le respect du territoire de chacun aide à l'indispensable « co-opération », « co-hésion », « co-mmunication », « co-hérence ». Rappelons que « co » vient du latin *cum* qui signifie « avec ». Par exemple, un discours qui a été élaboré « avec » l'autre, « avec » les autres peut être adressé à l'extérieur avec une meilleure chance d'être entendu. S'il est perçu comme solidaire et cohérent, il est empreint du minimum de crédibilité qui permet de faire passer un message.

PLUSIEURS TÊTES ET UNE SEULE VOIX

Nous avons tous à l'esprit au moins un exemple de « couac » dû à la violation de la fameuse solidarité gouvernementale. La crédibilité du gouvernement n'en est jamais sortie grandie.

Dans l'entreprise, il en est de même. Les membres d'une équipe managériale doivent s'exprimer d'une seule voix. Ils doivent se mettre d'accord avant de lancer un message. Sinon, ils prennent le risque d'ouvrir une brèche dans la cohérence du discours, brèche dans laquelle les collaborateurs s'introduiront tout naturellement, et on ne peut que leur donner raison.

À noter que les enfants sont des experts dans l'utilisation des failles de cohérence dans le discours de leurs « parents-managers. » Si l'un des parents dit quelque chose et l'autre le contraire, l'enfant en profite pour prendre la décision lui-même ou pour faire le mort en attendant qu'ils se mettent d'accord !

MasterManager®

Une équipe managériale peut avoir plusieurs cerveaux; il lui est recommandé de n'avoir qu'une seule bouche !

Vive la biodiversité !

« Cultiver la différence. En métissant les équipes, on progresse. »
Henri Lachmann, Président du Conseil de Surveillance de Schneider Electric

Tout comme pour l'équipe de direction, les autres équipes de l'entreprise ont avantage à être constituées de profils complémentaires. Dans l'écosystème complexe dans lequel évolue l'entreprise, la biodiversité favorise considérablement sa capacité de résistance aux agressions.

Or, on assiste trop souvent à une démarche inverse qui consiste à privilégier une sorte de clonage qui débouche inéluctablement sur des pathologies propres à la consanguinité. La pensée unique en est un bel exemple.

Issus des mêmes écoles, ils ont les mêmes idées. Lorsqu'ils sont dans une même équipe, ils sont d'accord sur tout, même quand c'est objectivement contestable. Leurs interactions sont binaires ; elles sont à l'opposé des principes de base de la créativité, elles sont donc stériles. La pensée unique taraude de l'intérieur le système dans lequel elle sévit.

Issus des mêmes métiers, ils ont les mêmes savoir-faire. Lorsqu'ils sont dans une même équipe, ils sont d'accord sur tout, même quand c'est objectivement contestable… et nous pourrions continuer la même litanie.

« LE LION S'EN ALLANT EN GUERRE »

JEAN DE LA FONTAINE n'a pas attendu les théoriciens de la complexité pour découvrir l'importance de la biodiversité. Il nous explique en vers le mode de constitution d'une équipe. Et la formule n'a pas vraiment changé depuis le XVIIe siècle !

Le lion dans sa tête avait une entreprise ;
Il tint conseil de guerre, envoya ses prévôts,
Fit avertir les animaux.
Tous furent du dessein, chacun selon sa guise :
L'éléphant devait sur son dos
Porter l'attirail nécessaire,
Et combattre à son ordinaire ;
L'ours, s'apprêter pour les assauts ;
Le renard, ménager de secrètes pratiques ;
Et le singe, amuser l'ennemi par ses tours.
« Renvoyez, dit quelqu'un, les ânes, qui sont lourds,
Et les lièvres, sujets à des terreurs paniques.
« Point du tout, dit le roi ; je les veux employer :
Notre troupe sans eux ne serait pas complète.
L'âne effraiera les gens, nous servant de trompette ;
Et le lièvre pourra nous servir de courrier. »
Le monarque prudent et sage
De ses moindres sujets sait tirer quelque usage,
Et connaît les divers talents.
Il n'est rien d'inutile aux personnes de sens.

Dans un monde caractérisé par la complexité, il est vital que l'entreprise forme des équipes qui cultivent le pluriculturel et la biodiversité. Elle est ainsi plus forte, biologiquement mieux équipée pour évoluer dans son environnement.

La Fontaine n'était pas un spécialiste du *Team-Building,* mais il en parlait plutôt bien, n'est-ce pas ? En tout cas il parlait bien de la première étape, c'est-à-dire la constitution d'une équipe forte de sa biodiversité.

Il faut non seulement s'en aller en guerre, mais gagner des batailles ! Et avec une équipe d'individualités si différentes et complémentaires, il conviendra d'être à la fois bien dans son rôle de manager et extrêmement attentif aux interactions avec les membres de son équipe.

MasterManager®

Introduisez la biodiversité et cultivez la synergie des talents ! Ce sont des facteurs de performance durable.

PARTIE 3

Le profil du MasterManager®

Le MasterManager® a conscience de son rôle, il sait distinguer dominance, pouvoir et autorité, il favorise la biodiversité, la complémentarité et les synergies. Les compétences du MasterManager® ne s'arrêtent pas là. Son profil recèle quelques caractéristiques qui méritent notre attention : aptitude organisationnelle et relationnelle, quête de qualité, veille permanente, lucidité, humilité, self-management…

Sommaire

Confrontation ou affrontement ?

Autrefois, pour fabriquer des billes, il fallait façonner de petites sphères de terre glaise. On les faisait ensuite cuire dans un four. Au sortir du four, on les plaçait dans une baratte sphérique que l'on faisait tourner quelques heures. Les billes se polissaient peu à peu en se frottant les unes aux autres. À l'issue de cette « confrontation », elles sortaient parfaitement lisses et brillantes, prêtes à l'emploi.

Imaginons maintenant un autre scénario : si, à la place de la baratte sphérique, on avait utilisé un tuyau. Si, à chaque extrémité du tuyau, on avait introduit une bille que l'on aurait lancée à grande vitesse l'une contre l'autre, quel résultat aurait-on obtenu ? Les billes en situation d'affrontement et non plus de confrontation, auraient été condamnées à exploser !

La différence entre le binaire et le ternaire, c'est exactement cela. La même qu'entre l'affrontement et la confrontation, entre le choc et la négociation, entre le tranchant et la rondeur, entre le stérile et le fécond.

Savoir distinguer le binaire et le ternaire, savoir identifier les situations dans lesquelles ils sont adaptés, savoir les utiliser à bon escient, sont des compétences ô combien importantes dans la fonction de manager.

CONTINUER AVANT DE COMMENCER

DANS UNE USINE de fabrication d'automobiles, cinq brillants ingénieurs se voient confier la responsabilité de cinq lignes de production. Frais émoulus d'une grande école, ils prennent leur poste avec un certain nombre de certitudes qui les amènent à commettre une maladresse binaire : en arrivant, la première remarque qu'ils font aux anciens responsables dorénavant devenus leurs n-1 est quelque chose comme : « La gestion industrielle a beaucoup évolué depuis quelques années, et on ne fait plus du tout les choses comme cela aujourd'hui ! Nous allons vous montrer... »

Interloqués, ceux qui avaient été depuis des années les maîtres des lieux, ravalent leur salive. Après quelques jours et quelques remarques du même type, le résultat ne se fait pas attendre. Au-delà d'une simple réaction épidermique de contestation, la situation a dégénéré et a failli se terminer en mutinerie.

Les ingénieurs ont été mutés et répartis dans d'autres unités du groupe.

Dommage, car ils étaient brillants et auraient certainement pu apporter un précieux concours à cette usine. Il leur manquait simplement une compétence ternaire : savoir « continuer avant de commencer ».

Sans cette compétence, un responsable se lance prématurément dans l'action et, même s'il a raison, il se met d'emblée en position d'échec potentiel.

RELATIONS BINAIRE ET TERNAIRE

Une relation binaire est caractérisée par des positions opposées, divergentes, contraires ou contradictoires, un comportement monolithique, inflexible, cassant, égocentré, qui est en général un comportement de lutte.

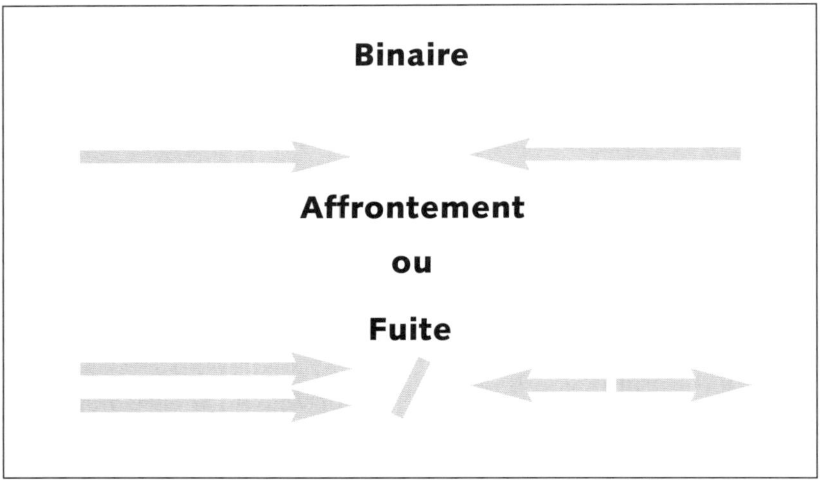

Il arrive aussi que la relation binaire se traduise par un refus absolu de communiquer, un évitement du contact, un comportement de fuite.

Dans la première hypothèse, deux personnes en relation binaire se mettent souvent de façon naturelle et automatique en face-à-face. Cette position physique de combat peut être perçue comme une intention d'agression.

S'il y a conflit, son objet n'est alors plus le problème à résoudre. L'objet du conflit, le problème, est devenu l'autre. Il y a transfert de l'objet vers le sujet. Et cette confusion entre le problème et la personne n'est, bien entendu, pas de nature à permettre une issue facile.

Dans la deuxième hypothèse, les personnes s'ignorent carrément, en prenant bien soin d'éviter le regard de l'autre. On est alors face à un comportement d'évitement ou de fuite.

Une relation ternaire, de son côté, se caractérise aussi par des positions opposées, divergentes, contraires ou contradictoires mais, cette fois, la

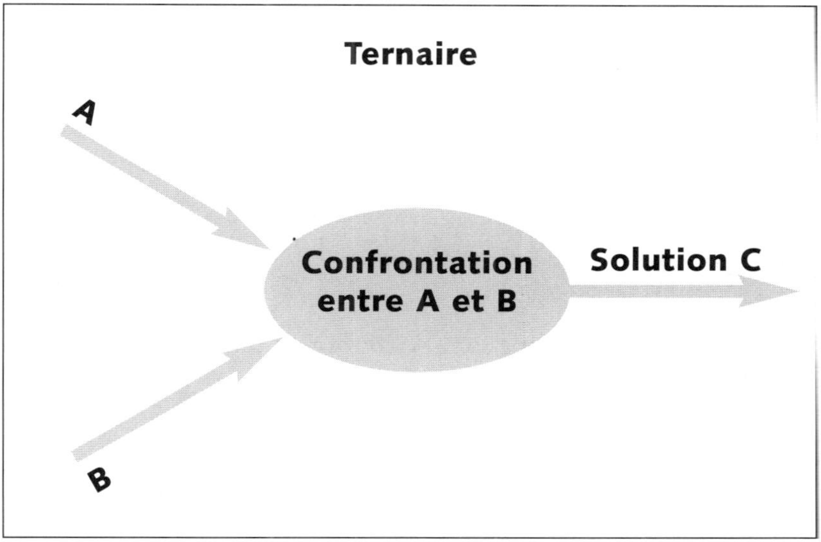

réponse est donnée par un comportement de coopération, une volonté de convaincre, un objectif commun : progresser vers une solution.

La position physique des personnes traduit cette intention. Elles sont cette fois en posture de coopération. Elles se mettent naturellement côte à côte, ou en V autour d'une table ronde dans un bureau ou autour d'une machine dans un atelier.

S'il y a conflit, l'objet du conflit reste alors un objet. Il est situé entre elles et peut prendre la forme d'un dossier, d'un *paper-board*, par exemple. La personne – le sujet – n'est en aucun cas confondue avec le problème – l'objet. Les regards, les postures, les réflexions, les échanges restent dans le registre de la confrontation. Tout converge vers la résolution du problème.

Que ce soit dans sa relation avec un collaborateur ou en situation de médiation entre deux collaborateurs, le manager prendra soin d'adopter d'abord une attitude ternaire, car c'est l'attitude la plus féconde. La biologie nous montre en effet que la fécondité passe par le ternaire :

1. un organisme femelle ;

2. un organisme mâle ;

3. après un séjour dans une zone de confrontation, de fécondation, de gestation, un troisième organisme issu des deux premiers voit le jour.

QUAND UTILISER LE BINAIRE ?

Bien qu'il privilégie le ternaire, le manager garde à sa disposition son « outillage binaire » qui lui est précieux dans de multiples circonstances, en particulier quand il doit gérer des situations relationnelles extrêmes.

LORSQUE LE TERNAIRE A ÉCHOUÉ

Les confrontations, les séances de négociation ont été nombreuses et longues. Aucune solution n'en est sortie. Le manager n'hésite pas alors à endosser le rôle d'arbitre et à imposer une solution. Quelle que soit sa décision, elle aura « force de loi » et devra être appliquée par toutes les parties en présence, y compris bien entendu par celles qui ne sont pas d'accord avec la décision.

LORSQU'IL Y A VIOLATION FLAGRANTE D'UN ACCORD

Le manager est ici en présence d'une faute. Il fera encore face à ses responsabilités en appliquant les sanctions qui s'imposent. Cette fois, il endossera le rôle de censeur. Inflexible, le manager ne transigera pas, tout simplement parce que l'on ne transige que lorsqu'il y a erreur, jamais quand il y a faute. La sanction doit s'appliquer. Sans appel. La crédibilité du manager en dépend. Celle de l'entreprise aussi.

« *Dura Lex. Sed Lex* » : la loi est dure mais c'est la loi ! Et respecter la loi, c'est binaire : on la respecte ou on ne la respecte pas.

Le manager est chargé de faire respecter la loi, les règles de l'entreprise. Même si ce n'est pas son activité préférée, ni celle qui lui attire le plus de sympathie, elle est nécessaire et renforce sa crédibilité et son autorité.

Ternaire et processus de décision

L'architecture centrale du processus de décision est fondée sur l'approche ternaire.

Im-pression. C'est l'étape « input », l'étape de l'im-pression. Le manager s'imprime littéralement de la situation, tous les sens en éveil, en écoutant, en collectant les informations, en consultant ses collaborateurs, ses collègues, des spécialistes.

Pression. C'est l'étape de l'analyse. Le manager se représente la situation, étudie, réfléchit, émet des hypothèses, les discute avec son équipe, en mesure les avantages et les inconvénients. La « Cocotte-minute » cérébrale du manager est sous pression.

Ex-pression. C'est l'étape « output », l'étape de l'ex-pression. Le manager décide d'éliminer une à une les différentes solutions possibles jusqu'à n'en retenir qu'une seule.

La pression tombe, la décision aussi. Elle est exprimée aux collaborateurs. Elle n'est plus discutable. Les collaborateurs sont alors tenus de passer à l'action jusqu'à l'obtention des résultats.

NE PAS CONFONDRE TERNAIRE ET TRIANGULAIRE

François et Éric sont associés. Ils sont respectivement président-directeur général et directeur général de l'entreprise, Francine, l'épouse d'Éric, étant directrice financière. Chaque fois que François et Éric coopèrent, les choses se passent bien car ils ont adopté entre eux une démarche ternaire qui fonctionne parfaitement.

1. Écoute mutuelle.

2. Confrontation des points de vue.

3. Décision commune et mise en œuvre.

C'est à l'occasion de la réunion hebdomadaire du comité de direction que le bât blesse. Lors de cette assemblée de neuf personnes qui comprend aussi tous les directeurs de département, Éric et Francine pratiquent un jeu triangulaire dans lequel François est littéralement squeezé, pris entre le marteau et l'enclume.

Éric n'est plus la même personne ; il conteste publiquement François. Francine soutient son époux et obtient l'appui d'autres directeurs.

François se trouve souvent en porte-à-faux et perd progressivement sa crédibilité. Une opposition malsaine est en train de s'instaurer au détriment du P-DG. Faute de réaction de François, la situation ne peut aller qu'en s'envenimant. La solution est de mettre à plat la situation et de la traiter de façon ternaire comme tout autre problème.

Comme après trois tentatives, la situation ne s'améliore pas, François décide d'utiliser une solution binaire. Il propose à Francine de quitter l'entreprise. Ils négocient un dispositif acceptable pour les deux parties, dont un *outplacement,* ce qui permet à Francine de se repositionner ailleurs, de continuer sa route dans une autre structure où le risque de jeu triangulaire sera absent ou limité. L'idéal eût été que la négociation aboutisse à une solution qui permette à Francine de continuer dans sa fonction, mais il est des cas où, avec la meilleure volonté du monde, aucune solution n'est possible sans utilisation du binaire.

Le triangulaire peut se retrouver dans une équipe de direction tricéphale. L'un des managers se trouve pris en tenailles entre ses deux collègues. Dans ce cas aussi, la solution passe par le ternaire d'abord, et, en cas d'échec, par le couperet binaire.

Dans une famille, lorsqu'une relation triangulaire s'est instaurée entre l'un des parents et deux enfants par exemple, il faut aussi mettre tout à plat et installer une communication ternaire pour rétablir des interactions normales. Là encore :

1. Écoute mutuelle.

2. Confrontation des points de vue.

3. Décision commune et mise en œuvre.

Chacun reprendra son rôle, la solidarité parentale reprendra ses droits. Non seulement l'autorité du parent exclu du jeu sera rétablie, mais l'autorité du couple sera renforcée, ce qui est un gage de sécurité psychologique pour les enfants.

Si aucune action n'est menée pour sortir de cette relation triangulaire, ou si l'action ternaire qui est menée échoue, le binaire joue tôt ou tard son rôle. Mais contrairement au milieu professionnel, le binaire ne se traduit en général pas dans la famille par l'exclusion d'un enfant, mais plutôt par l'exclusion d'un parent, c'est-à-dire une séparation ou un divorce. Mais fort heureusement avant d'en arriver là, le ternaire a son rôle à jouer.

Le triangulaire est parfois salutaire

Pour créer de la cohésion dans un groupe social, rien de tel qu'un bouc émissaire ! La coutume biblique qui consistait à charger un bouc de toutes les fautes d'Israël et à le chasser dans le désert a toujours cours, sous des formes diverses.

Dans le village gaulois, c'est le barde Assurancetourix qui joue le rôle de bouc émissaire. Dès qu'il commence à chanter, les colères et les angoisses des habitants du village se déchaînent sur lui. Ils en oublient leurs conflits, l'unité du groupe social se reconstruit et l'équilibre relationnel se rétablit.

Une menace, un risque, un danger, une invasion militaire, un virus, un nouveau concurrent, une fermeture d'usine, un accident, un défi… jusqu'à une invasion d'extraterrestres, autant de raisons qui, dans un groupe social, peuvent resserrer des liens distendus par le quotidien.

Chacun se souvient de la période qui a suivi le 11 septembre 2001 aux États-Unis. Une extraordinaire cohésion nationale et un véritable

LE MANAGER BOUC ÉMISSAIRE

UNE PRÉCAUTION élémentaire pour le manager : ne jamais se trouver dans la position du bouc émissaire, comme dans l'exemple suivant tiré du film de Robert Aldrich *Les Douze Salopards :*

En 1944, peu avant le débarquement allié en Normandie, Reisman, un commandant américain, est chargé de mettre sur pied une opération qui s'apparente à une mission-suicide : se parachuter en France pour éliminer un maximum d'officiers allemands rassemblés dans un château en Bretagne. Une opération pour laquelle Reisman sélectionne 12 hommes parmi des soldats condamnés à mort ou à de lourdes peines.

Au début du film, alors que les 12 personnages sont très loin de l'esprit de solidarité requis pour la mission, Reisman prend une position précisément destinée à créer cet esprit. Alors qu'ils réclament de pouvoir se laver à l'eau chaude comme le font les gardiens de leur camp d'entraînement, Reisman oppose un non catégorique à leur exigence.

Il les réunit et demande à ceux qui ne veulent pas se laver à l'eau froide de sortir du rang en faisant un pas vers l'avant. Le leader le fait spontanément, suivi de quelques autres, puis plus timidement de quelques autres encore. Le dernier se retrouvant seul fait lui aussi un pas vers l'avant. En fin de compte, ils sont tous alignés et forme une équipe.

La solidarité s'est certes manifestée, l'équipe s'est certes constituée, mais en opposition à leur chef. Celui-ci récupérera la situation à la fin de la période d'entraînement, grâce à sa crédibilité, son honnêteté et son exemplarité. La solidarité de l'équipe ne s'exercera alors plus contre lui mais contre le danger qu'il faudra affronter au cours de l'opération.

Provoquer et/ou accepter le rôle de bouc émissaire est un risque que le manager doit s'interdire dans l'entreprise. Cette situation, comparable à une sortie de route, est très difficilement récupérable.

réveil du nationalisme américain ont alors porté aux nues la notoriété de George Bush, pourtant élu dans un mouchoir dix mois auparavant, le 7 novembre 2000.

De même, après le choc du premier tour de l'élection présidentielle française, le 21 avril 2002, qui peut oublier la formidable mobilisation contre l'extrême droite qui a porté Jacques Chirac à la présidence de la République avec le score historique de 80 % ?

Dans l'entreprise, nous avons tous en mémoire un cas de mobilisation exceptionnelle d'énergie pour passer un cap difficile, avec une équipe soudée comme jamais pour vaincre le danger.

COMMENT PASSER DE L'AFFRONTEMENT À LA CONFRONTATION

Les spécialistes de la résolution de conflits, les médiateurs, les négociateurs utilisent une trame quasi universelle dont le but est de faire passer deux parties en désaccord d'une position binaire et stérile à une position ternaire et féconde. Cette trame prend en compte la situation réactive de départ, c'est-à-dire le combat ou la fuite. Il peut aussi s'agir d'une situation passive dans laquelle rien ne se passe (inhibition de l'action). Pour créer les conditions du succès, les spécialistes suivent alors les principes de la proactivité : coopération et compromis.

1. Ils accueillent la parole de chacun, séparément, sans préjugés, sans jugements, sans conseils, sans commentaires.

2. Ils placent ensuite ensemble les parties en conflit dans une réunion au cours de laquelle elles retrouvent ce qu'elles ont exprimé, et ce avec quoi elles sont par définition d'accord. La position ternaire est obtenue en demandant à chacune des parties de se focaliser sur un *paper-board*, par exemple, où seront exposées les représentations que chacun se fait de la situation. Chaque partie se focalisera ainsi sur l'objet du conflit et non sur la partie adverse.

3. Lorsque le contact est établi sur la base d'un accord sur un point, aussi minime soit-il, le premier nœud entre deux fils opposés est tissé. Il s'agit ensuite de poursuivre le tissage en travaillant, toujours en « co-opération », sur les solutions envisageables. Il s'agit d'un processus de confrontation d'idées utile et positif qui évite à tout prix l'affrontement des personnes. Le problème et le passé s'éloignent. On ne se concentre plus que sur les solutions et sur le futur.

4. Dès qu'une avancée est obtenue, on arrête une décision avec action immédiate.

5. Suivi de la mise en œuvre, évaluations, réévaluations, réajustements éventuels sont les étapes suivantes qui permettent un accompagnement jusqu'à l'obtention des résultats attendus.

Savoir faire passer une relation du binaire au ternaire est une compétence clé pour le manager. Chaque fois qu'il la met en œuvre, il améliore les chances de succès de son équipe sur les terrains de compétition.

MasterManager®

Optez pour l'attitude ternaire ! C'est la plus adaptée à une performance durable.

Le manager et la compétition

« Une entreprise n'a de sens que dans la performance. Il faut accepter la compétition. C'est les J.O. tous les jours ! »

Bernard Angot, ex-P-DG de Kenwood et ex-DG de Lacroix

« La vie économique est un concours perpétuel, un marathon. »

Henri Lagarde, ex-P-DG de Royal Canin

Après la Seconde Guerre mondiale, les fameuses Trente Glorieuses se sont caractérisées par une croissance continue, un chômage négligeable. L'économie se portait plutôt bien dans la mesure où il fallait tout reconstruire. Aujourd'hui, changement de décor : nous avons quitté une économie de la demande pour une économie de l'offre. L'offre de produits et de services est pléthorique. Dans ce contexte, les entreprises, pour exister sur le marché, se livrent à une compétition souvent rude, parfois sauvage. Dans la compétition planétaire qui se déroule sous nos yeux, si tous les coups ne sont pas permis, beaucoup sont utilisés, la fin justifiant souvent les moyens. Dans cet « univers impitoyable », n'y aurait-il de place que pour les *winners*, les gagnants, les autres étant considérés comme des *loosers*, des perdants ?

Les bienfaits et les méfaits de la compétition

La vision binaire, manichéenne, née de la culture de la compétition a envahi, voire pollué, la société moderne. Elle s'est même imposée comme vecteur éducatif. Une certaine dictature du classement s'est infiltrée dans l'univers des enfants principalement au travers des jeux et des sports, mais aussi à l'école. Et notre société n'en étant pas à un paradoxe près, les élèves y font cohabiter l'exigence binaire « gagner ou perdre », « réussir ou échouer », avec la nécessaire mais suffisante « moyenne ».

Tandis qu'un élève se battra pour être classé premier, un autre élève se focalisera sur la moyenne, car il sait qu'il peut passer tranquillement d'une classe à l'autre, donc réussir son cursus scolaire, avec une simple moyenne de 10 sur 20.

Lorsqu'il sera en fonction dans une entreprise, il tombera des nues, surpris de découvrir que dans ce nouveau contexte, la moyenne est inacceptable. Qui peut imaginer un client qui se contenterait d'une machine moyennement conçue, moyennement fabriquée, moyennement vendue, moyennement préparée, moyennement réparée ? Découvrant cette contrainte, il décidera de s'orienter vers la performance, ou alors il sera tenté de faire illusion : « Les plus dangereux dans les entreprises, ce ne sont pas les mauvais – on les repère vite – ce sont les moyens, qui peuvent faire illusion. » (François Pinault)

Si la compétition revêt des aspects discutables, elle a des effets positifs indéniables : elle a conduit à un niveau de quantité et de qualité de produits et de services jamais atteint, avec une innovation et une créativité sans précédent.

Que l'on se félicite des effets positifs de la compétition ou que l'on en déplore les excès et les effets négatifs, la compétition fait dorénavant partie du paysage.

C'est un fait avec lequel le manager doit compter.

Compétition et cohésion

Le concept de compétition mérite cependant d'être revisité et explicité, en particulier à la lumière de ce qu'en dit le célèbre généticien Albert Jacquart : « Le seul combat qui vaille, ce n'est pas de dépasser les autres, mais de se dépasser grâce aux autres. »

N'est-ce pas ce à quoi nous assistons dans une entreprise lorsque chacun retrousse ses manches et se dépasse pour surmonter une difficulté, relever un défi, en se serrant les coudes avec les autres membres de l'équipe ?

Yves Gonnord, président du conseil de surveillance de Fleury-Michon, ne dit rien d'autre lorsqu'il affirme : « La façon la plus sûre d'assurer la vocation de l'entreprise, c'est que l'entreprise soit performante, mais ce n'est pas la performance au sens sportif – battre l'autre. »

Idem pour le commandant Yves Girard, leader 2001 de la Patrouille de France : « La seule "compétition" d'un pilote de la Patrouille de France est : progresser dans sa quête du vol parfait. »

Se dépasser soi-même, avec les autres, dans un esprit de « co-opération », loin de la force primitive de dominance, vers un but commun accepté par chacun : n'est-on pas là au cœur du concept de performance ?

Le sport, le vrai, celui qui est animé par ce que l'on appelle l'esprit sportif, nous fournit une excellente analogie pour appréhender l'incontournable compétition. On s'entraîne et on s'entraide en interne pour progresser individuellement et collectivement. Puis le jour de la compétition, on va se mesurer aux autres à l'extérieur. C'est ainsi que l'on améliore progressivement sa compétitivité.

EXEMPLE DE COMPÉTITION INTERNE DANS UNE ÉQUIPE

JEAN EST LE DERNIER COMMERCIAL arrivé dans l'entreprise. Tous les matins, il est soumis au rapport. On compare les résultats avec ceux des autres, en particulier avec ceux de Paul, le meilleur de l'équipe. Jean débute et n'est pas encore en vitesse de croisière. Il est donc sur la sellette à chaque réunion, le front rouge de honte et en sort affaibli, découragé, démotivé. Magie de la compétition interne. Pendant ce temps, Paul est sur le podium et recueille des lauriers et des médailles. Le directeur commercial, convaincu des vertus de la compétition – ou de sa grande sœur plus fréquentable l'émulation – a la meilleure intention du monde : faire progresser Jean en lui montrant les résultats de Paul.

Ébloui par les résultats de son meilleur poulain, il se lamente sur les résultats globaux de son écurie : « Ah ! si tous les commerciaux pouvaient être comme Paul ! » Occupé à activer la compétition interne, il en oublie la nécessaire cohésion d'équipe. Focalisé sur la comparaison, il ne perçoit pas les progrès de chacun. La performance décroît. Cherchez les coupables : les commerciaux évidemment !

Un client entre dans le hall d'exposition et demande à voir Paul qu'il avait rencontré la veille. Jean, occupé et préoccupé par ses propres clients, lui lance : « Paul est absent jusqu'à jeudi ». Sans insister, le client quitte la concession avec le sentiment d'avoir été rejeté. Il traverse la rue et achète à la concurrence. Si la cohésion d'équipe avait été cultivée, Jean ne se serait-il pas mieux occupé du client de Paul ? Il aurait même conclu la vente pour lui, alors qu'il n'en aurait tiré aucun bénéfice personnel. Ne croyez-vous pas qu'un jour ou l'autre Paul lui aurait renvoyé l'ascenseur ?

Entre compétition, émulation, division et cohésion, le manager a toujours le choix. Tout dépend de sa propension à la performance durable.

Dans l'entreprise, le manager évalue les résultats de ses collaborateurs par rapport à leurs propres résultats antérieurs, et non par rapport à ceux des autres ! Il encourage ainsi une dynamique de progrès individuel qui lui permet ensuite d'intégrer, dans les meilleures conditions, un collaborateur dans une équipe. Des interactions de qualité sont alors possibles. Les conditions d'une bonne intégration sont remplies.

Le collaborateur, fort de sa progression, confiant, et alors peu sensible à quelque comparaison que ce soit, apportera à son niveau sa contribution au succès de l'équipe. Et peu importe à ce stade, le niveau respectif des uns et des autres. Ce qui importe en priorité c'est la qualité des interactions, parce qu'elle crée les conditions de la cohésion, facteur majeur du succès collectif.

Le jour J, le collaborateur et son équipe sont confiants, mènent leurs actions selon la stratégie décidée. À l'issue de la compétition avec les concurrents, ils auront encore renforcé leur cohésion et affûté leur compétitivité. Ils seront donc encore plus confiants et potentiellement plus performants lors de la prochaine compétition. Un formidable cercle vertueux.

L'équipe de France de football ne nous a-t-elle pas magistralement démontré la puissance de la cohésion lors de la coupe du Monde de 1998 ? L'équipe avait évidemment des qualités, en particulier des qualités techniques, mais est-ce que son parcours n'a pas été avant tout une superbe démonstration de cohésion avant d'être une brillante performance ? C'est la cohésion qui a permis de cristalliser les savoir, savoir-faire et savoir-être de chaque joueur.

MasterManager®

Plus la compétition est vive à l'extérieur, plus vous devez cultiver la cohésion à l'intérieur !

Le savoir : nécessaire mais insuffisant

Les chiffres sont quelquefois terribles : 80 % de la réussite professionnelle sur le long terme seraient dus à des compétences que l'école n'enseigne pas ! Le sacro-saint savoir de l'école de la République est donc insuffisant pour réussir. Ce constat, même s'il est difficile à accepter, a pourtant une explication : l'accent mis par le système éducatif sur le savoir, en négligeant le savoir-faire et le savoir-être, c'est un peu comme une fusée équipée de trois moteurs qui n'en utiliserait qu'un seul !

Ceci est à rapprocher des travaux sur la complémentarité entre deux formes d'intelligence :

- l'intelligence rationnelle mesurée par le QI (quotient intellectuel), et tant valorisée dans notre culture hexagonale. Le QI est en effet considéré depuis des décennies comme essentiel dans l'évaluation des capacités d'une personne ;

- l'intelligence émotionnelle mesurée par le QE (quotient émotionnel), dont nous connaissons depuis peu le rôle déterminant dans le processus de réussite. La conscience de soi, la maîtrise de soi, la gestion de ses états émotionnels, la compétence relationnelle et sociale, la motivation sont des facteurs de réussite décisifs et pourtant délaissés par le système éducatif.

LE SAVOIR-FAIRE ET LE SAVOIR-ÊTRE

Qui ne connaît pas un étudiant brillant, exclusivement orienté savoir, qui, une fois dans la vie active, s'est aperçu que la réalité professionnelle exigeait des compétences complémentaires ?

Qui ne connaît pas un collègue qui peine à gravir l'échelle de promotion ? Personne ne lui fait le reproche d'être un puits de science dans sa spécialité. Il lui est simplement reproché, par exemple, son manque de fiabilité en matière d'organisation et de mise en œuvre ou son manque de compétence relationnelle.

Les entreprises ne s'y trompent pas : un individu orienté exclusivement savoir a un handicap majeur pour être performant : il dispose certes d'une compétence théorique appréciable (savoir), mais il lui manque une compétence opérationnelle (savoir-faire) et une compétence relationnelle (savoir-être).

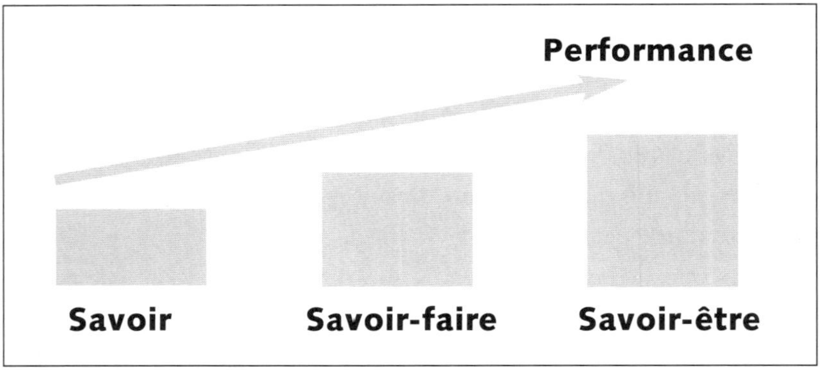

Une augmentation exclusive d'un seul domaine ne produira pas nécessairement la performance. Un dosage équilibré entre savoir, savoir-faire et savoir-être est déterminant.

Beaucoup de candidats soumis à des procédures de recrutement d'origine anglo-saxonne sont surpris, voire désarçonnés, lorsqu'ils entendent une phrase comme : « Oublions vos diplômes, si vous le voulez bien, car j'imagine, vu votre cursus, que vous savez beaucoup de choses. Maintenant, dites-moi ce que vous savez faire... » Et les échanges qui suivent portent principalement sur le savoir-faire, et aussi sur le savoir-être, sur la capacité relationnelle.

Cette dernière compétence est particulièrement déterminante dans un système complexe, qui met en rapport des êtres humains par définition complexes. Et ceci dans quelque type d'interaction que ce soit : relation hiérarchique, relation fonctionnelle, dans l'entreprise, hors de l'entreprise, au niveau national, international, etc.

UN BON PRODUIT NE SUFFIT PAS

Par analogie, combien d'entreprises s'imaginent être dans une démarche durable parce qu'elles ont un bon produit ? Être livré d'un bon produit, n'est-ce pas le minimum que le client est en droit d'attendre d'un fournisseur ?

S'il est négligeant sur la qualité organisationnelle et sur la qualité relationnelle, ledit fournisseur amputera inévitablement son potentiel de performance. Combien d'erreurs et de retards, de mauvais traitements voire de comportements méprisants aboutissent à ternir la qualité d'un produit ? Accueil téléphonique mécanique, attentes interminables, pertes de documents, lourdeur des procédures, repli derrière la notoriété d'une marque ou la taille d'un groupe, écoute déficiente, réponse approximative aux besoins, service après-vente inopérant, renvoi d'un service à l'autre, appel à la hiérarchie pour se justifier, désintérêt total dès que la vente est conclue...

Malgré cette kyrielle d'indices qui sont autant de signes d'un mal profond, autant d'ingrédients de contre-performance, l'entreprise semble surprise de sa médiocre pénétration du marché, de l'explosion des réclamations des clients, de la détérioration de son image... et de ses marges. Et la valse des dirigeants n'y change rien. Tant qu'une attention de tous les instants à ces trois piliers – savoir/savoir-faire/savoir-être – n'est pas instaurée, une remise sur les rails de la performance est improbable.

Qui est aujourd'hui disposé, sauf à céder à la mode ou au snobisme, à acheter un produit, une voiture par exemple, à un concessionnaire inorganisé et méprisant ? À une entreprise qui continuerait à s'appuyer – mais pour combien de temps – sur la qualité de son produit et l'image de sa marque ? À une entreprise qui aurait à la fois le meilleur produit du marché et le niveau de service et de relation client le plus médiocre ?

Toute entreprise doit être lucide sur le niveau de masochisme du client d'aujourd'hui ! Si elle veut assurer sa pérennité, elle doit s'intéresser de près à ce qui assure la confiance et la fidélité du client : la qualité globale, c'est-à-dire qualité du produit + qualité de service + qualité relationnelle.

MasterManager®

Développez le savoir-être ! C'est un puissant accélérateur de performance.

Être performant n'exige pas d'être parfait

« On a le droit d'existe que si on offre plus à nos clients que ce que peut offrir le meilleur de nos concurrents. »
Henri Lagarde, ex-P-DG de Royal Canin

D'une manière générale, le marché exige de la qualité et, à les entendre, toutes les entreprises font de la qualité pour satisfaire leur marché. Jusqu'en 2000, il suffisait pourtant de fabriquer un produit ou un service selon un processus identifié pour bénéficier de la certification ISO (International Standard Organization). À l'issue du cycle de production, les étapes de fabrication étaient ainsi garanties, mais pas la qualité du produit ni la satisfaction du client! Fort heureusement, un certain nombre de modifications sont intervenues depuis, en particulier l'introduction de la satisfaction client. Cela permet aujourd'hui de mieux corréler certification ISO et qualité globale.

Les normes ont eu l'avantage de donner un caractère objectif à un domaine qui en manquait cruellement. La qualité s'apprécie en effet généralement par rapport à un référent, un contexte, un pôle d'intérêt, une émotion, une influence, une expérience sensorielle...

Dans les années 1990, les constructeurs automobiles ont introduit dans leurs recherches le concept de qualité sensorielle. Les études montrent que lorsque l'on ferme différentes portes de voiture, il peut y avoir un écart de perception énorme entre les divers bruits de fermeture, et ceci à nombre de décibels identiques ! Cet écart de perception affecte l'impression de qualité du véhicule dans son entier. Il a donc fallu effectuer des recherches au-delà des décibels et entamer l'étude de ce que l'on peut appeler la tessiture du claquement de porte !

Rien de plus subjectif, en tout cas de plus relatif, que la qualité.

Perfectionnisme et qualité

La réponse des années 1980 à l'exigence de qualité était l'excellence. C'est-à-dire que l'on répondait à une demande relative par un absolu ! Ce dernier se traduisait alors par le chiffre « zéro » décliné sous toutes ses formes : zéro défaut, zéro stock, zéro panne, zéro papier, zéro délai, zéro accident…

Cette recherche d'absolu a souvent débouché sur le perfectionnisme, véritable pathologie et facteur de contre-performance. En effet, si l'investissement pour atteindre les niveaux « bien » ou « très bien » est rentable, pourquoi ne pas s'arrêter là ? Si, pour atteindre le niveau « mieux », il faut investir des moyens considérables en temps, compétence, matériel et budget, l'investissement n'est pas rentable, le retour sur investissement est médiocre.

Ne dit-on pas que le mieux est l'ennemi du bien ?

Le bien est tout simplement la réponse pertinente aux attentes : ce que veut le marché, ce que veulent les clients, ni plus, ni moins. Certes, on peut toujours faire mieux, mais si cela ne correspond pas aux attentes, les efforts supplémentaires ne seront pas reconnus et seront un investissement inutile et contre-productif.

Pour autant, l'entreprise doit-elle s'arrêter exclusivement à ce que veut le marché au jour J ? Ce serait oublier que répondre à la demande du marché, c'est aussi anticiper sur ce qu'il sera demain et sur ses exigences d'après-demain. C'est donc concevoir, fabriquer, distribuer des produits et des services de qualité par rapport à ce que sera la demande au jour J+1, J+2, etc.

D'où, pour les managers, l'importance d'une approche prospective et anticipatoire, une perception aiguë des évolutions, dans la perspective du meilleur niveau de qualité, l'un des facteurs de la performance.

MasterManager®

Exigez de la qualité. En deçà de la qualité, c'est de la non-qualité, au-delà de la qualité c'est du perfectionnisme !

Le manager veilleur

Si l'homme n'a pas le monopole de l'intelligence, il a, en revanche, le monopole de la conscience. Il est en effet le seul être vivant à en être doté. Le sociologue Edgar Morin nomme cet équipement mental particulier « ego alter ». La conscience est effectivement ce « moi autre » qui nous permet de nous auto-observer, de nous auto-percevoir, de nous auto-représenter, de nous auto-analyser. C'est un remarquable outil qui nous sert à la fois de miroir, de tour de contrôle, de méta-analyste, de veilleur, de médiateur personnel pour nos dilemmes internes, et aussi de médiateur interpersonnel dans nos interactions avec les autres.

Ceux qui plaisantent sur l'homme, chaînon manquant entre le singe et l'*Homo sapiens,* doivent sans nul doute faire allusion aux hommes qui ont oublié la présence de leur conscience !

Perception et conscience

Comment le manager peut-il activer et développer sa conscience et lui faire jouer ce rôle d'allié privilégié ?

Tout simplement en exerçant et en développant sa capacité de perception. Le manager qui voit, qui entend, qui ressent plus que les autres a davantage d'informations pour se représenter correctement les situations. Ses décisions ont donc des chances d'être plus pertinentes. Par exemple, les Japonais ont alimenté leurs stratégies, depuis des décennies, par leur aptitude et leur entraînement à percevoir. On le leur a assez reproché en les accusant de copier tout ce qu'ils voyaient. Et ils voyaient beaucoup de choses au travers de leurs téléobjectifs ! On comprend mieux cette propension des Japonais à capter le monde qui les entoure lorsque l'on sait que l'animal symbolique du Japon est le poisson : un animal qui a la particularité de ne pas avoir de paupières, ce qui le met en état de veille permanente !

Le manager qui développe sa capacité de perception améliore sa vigilance, donc sa compétence dans le domaine de la veille : veille stratégique, veille commerciale, concurrentielle, technologique, sociale, environnementale...

Principalement centrée sur le présent (veille spontanée), la perception peut être étendue au passé (veille rétrospective) et au futur (veille prospective et anticipative).

Veille et intelligence économique

La veille a emprunté son approche aux stratégies d'intelligence, au sens anglo-saxon du terme, c'est-à-dire aux stratégies du renseignement. C'est aujourd'hui une compétence capitale dont on commence à mesurer l'importance et les applications. Alors que les entreprises françaises étaient jusqu'à présent peu sensibles à cette question, elles montrent aujourd'hui un intérêt croissant.

Un indicateur qui ne trompe pas : le magazine *Veille*, consacré à l'intelligence économique, a une diffusion encore trop confidentielle, mais en progression constante. Il est cependant intéressant de noter que, bien que toutes les entreprises soient concernées, les abonnements sont principalement souscrits par des grands groupes.

En juin 2004, Alain Juillet, le haut responsable à l'intelligence économique, me faisait part de cette préoccupation en ces termes : « Les entreprises françaises doivent progresser dans ce domaine crucial pour leur avenir. » Insuffisamment conscientes des dangers, elles sont vulnérables. Faute d'avoir conçu et mis en œuvre des stratégies de veille, comme l'ont fait beaucoup d'entreprises étrangères, en particulier américaines, elles sont des proies faciles pour les spécialistes du renseignement.

Les entreprises françaises doivent donc apprendre la veille et l'appliquer à tous les domaines, y compris les plus familiers, car comme l'affirmait Samuel Butler : « C'est ce que nous connaissons le mieux dont nous sommes le moins conscients. »

Tous les acteurs de l'entreprise devraient s'exercer à la veille au quotidien, pour avoir la primeur des informations, être réactif aux opportunités, aux innovations, au changement. Cet exercice permet de rester en éveil, d'éviter de se reposer sur l'acquis, de promouvoir la créativité, de constituer de précieuses bases de données pour alimenter la réflexion, de promouvoir la sécurité, d'optimiser les stratégies, d'affiner les procédures.

Au final, la veille contribue à développer une performance durable. À condition toutefois qu'il s'agisse d'une veille de qualité, c'est-à-dire la plus objective possible, avec la sensibilité la plus faible possible aux illusions, aux certitudes et autres mirages.

MasterManager®

Ne remettez pas la veille au lendemain !

Attention mirages dangereux !

« Le plaisir peut s'appuyer sur l'illusion, mais le bonheur repose sur la vérité. »

Nicolas de Chamfort

Nos sens captent des informations que nous pouvons considérer comme objectives, fiables, sûres, alors qu'elles peuvent n'être que des illusions. Hors du champ des mathématiques – et le management des hommes est dans ce cas – les certitudes sont des illusions. « Lorsqu'un petit enfant crie et ne veut pas être consolé, la nourrice fait souvent les plus ingénieuses suppositions concernant ce jeune caractère et ce qui lui plaît ou déplaît ; appelant même l'hérédité au secours, elle reconnaît déjà le père dans le fils ; ces essais de psychologie se prolongent jusqu'à ce que la nourrice ait découvert l'épingle, cause réelle de tout. » (Alain)

L'illusion de l'Antiquité à nos jours

De Socrate à Bachelard, combien de penseurs ont désigné l'illusion comme un facteur important du malheur de l'homme.

• Pour Léonard de Vinci, « il n'y a aucune certitude là où on ne peut pas appliquer l'une ou l'autre des sciences mathématiques, c'est-à-dire de celles qui sont intimement reliées aux mathématiques ».

• Dans la mythologie, Œdipe était aveuglé par le destin, ce qui lui voilait le tragique de l'existence. Cette illusion avait au moins le mérite de le protéger d'une vision angoissante du monde.

• Le consommateur moderne vit dans l'illusion de faire une affaire en profitant du filet d'oranges à 1 €. Un miroir aux alouettes qui l'amènera à dépenser 100 € pour des achats dont il n'avait aucun besoin.

• Le fumeur a l'illusion que ses poumons, son filtre à air biologique, ont une surface négligeable. Il est souvent loin d'imaginer que la surface totale des poumons d'un adulte peut aller jusqu'à 200 m^2 ! Il est des illusions qui permettent de se voiler la face par rapport à des risques vitaux.

• La mère de famille a l'illusion que son enfant lui demande sans arrêt à manger et à boire alors que depuis une heure l'enfant demande en fait à sa mère d'arrêter son activité pour s'occuper de lui. Elle écoute ce que son enfant dit. Elle n'écoute pas ce qu'il veut dire. Elle est victime d'une illusion.

• Le sport peut donner l'illusion d'être excellent pour la santé. Il l'est effectivement lorsqu'il est pratiqué avec modération. Pratiqué de façon intensive, l'hyperoxygénation qu'il nécessite va à l'encontre du résultat recherché, car elle génère une grande quantité de radicaux libres dont les effets cancérigènes sont démontrés et connus des professionnels. Ceux-ci combattent ces effets en consommant des antioxydants appropriés (sélénium, bêta-carotène, vitamines A, C, E...). Pendant ce temps, les sportifs amateurs continuent dans l'illusion que plus ils en font, mieux c'est pour leur santé.

• Nombreux sont ceux qui ont l'illusion d'un lien direct entre la consommation de graisses et la masse graisseuse du corps. Cette illusion fait encore les beaux jours des produits à 0 % de matière grasse auxquels on prête toutes les vertus. Les matières grasses sont pourtant réhabilitées par la recherche qui préconise que l'alimentation en apporte chaque jour une quantité raisonnable et équilibrée (règle de Keys : 1/3 d'acides gras saturés – viande par exemple – 1/3 d'acides gras mono-insaturés – huiles végétales par exemple – 1/3 d'acides gras poly-insaturés – poissons à « peau bleue » par exemple).

• L'histoire judiciaire regorge d'illusions, de témoignages qui étaient ultérieurement faux. Les témoins avaient pourtant attesté en toute bonne foi de la réalité d'une situation. Ils avaient pourtant juré de « dire toute la vérité », mais avaient été victimes d'une illusion. De nombreuses expériences ont démontré ce phénomène. Par exemple, il est demandé à des témoins d'identifier un criminel parmi une dizaine de suspects alignés face à eux. Près des trois quarts désignent celui qui présente une différence notable par rapport aux autres : son allure, sa couleur de peau, sa posture, son habillement…

L'ILLUSION DANS L'ENTREPRISE

Dans le monde économique, combien ont l'illusion que l'herbe est plus verte dans le pré du voisin, que le métier de l'autre est plus facile et plus rentable, et finalement, que le copier ou le racheter serait une bonne idée. Cet effet d'optique est souvent obtenu et entretenu sciemment par l'entreprise concernée. Elle minimise pour l'extérieur son niveau de complexité et développe ainsi son attractivité. Quantité d'échecs de création et de reprise d'entreprises sont dus à cette illusion.

Dans l'entreprise encore, combien de personnes s'illusionnent en s'agitant, en s'anesthésiant dans l'action, en « brassant de l'air », convaincues de jouer pour gagner ? Au vu des indicateurs de performance, un minimum de lucidité devrait pourtant leur permettre de réaliser qu'elles ne jouent que pour jouer !

NOUS SOMMES TOUS VICTIMES DES ILLUSIONS

Dans le dessin ci-dessous appelé « Illusion de Münsterberg », nous jurerions qu'il n'y a aucune ligne horizontale et parallèle, n'est-ce pas ? En réalité, il y en a huit parfaitement horizontales et parfaitement parallèles !

Si notre œil nous trompe, pourquoi notre oreille ne le ferait-elle pas ? Et pourquoi pas les autres sens ? En fait tous nos sens sont des vecteurs d'illusions potentielles.

Lorsqu'une personne nous adresse un message, sommes-nous sûrs que ce que nous avons entendu et compris est bien ce qu'elle a exprimé ?

Les inférences, mécanismes bien connus de distorsion de la réalité, nous jouent souvent des tours. Faites le test suivant : demandez à dix personnes le prix qu'évoque « une maison chère » et vous serez surpris d'entendre des écarts énormes. Chacun se représente en effet un prix par rapport à des références personnelles qui peuvent être à des années-lumière les unes des autres. Nous nous représentons les situations que nous percevons au travers d'un cadre de références unique, le nôtre. Celui-ci est le fruit de nos expériences, de notre éducation, de notre culture. Il nous est propre et lorsqu'il est confronté à un autre cadre de références, il peut conduire à des interprétations erronées, sources de dysfonctionnements et de conflits.

LE MANAGER FACE AUX ILLUSIONS ET AUX CERTITUDES

Dans sa pratique quotidienne, le manager est généralement en relation fréquente et étroite avec ses collaborateurs. Cette proximité lui facilite l'identification de leur cadre de références.

Que dire du commercial qui rencontre tous les jours de nouvelles personnes, et avec chacune un cadre de références différent ? Cette situation le conduit à être plus souvent victime d'illusions. À sa décharge, sa formation aborde peu ou pas cet aspect pourtant crucial de son métier.

Par exemple, dans la plupart des formations à la vente, le futur commercial apprend encore à identifier en priorité les besoins de ses clients. Il est convaincu qu'une réponse adéquate aux besoins suffira pour emporter la décision. Illusion… Un client achète sans doute parce qu'on lui a donné une réponse à un besoin ; il achète surtout parce qu'on a satisfait chez lui un niveau supérieur d'exigence.

Le vendeur performant sait donc aller bien au-delà de la surface des choses, bien au-delà de l'illusion : il s'intéresse prioritairement aux facteurs clés de décision du client, c'est-à-dire à son cadre de références, à son système de valeurs.

Le manager performant a exactement la même préoccupation. Au-delà des simples besoins de ses collaborateurs, il sait que ce qui les fait avancer se situe à un niveau supérieur, au niveau du cadre de références, du système de valeurs. Il prend donc le temps nécessaire pour les identifier. Il sait que les illusions, les certitudes, trop vite installées le guettent.

Le manager qui est sûr trop vite, qui comprend tout en un éclair, souvent même avant que son interlocuteur ait fini sa phrase, ce manager-là est celui qui risque d'avaler le plus de « couleuvres ». S'il ne prend pas l'élémentaire précaution de vérifier plutôt deux fois qu'une, de valider avant de se faire une opinion, il peut tomber dans le piège de la certitude et de l'illusion. Et quand cette attitude est récurrente, ce n'est plus un piège, mais un véritable champ de mines.

« L'amour de la vérité n'est pas le besoin de certitude », écrivait André Gide. Dès que la certitude est là, l'illusion n'est pas loin, et la lucidité est en danger. Pour se faire une représentation fiable d'une situation, le manager doit s'appuyer sur des faits. Il doit être vigilant, voire méfiant, sur les certitudes, que ce soit les siennes, celles de ses collaborateurs et même celles de ses supérieurs hiérarchiques, car eux aussi sont concernés.

Dans la fonction de manager, le manque de discernement, l'absence de lucidité peuvent être tragiques. Ils peuvent conduire à des erreurs d'appréciation, puis à des décisions non pertinentes et à des actions inadaptées, et enfin à l'échec.

HABITUDES ET CERTITUDES

Un groupe de singes est placé dans une pièce dans laquelle une échelle permet d'atteindre un régime de bananes installé au plafond. Dès qu'un singe escalade l'échelle, un système automatique d'arrosage se déclenche et l'asperge d'eau glacée. Les singes apprennent ainsi que l'échelle leur est interdite sous peine de punition. Après quelques jours, pas un seul singe ne tente d'y monter. Ils vivent comme si l'échelle et le régime de bananes n'existaient pas.

On déconnecte alors le système de douche glacée. L'habitude étant prise, les singes continuent à ignorer l'échelle et le régime de bananes, alors qu'il n'y a plus de danger. Puis, on enlève un singe de la pièce et on y introduit un nouveau qui n'a jamais été en contact avec le groupe auparavant. Il tente bien entendu de monter sur l'échelle, mais il en est immédiatement et violemment empêché par ses congénères. Il n'osera plus réitérer son audacieuse tentative. Progressivement, tous les singes sont remplacés par des nouveaux, qui eux aussi, tentent de grimper, et qui eux aussi, sont violemment écartés.

À la fin de l'expérience et alors que le groupe a été complètement renouvelé, pas un seul singe ne tentera d'escalader l'échelle pour saisir des bananes. Pourtant, seuls les premiers singes avaient connaissance du risque et savaient pourquoi il ne fallait pas y grimper. Les derniers en ignoraient complètement les raisons mais adoptaient cependant le comportement des autres sans se poser de questions.

Cette célèbre expérience réalisée avec des primates concerne aussi les être humains. Nous nous comportons parfois de la même manière. Il nous arrive d'être sûr de quelque chose sans vraiment savoir pourquoi. Force de l'habitude, incapacité de remise en cause, illusion, certitude…

Schémas répétitifs et illusions

« De tous les hommes que je connais, le plus intelligent est mon tailleur. Chaque fois que je vais chez lui, il reprend mes mesures. Quant aux autres, ils m'ont mesuré une fois pour toutes et se figurent que leur jugement est toujours à ma taille. »

Le tailleur de George Bernard Shaw était attentif aux certitudes installées par l'habitude, par le « On m'a dit, donc c'est vrai », ou le « J'ai déjà vu, donc je sais », ou par le « On a toujours fait ça comme ça », illustré par l'histoire suivante souvent citée dans les missions de conduite du changement.

Marie, 5 ans, voit sa mère préparer un jambon et en couper les deux extrémités avant de le faire cuire. Curieuse, elle demande à sa mère pourquoi elle coupe les deux extrémités. Réponse : « J'ai toujours vu ma mère faire ça ». La petite Marie téléphone à sa grand-mère, pose la même question et obtient la même réponse « J'ai toujours vu ma mère faire ça ». Persévérante, elle appelle son arrière-grand-mère qui, à la même question, répond « Tu sais, pendant la guerre, on n'était pas bien riche. On n'avait qu'une seule casserole pour tout faire cuire et il fallait couper les deux extrémités du jambon pour qu'il entre dans la casserole ! » Trois générations après, le même geste est répété sans que personne ne se pose de question. Le « syndrome du jambon », ça vous rappelle quelque chose dans votre entreprise ?

Un exemple étonnant et durable du syndrome du jambon est l'histoire des amphithéâtres.

Les Grecs de l'Antiquité avaient trouvé une formidable manière d'amplifier le son. Si vous avez visité Épidaure, vous vous souvenez encore de son acoustique exceptionnelle. Le génie des concepteurs des théâtres antiques a été d'utiliser le principe de la conque marine comme amplificateur. Le seul problème est que ce principe n'amplifie pas les images, et les spectateurs du dernier gradin voient des acteurs transformés en lilliputiens.

Nous sommes aujourd'hui entrés dans le troisième millénaire, nous disposons de toute la technologie nécessaire pour amplifier le son. Nous continuons cependant à construire des amphithéâtres dans les centres de congrès, les universités, les entreprises, sans que personne ne s'interroge sur l'inconfort de percevoir des lilliputiens sur scène !

Nous avons oublié les raisons qui avaient conduit les Grecs à concevoir cette architecture particulière, et nous reproduisons leur modèle *ad libitum.*

Répéter les mêmes schémas sans s'interroger sur la pertinence et l'intérêt de son action est une pratique à laquelle la psychogénéalogie s'est intéressée.

Dans certaines familles, il est frappant de rencontrer des situations identiques qui se répètent de génération en génération, souvent au même âge. Aussi bizarre que cela puisse paraître, la transmission peut se faire de façon parfaitement inconsciente. Il s'agit donc de schémas bien ancrés, y compris au niveau inconscient, schémas qui peuvent être rompus, à condition bien sûr d'en prendre conscience.

Schémas répétitifs dans l'entreprise

L'entreprise n'est pas épargnée par ces schémas répétitifs qui sont souvent installés au plus profond de sa culture.

LA PATROUILLE DE FRANCE : VIGILANCE PLUTÔT QUE CERTITUDE

LES MEMBRES de la Patrouille de France cultivent un très haut niveau d'exigence et de professionnalisme. Cette compétence repose sur une vigilance de tous les instants et surtout pas sur la certitude.

Bien que le leader de la Patrouille de France et ses sept coéquipiers soient sûrs de leur programme, ils respectent systématiquement leur séance de briefing préalable à un vol. Ils pourraient s'en passer, puisqu'ils connaissent par cœur les évolutions qu'ils vont effectuer. Or, ils savent que leur attention peut se relâcher et que le danger guette.

« Quel que soit le vol (entraînement ou présentation officielle), il est précédé d'un briefing d'environ une demi-heure pendant lequel le leader, après avoir exposé le déroulement chronologique du vol, va réciter au mot près les ordres qu'il donnera à la radio pendant toute la durée du vol.

L'ensemble des manœuvres est visualisé par chaque membre de la patrouille, leader inclus. Chaque figure, changement de formation, mise et coupure de la fumée, est prise en compte. Il est courant d'observer les sept pilotes mimer les yeux fermés, dans une synchronisation qui se veut déjà presque parfaite, les actions qu'ils auront successivement à accomplir sur chacune des commandes de vols.

Cette phase de préparation est indispensable : elle permet aux pilotes de "rentrer" dans le vol en le vivant une première fois en salle de briefing avant de le restituer réellement dans l'avion. Elle amène le pilote à un niveau de concentration lui permettant de conserver le maximum de réactivité face aux éventuels aléas, le reste tendant à être "automatisé", s'approchant le plus possible de l'acte réflexe, celui pour lequel "on ne réfléchit plus"...

Les plus sportifs pourraient assimiler ce moment à une séance de sophrologie, d'autres, plus mystiques, à un rituel... quoi qu'il en soit, nous n'y dérogeons jamais.

Une fois cette préparation mentale achevée, chaque pilote de la Patrouille se rend à son avion en évitant soigneusement toute sollicitation extérieure pour conserver intact l'influx acquis en salle de briefing. » (commandant Yves Girard, leader 2001 de la Patrouille de France)	**Le manager peut s'inspirer de l'humilité et de la vigilance des talentueux pilotes de la Patrouille de France. Il doit se méfier de ce qui lui paraît trop évident, car d'une évidence peut naître une habitude, puis une conviction, puis une certitude, puis une illusion.**

On continue à faire comme avant tant qu'il n'y a pas de manifestation trop visible d'un mal silencieux tapi dans l'ombre, tant qu'il n'y a pas d'événement marquant. Et lorsque se produit un drame comme l'explosion de l'usine AZF le 21 septembre 2001, ou celle de la navette américaine Columbia le 1er février 2003, alors ce mal se révèle en pleine lumière.

Dès qu'un accident de cette ampleur se produit, on se réveille et on découvre que l'on s'était endormi sur ses lauriers, sur ses certitudes, sur ses schémas ancestraux. On découvre chez AZF qu'il y a des habitudes qui ne respectent pas les règles élémentaires de sécurité. On découvre pour Columbia que la catastrophe aurait pu être évitée si la culture d'autosatisfaction de la NASA n'avait pas conduit à des négligences. En particulier à sous-évaluer les conséquences de l'impact du morceau d'isolant qui avait créé une brèche dans le bouclier thermique, « dommage potentiellement catastrophique » selon le rapport accablant de la commission d'enquête remis au Congrès américain sept mois après l'accident. Rapport qui précise encore que « les pratiques managériales sont autant à l'origine de l'accident que l'isolant ». Si les responsables de la NASA avaient, en effet, eu la lucidité nécessaire en cette circonstance, le lancement d'Atlantis aurait pu être avancé du 1er mars au 10 février et l'équipage de Columbia aurait pu être sauvé.

Mélange d'habitude, de certitude, d'illusion, d'ego, d'aveuglement, d'incompétence… Un cocktail « détonant », si vous me pardonnez l'expression.

MasterManager®

Prenez garde aux certitudes et aux illusions ! Elles minent les voies de la performance durable.

Doute, convictions et performance

« Le doute, c'est ce qui peut "casser les pattes" à une équipe. Ça casse l'élan, ça casse l'induction. »
Jacques Cambon, ex-DRH de Volkswagen France et DG d'Inforsud

Si la certitude peut être un frein à la performance, le doute peut l'être tout autant. Il ne s'agit pas ici de remettre en cause le nécessaire doute scientifique, pas plus que le doute constructif qui nous tient en éveil lorsque nous n'avons pas toutes les informations, pas toutes les cartes en main, et qu'il nous faut quand même décider et agir.

Il convient de souligner l'effet du doute chronique, destructeur, voire pathologique ; celui qui taraude, sape la confiance, celui qui empêche de se lancer, de prendre des risques. Ce doute qui est à l'origine de tant d'échecs. Nous ne le développerons pas ici, car de nombreux ouvrages existent sur ce sujet, qui délivrent des antidotes aux conséquences parfois désastreuses. Nous insisterons davantage sur les convictions.

Si la certitude et le doute sont situés aux deux extrémités d'une échelle, les convictions s'accrochent aux barreaux intermédiaires de cette échelle, dans la zone la plus proche des certitudes. Si elles en sont proches, elles ne sont cependant pas des certitudes. On les confond souvent parce qu'on ne peut adopter une conviction que si l'on a un sentiment de certitude.

On pourrait dire que les convictions sont des « certitudes *light* ». Nous vivons avec elles. Elles nous sont familières, nous n'y voyons pas de danger, car nous pensons les avoir sous notre contrôle. Elles peuvent pourtant dériver insensiblement vers les certitudes et peuvent alors présenter des risques.

Les convictions peuvent être liées à l'identité : « Je suis maladroit », « Il est irrécupérable », « Elle est géniale », « Je suis un garçon manqué », « Nous les RMIstes », « Les Allemands sont rigoureux ».

Les convictions peuvent être liées à une ressource, une capacité, une compétence : « Il est incapable d'apprendre ce métier », « Elle a le sens des affaires », « Je n'ai jamais le temps », « Je ne sais pas déléguer ».

Les convictions peuvent enfin être statiques ou dynamiques : « C'est une excellente collaboratrice », « Elle est en train de progresser ».

Les convictions concernent tous les domaines

Comme le montrent les exemples suivants, les convictions sont diverses et concernent tous les domaines. Rien de plus naturel, car elles se sont installées au fil des événements qui ont émaillé notre éducation, notre parcours scolaire et professionnel, notre histoire personnelle, notre culture...

• Un enfant qui a entendu durant toute son enfance qu'il est débrouillard a cette étiquette collée à son identité. Il est aujourd'hui adulte et il est convaincu qu'en toutes circonstances il est capable de trouver une solution à un problème. Fort de cette conviction, il se sent émotionnellementn solide, serein, confiant

• « Tel qui rit vendredi dimanche pleurera. » Cette conviction installée dans la culture française par *Les Plaideurs* de Jean Racine peut avoir des effets induits comme s'attendre tout naturellement et « logiquement » à un échec après un succès, à un hiver terrible après un automne doux, à un malheur après une joie.

• « On m'a toujours dit que je n'avais pas la compétence pour ce poste. » Avec une telle conviction, le risque d'échec est patent. Pour justifier sa conviction, la personne peut mettre en œuvre, de façon consciente et/ou inconsciente des mécanismes d'échec qui, au final, lui donneront raison. En quelque sorte une prophétie qui s'autoréalise. Un peu comme dans le cas où les parents ne cessent de dire à leur enfant : « Tu es incapable d'y arriver » ou « Tu finiras en prison ». Celui-ci risque de mettre consciemment et/ou inconsciemment tout en œuvre pour réaliser et donc valider la prédiction parentale.

• « L'espoir fait vivre. » Cette conviction bien ancrée chez beaucoup ne fait-elle pas insidieusement la promotion de la passivité ? Sénèque s'inquiétait déjà de ce risque et proposait à son ami Lucilius de désapprendre l'espoir : « Quand tu auras désappris à espérer, je t'apprendrai à vouloir. » Quand le manager entend un de ses collaborateurs lui dire : « J'espère que ça ira mieux demain », ne devrait-il pas lui répondre : « Vous espérez une amélioration pour demain, certes, mais aujourd'hui, que faites-vous pour que ça aille mieux demain ? »

Si l'espoir fait vivre, il peut aussi faire survivre, voire faire mourir à petit feu…

• « Ce que d'autres ont réussi, on peut toujours le réussir. » Imaginez la puissance d'une telle conviction empruntée à Antoine de Saint-Exupéry. Qu'est-ce qui peut lui résister ? Quelle force intérieure pour entreprendre et relever des défis !

• « Vite et bien. » Voici une expression banale que l'on utilise sans y prêter une attention particulière. Elle traduit pourtant une conviction contestable. Elle installe une propension à faire vite d'abord et bien ensuite. Avec une formulation différente « bien et vite », on serait davantage enclin à faire bien avant de faire vite, c'est-à-dire à produire de la qualité avant de la vitesse. N'est-ce pas l'ordre requis pour assurer une performance durable ?

Certaines convictions sont spécifiques au manager

« La vie de dirigeant n'est pas un long fleuve tranquille. » Une telle conviction n'améliorera pas l'état émotionnel du dirigeant dans une vie semée d'embûches, de hauts et de bas. Avec cette conviction, le dirigeant soufflera un peu dans les hauts et souffrira beaucoup dans les bas. Motivé par la réussite et le défi qu'il s'est lancé, il mobilisera une énergie maximale pour passer les caps difficiles. Ses engagements financiers, ses cautions bancaires, ses prises de risques finiront de faire monter son niveau de pression. Il se donnera corps et âme à son activité pendant des années.

Un jour, il commencera à respirer, mais à peine aura-t-il repris un rythme normal qu'une opportunité se présentera à lui.

On lui proposera de racheter une entreprise pour développer son affaire. Il acceptera, et la magie de la conviction continuera son œuvre : le long fleuve pas tranquille continuera à charrier son lot quotidien d'occupations.

Il se peut aussi qu'on lui propose de vendre son affaire. Il examinera alors distraitement la proposition, mais l'idée fera son chemin et il décidera finalement de dire oui à cette proposition de rachat. C'est décidé, il quittera définitivement ce long fleuve décidément pas tranquille du tout.

Fin du premier acte. Toute ressemblance avec une situation réelle serait évidemment fortuite !

Pour un certain type de dirigeant, l'histoire s'arrêtera à la fin de ce premier acte. Il en profitera pour prendre sa retraite ou réinvestir dans de nouvelles affaires moins exigeantes en termes de temps et d'énergie.

Pour un autre, en revanche, l'histoire continuera. Un mécanisme étonnant se déclenchera alors. Le dirigeant se mettra à investir tous azimuts dans des opérations risquées et si possible ruineuses. Il s'engagera dans des affaires manifestement vouées à la catastrophe. Il dilapidera son argent en prêtant à qui lui en demandera et pour quelque projet que ce soit. Il se lancera dans une passion inassouvie depuis sa jeunesse. Il « poussera le bouchon » jusqu'à perdre l'intégralité des gains accumulés pendant toutes ses années d'activité.

Une conviction peut en cacher une autre

On peut émettre l'hypothèse que ce scénario repose sur une nouvelle conviction activée après celle du long fleuve tranquille. Fortement ancrée dans notre culture, elle a été installée dans notre inconscient collectif par la tradition judéo-chrétienne : « Tu gagneras ta vie à la sueur de ton front. » Avec ses nombreuses déclinaisons comme « On n'a rien sans rien », « On ne réussit pas sans mal », « On ne gagne pas sans effort », etc.

Lorsque le dirigeant perçoit son salaire, quel qu'en soit le montant, l'argent gagné est en relation avec la sueur produite. Cet argent est donc parfaitement légitime à ses yeux. Lorsqu'il vend son affaire, changement de décor : au regard de sa conviction, l'argent qu'il perçoit de la vente est illégitime. Il n'est en effet pas directement le fruit de sa sueur ; il n'est que le résultat d'une valorisation financière de ses actions. Le mécanisme inconscient qui permet de se débarrasser de cet argent impur se déclenche alors inexorablement !

Ce scénario est du domaine de la fiction, n'est-ce pas ? Il n'en est rien. Pourquoi tel chef d'entreprise qui réussit miraculeusement à céder une affaire en perte de vitesse à un prix inespéré se lance dans une nouvelle affaire désastreuse ? Pourquoi tel autre, après avoir vendu une affaire qu'il a superbement développée, se met à dilapider son argent en répondant oui à toute demande d'aide financière ? Simple hasard, rachat d'une culpabilité, effet d'une conviction ?

Ces quelques exemples montrent que les convictions sont loin d'être neutres. Elles ont un réel pouvoir. Elles sont de puissants moteurs internes que nous avons fort intérêt à identifier. Prendre conscience des croyances, des convictions, les siennes et celles des autres, c'est prendre conscience de filtres puissants qui agissent sur la façon dont on se représente la réalité. C'est prendre conscience de facteurs qui influencent les comportements, et qui les rendent plus ou moins appropriés.

Questions d'explicitation des convictions

Quelques questions pertinentes que nous avons nommées « questions antibrouillard » (voir la page 307 du chapitre « La communication verbale ») suffisent à évaluer l'intérêt d'une conviction. Ces questions jouent le rôle d'interrupteurs et modifient la manière dont on se la représente ensuite. Ce faisant, nous en contrôlons l'impact au lieu de le subir. Ces questions permettent de clarifier une conviction, de la valider et de décider si on la conserve, si on la modifie ou si on préfère s'en débarrasser.

EXEMPLES

1. « Tel qui rit vendredi dimanche pleurera. »

❒ **Questions antibrouillard :**

- Peut-on observer une relation systématique entre un vendredi joyeux et un dimanche triste ?
- N'y a-t-il pas un cas où un malheur n'a pas succédé à une joie ?

2. « On m'a toujours dit que je n'avais pas la compétence pour ce poste. »

❒ **Questions antibrouillard :**

- Combien de personnes vous ont dit cela ?
- Avaient-elles la légitimité pour juger de votre compétence ?
- N'y a-t-il pas un cas où votre compétence a été reconnue pour occuper une fonction comparable ?

LES PILOTES INCONSCIENTS

Dans la même veine que les convictions, le psychologue Taibi Kahler a mis en évidence ce qu'il a nommé des « *drivers* », ou pilotes. Ils ont, eux aussi, été installés à notre insu dans notre « disque dur » par notre environnement éducatif.

Les cinq pilotes inconscients sont de la même famille que les convictions. Ils agissent en injonctions, de façon aussi discrète que contraignante :

• « Sois parfait(e) » se traduit par « Il faut que je sois toujours parfait(e) ».

• « Sois fort(e) » conduit à « Il faut que je sois fort(e) quoi qu'il arrive ».

• « Dépêche-toi » donne « Il faut que je me dépêche en permanence ».

• « Fais plaisir » mène à « il faut que je fasse toujours plaisir aux autres ».

• « Fais des efforts » signifie « Il faut que je fasse toujours des efforts ».

Quand on prend conscience de ses pilotes inconscients, on peut décider de les conserver, de les modifier ou de les supprimer. Quelques questions antibrouillard, là encore, suffisent et le résultat peut donner ceci :

• « Il faut que je sois parfait(e) » ⇨ « Il faut que je sois réaliste ».

• « Il faut que je sois fort(e) » ⇨ « Il faut que je sois moi-même ».

• « Il faut que je me dépêche » ⇨ « Il faut que je gère mon temps ».

• « Il faut que je fasse plaisir » ⇨ « Il faut que je pense aussi à moi ».

• « Il faut que je fasse des efforts » ⇨ « Il faut que je réussisse à ma mesure ».

La nouvelle formulation est évidemment de nature à générer un état émotionnel plus adapté au bien-être et à une performance durable.

• Pour information, divers tests permettent d'identifier rapidement ses propres pilotes inconscients. Vous pouvez consulter le site : www.mastership.fr - rubrique « Tests d'évaluation ».

Lorsqu'un collaborateur a des comportements inappropriés, en relation avec un pilote inconscient, une conviction, le manager peut lui en faire prendre conscience et l'aider à adopter un pilote plus pertinent.

Par exemple, quand un chef d'équipe ou un commercial est piloté par le « fais plaisir », c'est certes un avantage sur le plan relationnel, mais ce peut être catastrophique sur le plan des résultats. Faire plaisir à son subordonné ou à son client passera en effet avant l'application du process et avant l'atteinte des objectifs. Le manager doit alors aider son collaborateur à adopter un nouveau pilote comme « Il faut que je pense aussi à moi et à mes objectifs ».

Mais le manager sera d'autant plus à même d'aider son collaborateur qu'il aura travaillé cette question pour lui-même.

MasterManager®

Henry Ford avait bien compris la puissance des convictions : « Que vous pensiez pouvoir ou ne pas pouvoir, vous avez toujours raison ! »

S'automanager pour mieux manager

On ne donne que ce que l'on a : du temps, de l'estime, de l'enthousiasme, de l'imagination, de l'argent... De la même manière, on ne peut vraiment manager les autres que si l'on a une compétence en gestion de soi, en management de soi. Notre premier laboratoire de management est donc dans notre plus proche intimité.

Imaginer, créer, planifier, organiser, gérer les énergies, maîtriser les émotions, négocier, décider, mettre en œuvre, contrôler, apprécier, gratifier... autant de compétences que l'on retrouve dans le management et dans le self-management.

L'EXEMPLARITÉ

Albert Schweitzer soulignait que « l'exemplarité n'est pas seulement le meilleur moyen pour influencer les autres, mais le seul ». Il existe sans doute d'autres moyens d'influencer, mais l'exemplarité est bien davantage : c'est un important facteur de crédibilité, un facteur qui légitime l'exigence que peut avoir un responsable.

Qu'il soit parent, enseignant ou chef d'équipe, quand un responsable demande de la rigueur et de la ponctualité, mieux vaut en effet qu'il en fasse preuve lui-même au quotidien. Lorsqu'il prône la tempérance et le respect, il est souhaitable qu'à la moindre contrariété, il ne se mette pas dans tous ses états en insultant tout le monde. Lorsqu'il exige de ses subordonnés qu'ils soient performants, il doit lui aussi être capable de l'être.

Ceci semble évident, et pourtant… Le « Faites ce que je vous dis et pas ce que je fais », ça existe. Dans les familles, dans les écoles, dans les entreprises. Or, entre ce qui est dit et ce qui est fait, c'est toujours ce qui est fait qui influence le plus. Le faire est exemplaire. Le faire est contagieux. Dans les familles, dans les écoles, dans les entreprises. Lorsque quelqu'un affirme que nous avons les hommes politiques que nous méritons, cela ne nous choque pas outre mesure. Nous pouvons accepter cette affirmation parce qu'il ne s'agit après tout que du résultat de votes, quelque chose un peu abstrait et distant.

En matière de management, « nous avons les subordonnés que nous méritons » passe plutôt mal auprès de ceux qui sont convaincus de n'être en aucune manière responsables de la compétence et de la performance de leurs collaborateurs, ou si peu.

Ils ont raison s'ils considèrent le tout début de leur relation avec leur subordonné, la période d'intégration, la prise de fonction. Mais après plusieurs mois, plusieurs années d'interactions quasi quotidiennes, leur responsabilité est patente, même s'ils refusent de le reconnaître. Il existe bien entendu des exceptions, mais les exceptions ne font pas la règle.

Le manager influence les comportements de son équipe, ne serait-ce que par l'exemplarité, comme nous l'avons déjà évoqué. Si l'influence du manager n'existait pas, comment expliquer que la même équipe dirigée par deux managers différents produise des résultats diamétralement opposés ? De la même manière, comment expliquer

L'AUBERGE ESPAGNOLE

UN VOYAGEUR marche depuis des heures sous un soleil de plomb. Il décide de se reposer quelques instants sur le bord de la route et en profite pour interpeller un paysan occupé à labourer un champ : « Pardon Monsieur, j'aimerais vous poser une question. Je marche depuis fort longtemps. J'habitais là-bas au-delà des montagnes dans un village où j'étais malheureux. Les gens y étaient désagréables. J'ai donc fait mes bagages et pris la route pour rechercher un autre village dans lequel les habitants seraient aimables et où je pourrais vivre heureux. Pensez-vous que le petit village situé en haut de cette colline puisse correspondre à mon souhait ? »

Et le paysan lui répond : « Je pense que vous devriez continuer votre route, car dans ce village vous serez aussi malheureux que dans le précédent. »

Le lendemain, un autre voyageur marche lui aussi depuis des heures sous un soleil de plomb, se repose lui aussi quelques instants et interpelle lui aussi le paysan : « Pardon Monsieur, j'aimerais vous poser une question. Je marche depuis fort longtemps. J'habitais là-bas au-delà des montagnes dans un village où j'étais le plus heureux des hommes. Les gens y étaient d'une telle gentillesse que je n'y avais que des amis. Les moments que j'y ai passés sont gravés à jamais dans ma mémoire. Mon projet étant de découvrir le monde, j'ai fait mes bagages et pris la route pour rechercher un autre village dans lequel je pourrais m'installer quelque temps. Pensez-vous que les habitants du petit village situé en haut de cette colline puissent m'accueillir. Pensez-vous que je puisse y vivre heureux ? »

Et le paysan lui répond : « Si vous vous installez dans ce village,

Monsieur, vous y trouverez les gens les plus adorables du monde et vous y serez aussi heureux que dans le village d'où vous venez ! »

Cette métaphore montre le bon sens d'un paysan qui a bien compris que, même si cela est difficile à admettre, nous sommes souvent à l'origine des situations que nous vivons. Ce que nous récoltons est le fruit de notre investissement. L'auberge espagnole en quelque sorte.

qu'avec tel enseignant, une classe soit turbulente alors qu'avec tel autre, ladite classe soit studieuse ? Les élèves changeraient-ils de cerveau à l'intercours ?

LE MANAGER A TOUJOURS SA PART DE RESPONSABILITÉ

Les managers qui s'affranchissent de leur responsabilité dans ce domaine sont les mêmes qui pensent qu'un bourreau peut exister sans victime, et qu'une victime peut exister sans bourreau ! Ils oublient que dans le processus relationnel, les deux parties sont impliquées. Chacune y a sa part de responsabilité. L'enfer, ce n'est pas que les autres.

Une personne qui se plaint d'être dérangée en permanence devrait s'interroger : « Ai-je une propension à être dérangeable ? », « N'est-ce pas mon attitude qui déclenche le fait que je suis dérangé(e) plus souvent qu'un(e) autre ? »

Dans un groupe, vous avez sans doute remarqué que ce sont toujours les mêmes qui se font agresser, réprimander, humilier, manipuler, piéger… et toujours les mêmes qui se font aider, féliciter, apprécier, aimer…

Certains seraient-ils agressables, réprimandables, humiliables, manipulables, piégeables… tandis que d'autres seraient aidables, félicitables, appréciables, aimables… ?

Longue est la liste des maux dont l'origine est attribuée aux autres, ce qui est à la fois rassurant et illusoire. Rassurant parce que nous avons l'impression d'être exonérés de quelque responsabilité que ce soit dans les situations que nous vivons. Illusoire, parce qu'en réalité nous en portons la responsabilité, au moins partiellement.

La relation que vit le manager avec ses collaborateurs n'échappe pas à ce constat. Un minimum de lucidité permet d'en prendre conscience. Encore faut-il que l'ego ne soit pas un frein trop puissant à la lucidité.

MasterManager®

Qui veut aller loin manage sa monture !

Certains sont plus « ego » que d'autres

« À l'éternelle triple question toujours demeurée sans réponse : "Qui sommes-nous ?, d'où venons-nous ?, où allons-nous ?", je réponds : En ce qui me concerne personnellement, je suis moi, je viens de chez moi et j'y retourne. »

Pierre Dac

La culture de compétition privilégie le « chacun pour soi » et en amplifie les effets. Le choc de l'été 2003 avec les 15 000 victimes de la canicule en a été une impressionnante illustration. Certains observateurs vont même jusqu'à prédire que l'un des marchés phares du XXIe siècle sera le marché de la solitude, tant le « chacun pour soi » aura fait des ravages. Dans les entreprises, l'égocentrisme n'a jamais été aussi fort, et cela malgré des moyens de communication impressionnants. Et aussi malgré des responsables qui, tous ou presque, ont suivi des formations à la communication, ce qui nous amène à nous interroger sur l'efficacité des plans de formation traditionnels.

L'HYPERTROPHIE DE L'EGO

À l'égocentrisme, certains ont ajouté un ego surdimensionné, atteignant ainsi un point culminant, le sommet de la vanité : « l'hypertrophie égotiste aiguë ». Ce sont d'ailleurs souvent les mêmes qui confondent égocentrisme et confiance en soi. Leur chant de ralliement pourrait être : « Parlez-moi de moi, il n'y a que ça qui m'intéresse ! » ou « Je t'aime. Moi aussi, je m'aime ! »

Cette pathologie très répandue dans l'Hexagone et qui a fait notre réputation à travers le monde porte deux autres noms : le « tout à l'ego » et le « syndrome Dutronc-Lanzmann », allusion à la fameuse chanson « Et moi, et moi, et moi ».

On dit, non sans humour mais avec lucidité, que le syndrome « Dutronc-Lanzmann » a fait bien plus de victimes que la maladie de Creutzfeldt-Jacob !

Pierre travaille péniblement depuis trois heures sur son devoir de mathématiques. Son père rentre du travail, se précipite sur le devoir qu'il résout en un instant devant les yeux ébahis de son fils. Le père a brillé, il a même ébloui, mais il n'a pas fait l'essentiel : il n'a pas éclairé son fils. Le résultat risque d'être une ablation partielle ou totale de l'intérêt de Pierre pour les mathématiques, une démotivation provisoire ou définitive pour cette matière. Magnifique démonstration d'incompétence managériale et d'inefficacité pédagogique !

De la même manière dans l'entreprise, plus le manager est expert de son domaine, plus il risque de briller ou d'éblouir, plus il peut mettre en danger le talent de ses collaborateurs en les étouffant de son savoir et de son ego.

C'est pourquoi le meilleur vendeur n'est pas de façon automatique le meilleur directeur commercial. Pas plus que le meilleur technicien n'est nécessairement le meilleur directeur technique, le major de promotion le meilleur enseignant, ou le meilleur musicien le meilleur chef d'orchestre. Ils peuvent l'être, mais à une condition : mettre leur ego en veilleuse. Faute d'avoir compris cela, combien de personnes brillantes se retrouvent sur la touche ?

L'hypertrophie de l'ego fait des ravages. Cette véritable pathologie sévit partout, aux niveaux politique, économique, éducatif, managérial, comme le montrent les exemples suivants.

Des commerciaux français débarquent à l'étranger toutes épaules dehors, occupés à briller, pendant que leurs concurrents arrivent profil bas et décrochent les contrats.

Des hommes politiques, dont le niveau intellectuel ne fait aucun doute, sont incapables d'empathie avec la population ou de reconnaître leurs erreurs ou de se remettre en question, et s'étonnent ensuite d'être rejetés.

Des enseignants, pétris dans leur ego, ont le sentiment que de se mettre à la portée des élèves ou admettre qu'ils ne savent pas tout est une régression ou une négation de leur identité.

Des managers, englués dans leur vanité, sont plus occupés à séduire et à obtenir des signes de reconnaissance qu'à remplir les missions dont ils ont la responsabilité.

L'hypertrophie de l'ego se manifeste par des attitudes, des comportements, et aussi des mots, des équations verbales comme les suivantes :

- Je suis ton père = j'ai raison
- Je suis agrégé = je connais
- Je suis un professionnel = je sais ce qui est bon pour vous

• Je suis votre plus gros client = j'exige

• Je suis le plus fort = je décide ce que je veux

• Je suis le chef = ...

Les conséquences de l'hypertrophie de l'ego sont légion. Le repli dans sa tour d'ivoire, le bétonnage de ses certitudes, les décisions solitaires, l'étouffement des potentiels, la rétention d'informations, la génération de conflits, le refus de négocier, l'incapacité à reconnaître ses torts, pour ne citer que quelques exemples.

HYPERTROPHIE DE L'EGO ET JUSTIFICATION

L'homme ordinaire a déjà quelques difficultés à accepter ses erreurs et à reconnaître ses torts. Dans le cas d'une personne atteinte d'hypertrophie de l'ego, cette difficulté est décuplée par une compétence exacerbée, celle de se justifier et de tout justifier *a posteriori :* ses décisions, ses choix, ses actions, ses résultats. Pour illustrer ceci, je vous propose l'histoire suivante.

Un psychiatre reçoit un patient qui se prend pour un cadavre. Comme le psychiatre doit rejoindre son épouse pour déjeuner, il a très peu de temps à lui consacrer. Il réfléchit donc à une méthode qui permettrait de faire rapidement prendre conscience à son patient qu'il n'est pas un cadavre. Il imagine lui demander de se piquer un doigt avec une épingle. À la première goutte de sang, le patient réalisera qu'il ne peut pas être un cadavre, puisqu'un cadavre ne saigne pas. Il décide de mettre son idée en pratique, prend une épingle, la tend au patient et lui demande de se piquer un doigt. Le patient s'exécute, fixe son doigt d'un air pensif et aperçoit le sang qui commence à perler. Le psychiatre pense en avoir fini et se réjouit déjà d'aller rejoindre son épouse pour déjeuner, quand le patient s'exclame : « Quelle surprise ! Jamais je n'aurais imaginé qu'un cadavre pouvait saigner ! »...

Les justifications de tous ordres qui mettent à mal le bon sens commun, cela vous rappelle quelque chose ? Dans la vie personnelle, c'est monnaie courante, dans l'entreprise aussi.

Se replier dans sa tour d'ivoire, sur soi et sur ses certitudes, est aussi une manière d'exprimer sa supériorité. C'est aussi une manière de trouver une forme de sécurité, mais une sécurité illusoire. C'est en tout cas une attitude que le manager doit fuir, car elle peut lui être fatale à terme. Il doit bien au contraire et plus que jamais s'ouvrir aux autres, développer ses interactions avec eux, jouer en équipe.

Mais pour jouer en équipe, il faut savoir mettre son ego en veilleuse, se mettre à la portée des autres. Il est alors possible de commencer à créer des liens, à construire des ponts avec les autres. Les interactions peuvent alors se produire et le jeu en équipe peut commencer. « Les performances individuelles, ce n'est pas le plus important. On gagne et on perd en équipe. » (Zinedine Zidane)

Si l'ego surdimensionné fait des ravages, qu'en est-il de son contraire, l'ego sous-dimensionné ?

L'HYPOTROPHIE DE L'EGO

L'hypotrophie de l'ego se traduit par une vaste palette de comportements : de l'expression d'une sage et saine humilité jusqu'à la négation de son identité. Notre culture française ne doit pas craindre outre mesure les conséquences de l'hypotrophie égotiste. Elle n'a en effet pas à redouter cette pathologie, parce qu'elle est à des années-lumière des stades de l'endémie ou de l'épidémie !

Notre vocabulaire quotidien ne nous donne même pas d'expression pour la qualifier. Ce qui n'est pas le cas dans d'autres cultures. Au Maroc, par exemple, il est une expression fréquente que je vous mets au défi d'entendre en France : « Avoir la petite tête. » Autant « Avoir la grosse tête » nous est familier, autant « Avoir la petite tête » nous semble une expression exotique, voire ésotérique qui ne nous évoque pas grand-chose !

L'humilité serait-elle une valeur managériale fossilisée dans le magma de notre culture hexagonale ? La question mérite d'être posée.

Une question complémentaire mérite aussi d'être posée : Existe-t-il une position médiane entre les deux extrêmes : hypertrophie et hypotrophie de l'ego ? Bonne nouvelle : la réponse est oui !

Entre hypertrophie et hypotrophie de l'ego

La position médiane entre ces deux extrêmes figure en lettres d'or dans de nombreux textes philosophiques et sacrés à notre disposition depuis la nuit des temps dans la plupart des cultures du monde.

Chacun de nous a dû lire et entendre ces mots plutôt mille fois qu'une, en tout cas dans les traditions judéo-chrétiennes et musulmanes : « Tu aimeras ton prochain comme toi-même » ou encore : « Si je ne m'occupe pas de moi, comment être moi ? Si je ne m'occupe que de moi, suis-je encore moi ? »

Que diable viennent faire de tels mots dans un livre sur le management et sur la performance ? Nous restons bien évidemment hors du champ confessionnel ou religieux et nous prenons en compte une réalité profane, culturelle, traduite par des mots simples et familiers, tellement simples et familiers que nous en avons souvent oublié l'essence et le sens. Ces mots sont directement applicables au management : « Tu manageras l'autre comme toi-même. » Notre aptitude à manager l'autre est en effet proportionnelle à notre aptitude à nous manager nous-mêmes.

« Il faut commencer par être en harmonie avec soi-même. Ce n'est qu'après que l'on peut diffuser » (Bernard Angot, ex-P-DG de Kenwood et ex-DG de Lacroix). À noter que pour beaucoup ceci est difficile à entendre. Ils connaissent cette phrase par cœur, mais n'en retiennent que le début qui traduit une ouverture vers l'autre : « Tu aimeras l'autre. » Ils oublient volontiers la fin « comme toi-même », comme si prendre sa propre personne en considération dans le jeu relationnel était une faute !

Estime de soi et relation à l'autre

La science moderne, en particulier la psychologie, a validé l'importance de ce concept lié à l'estime de soi. Entre négation de soi et vanité démesurée, il existe une « porte étroite » qui permet de se situer de façon équilibrée dans sa relation avec soi et avec les autres.

Dans l'un de nos séminaires, une dame d'une cinquantaine d'années vient me voir à la pause et me dit : « Je n'ai pas voulu intervenir en public, mais je veux vous faire part de mon désaccord avec ce que vous avez dit. Je suis directrice d'école et… » Alors que je remarque la discrète croix quelle porte sur le revers de sa veste, elle ajoute : «… et je suis aussi religieuse. Dans mon sacerdoce, poursuit-elle, je me suis toujours appliquée à m'oublier. J'ai bien entendu ce que vous avez dit, l'importance de se situer non pas au centre du monde, mais au cœur de son propre monde. La nécessité de se prendre en compte d'abord. Je ne peux pas accepter cela, parce que ça voudrait dire que je ne serais plus dans une dynamique d'oubli de moi. Je ne serais plus orientée vers les autres ! » Je lui pose alors une question : « Pouvez-vous oublier ce que vous ne connaissez pas ? » Devant son hésitation, je lui pose à nouveau la question. Elle hésite encore et réalise tout à coup qu'elle est comme tout le monde : elle est incapable de s'oublier sans se prendre d'abord en considération.

Le « lâcher prise », si important dans la relation aux autres, en particulier dans la relation amoureuse et dans la relation d'aide, procède du même mécanisme. On ne peut s'oublier et lâcher prise que si on s'est d'abord pris en compte. Affirmer cela n'est pas promouvoir l'égoïsme, c'est être lucide et réaliste.

Notre culture a une fâcheuse tendance à occulter que savoir manager exige de savoir se manager soi-même. Serait-ce parce que cette compétence issue de la civilisation est plus exigeante que la simple dominance issue de la barbarie ?

L'effort qui consiste à se connaître, à se comprendre, à s'estimer serait-il au-dessus de nos forces ? Serait-ce plus facile de se faire violence que de s'écouter, de donner des ordres que de créer les conditions de l'adhésion, d'imposer que de respecter les axes de motivation ?

MasterManager®

Votre fonction est d'éclairer, pas de briller ou d'éblouir !

PARTIE 4

Le projet managérial

« Il n'y a que la stratégie pour avancer dans l'incertain et l'aléatoire. »
Edgar Morin

Les compétences du manager doivent s'investir dans un périmètre spécifique qui conditionne la performance. Il est défini par un certain nombre de critères dont le point commun est les sens. Opérationnellement, il prend la forme d'un projet dont le moteur essentiel est la motivation.

Sommaire

Performance durable et motivation

« On ne peut pas avoir de bons résultats sans la motivation des hommes. »
Yves Gonnord, P-DG de Fleury-Michon

Pour répondre à une agression vitale, un organisme active son système de survie et met en œuvre une mobilisation générale de ses forces. Cet exemple donne l'illusion qu'une performance durable peut exister sans motivation. Or, ce schéma ne peut être que ponctuel. Utilisé de manière constante, il conduit inéluctablement à l'épuisement, voire pire, ce qui n'est pas vraiment une performance !

Qu'est-ce que la motivation ?

Le mot « motivation » a un caractère dynamique suggéré par son étymologie (mouvement, motion, motif, moteur). Elle est effectivement le moteur de nos actions, un *booster* interne d'une puissance extraordinaire. La motivation est aussi un ensemble de motifs pour lesquels nous agissons, au travers desquels nous trouvons du sens à nos actions.

La pyramide de Maslow

Dès que l'on aborde la motivation, le nom d'Abraham Maslow apparaît. Il a été l'un des tout premiers spécialistes à conceptualiser la motivation, en particulier avec la pyramide des besoins qui l'a rendu célèbre. L'avènement des neurosciences a fait prendre quelques rides à sa théorie mais elle reste néanmoins une référence.

La base de la pyramide de Maslow est le niveau des besoins physiologiques – la nutrition, le sommeil, l'air… – qui se traduit dans l'entreprise par une rémunération suffisante, la qualité d'environnement du poste, les conditions de travail…

Le deuxième niveau est celui de la sécurité – la stabilité, l'habitat, l'hygiène… – qui se traduit dans l'entreprise par sa stabilité financière, sa qualité de gouvernance, la sécurité de l'emploi, la politique salariale, les garanties sociales…

Le troisième niveau est celui de l'appartenance, le besoin de faire partie d'une d'équipe, les interactions sociales, le management participatif, les événements de groupe…

Au quatrième niveau se trouve la reconnaissance – l'amour, l'estime, la considération… – qui se traduit dans l'entreprise par le statut, le niveau de pouvoir, les promotions, la considération des personnes, de leurs actions et résultats, le système de gratification et de récompense…

Le sommet de la pyramide, c'est l'accomplissement – « l'autoréalisation », l'épanouissement… qui se traduit dans l'entreprise par le développement et l'épanouissement des personnes, l'autonomie, le plan d'évolution personnelle et professionnelle, le plan de carrière…

La théorie de Maslow est contestable

Pendant plus de deux décennies, de nombreux spécialistes du management ne juraient que par Maslow. Aujourd'hui, les mêmes spécialistes osent contester le « maître » dont la théorie apparaît simpliste au regard de ce que nous savons aujourd'hui de la motivation.

Si les besoins physiologiques étaient vraiment les premiers besoins de l'être humain, comment expliquer l'anorexie mentale du nourrisson souvent attribuée à un déficit de reconnaissance ? Le quatrième niveau n'aurait-il pas été sous-estimé par Abraham Maslow ?

Il aurait pu concevoir différemment la base de sa pyramide. Il aurait pu la nommer « infrastructures » et y placer les flux énergétiques – eau, air, nourriture… – et les flux relationnels – reconnaissance, estime, amour… ? Dans la construction d'une ville ou une usine, ne commence-t-on pas par installer les réseaux d'électricité, d'eau, de gaz, d'évacuation… puis les réseaux de communication : routes, transports, téléphone, câble… Si cette analogie est pertinente, elle met en évidence une erreur.

En ce qui concerne le deuxième niveau (sécurité), une étude de deux neurobiologistes français Jean-Baptiste Pochon et Richard Lévy, publiée en 2002 dans *Proceedings of the National Association of Sciences*, mérite notre attention. Elle souligne que lorsqu'une personne est impliquée dans une tâche opératoire, elle mobilise tous les neurones qui lui sont nécessaires. Une fois la motivation initiale enclenchée, la récompense financière est sans effet.

Au départ de l'action, la promesse de récompense renforce le système de motivation du cerveau, mais ensuite le cerveau opérationnel se mobilise tout seul, et, chose surprenante, il inhibe le système de motivation pour qu'il ne soit pas pollué en cours de tâche par des instructions parasites. L'imagerie cérébrale montre que plus la tâche est difficile, plus la promesse de récompense est importante, moins le cerveau opérationnel est réceptif.

Ces travaux remettraient-ils en question la place accordée par Maslow à la motivation financière ? Frederick Herzberg en avait déjà l'intuition lorsqu'il affirmait que la satisfaction des besoins au niveau du salaire ou des conditions de travail ne produisait pas de motivation.

Bien que l'approche de Maslow soit contestable sur certains aspects, sa hiérarchisation des niveaux de besoin a au moins eu le mérite d'enclencher une réflexion sur la motivation qui a débouché, à l'époque, sur une salutaire évolution des pratiques managériales.

MOTIVATION ET PERSONNALITÉ

Depuis Maslow, la motivation a bien évidemment été appréhendée sous tous les angles, ceux du contenu, du processus, de l'interaction, et de la personnalité. Par exemple, nous savons beaucoup mieux aujourd'hui ce qui compose et anime la personnalité, interaction entre le tempérament et le caractère, et la psychobiologie en constitue une grille de lecture particulièrement intéressante.

Selon Robert Cloninger, le tempérament est d'origine plutôt héréditaire, avec 40 % à 60 % d'influence génétique et 40 % à 60 % d'influence de l'environnement non familial. Quant au caractère, il est plutôt forgé par le conditionnement, par l'apprentissage socioculturel évolutif jusqu'à l'âge adulte : 10 % à 15 % d'influence génétique, 30 % à 35 % d'influence de l'environnement familial, et 40 % à 60 % d'influence de l'environnement non familial.

Les travaux réalisés en génétique comportementale et en neurobiologie ont permis, avec l'aide de marqueurs biologiques et de l'imagerie cérébrale, de mettre en évidence les pôles d'activation du tempérament et du caractère.

Le tempérament est activé par trois pôles plus ou moins puissants selon les personnes :

1. La recherche de la nouveauté et du risque

2. L'évitement de la souffrance

3. La recherche de reconnaissance et de récompense

Quant au caractère, il est activé par quatre pôles eux aussi plus ou moins puissants selon les personnes :

1. L'autonomie

2. La coopération

3. La stabilité émotionnelle

4. Le dépassement

Nous avons sans doute encore beaucoup à découvrir sur ce qui fait agir les êtres humains, sur leurs « moteurs », sur les motifs de leurs actions, sur leur motivation. Nous en savons cependant assez aujourd'hui pour éviter les erreurs majeures.

ON NE PEUT MOTIVER PERSONNE !

Il est surprenant de constater que le terme « motivation » est souvent utilisé à tort. Les salons de la motivation en sont un bel exemple. Ils proposent des « incentives » de toutes sortes, des vols pour Les Bahamas, des week-ends de thalassothérapie, des stylos de luxe, des dîners chez des toques étoilées… Bref, la parfaite panoplie du directeur commercial qui veut stimuler et faire plaisir à son équipe de vendeurs ! Malgré les apparences, il ne s'agit pas ici de motivation, mais tout simplement de récompense.

Dans les années 1980, et aujourd'hui encore, le manager n'était pas épargné par la compréhension erronée du concept de la motivation. De nombreux modèles de management ont été développés sur cette base et ont laissé croire qu'il était possible de motiver quelqu'un de l'extérieur (motivation extrinsèque). On sait aujourd'hui que le manager n'a aucune influence sur la véritable motivation des hommes (motivation intrinsèque). Mauvaise nouvelle pour celui qui s'enorgueillissait d'être pour quelque chose dans la motivation de ses collaborateurs !

Une personne est ou n'est pas motivée par un projet, une idée ou une action. Si elle est déjà motivée, inutile de la motiver à nouveau. Si elle n'est pas motivée, le manager n'y peut rien ou pas grand-chose. Et pourtant…

À défaut d'être à l'origine de la motivation de son collaborateur, le manager peut identifier ce qui le motive. Il peut alors lui proposer un projet qui valorise et active cette motivation, de façon à dynamiser son action. Placée dans un tel projet, la motivation du collaborateur est automatiquement déclenchée, tout naturellement et sans effort.

En matière de motivation, le rôle essentiel du manager est d'identifier ce qui motive l'autre pour le placer dans une mission naturellement dynamisante, dans une fonction dans laquelle l'aisance remplacera la souffrance. Il s'agit de placer le collaborateur au bon endroit, dans le bon cadre opérationnel. Comment déterminer le périmètre de ce cadre ?

DANS QUEL CADRE LA MOTIVATION SE LIBÈRE-T-ELLE ?

Jeanne se dirige vers des objectifs qu'elle ne vise pas vraiment, auxquels elle ne croit pas. Ses buts ne correspondent pas à ses pôles d'intérêt, à ses valeurs, à la vision qu'elle a de son métier, à l'image qu'elle a d'elle-même. Atteinte de ce que l'on pourrait appeler une « scoliose mentale », elle subit l'inconfort d'une démotivation chronique. Elle se traîne, car elle investit le minimum d'énergie dans l'action. Elle est loin d'un véritable engagement dans l'action.

A contrario, Marie est dans une fonction dans laquelle elle s'investit totalement et avec plaisir. Ses actions, ses objectifs, ses valeurs, ses pôles d'intérêt, sa vision, son image de soi... sont alignés. Elle est motivée. Son enthousiasme est communicatif, voire contagieux. Rien ne semble pouvoir lui résister. A-t-elle un secret ?

Toute personne révèle ce qui la motive au travers de son discours et de ses actes. Dans l'entreprise, le manager qui prête attention aux discours récurrents de ses collaborateurs découvrira facilement leurs axes de motivation.

SAVOIR ÉCOUTER CE QUI MOTIVE

Dans l'un des nombreux séminaires de management que Friedrich Schneider et moi-même avons conduits dans le secteur bancaire, un participant fait part aux 200 personnes présentes de sa passion pour John Wayne. Et il commence à raconter un film avec une joie non dissimulée : « John Wayne joue le rôle d'un shérif incorruptible dans une petite ville de pionniers du Far West américain. La ville est assiégée par des Indiens. Dans la prison, il y a un détenu, mais il est hors de question que John Wayne le relâche, même pour la bonne cause, c'est-à-dire pour l'aider à défendre la ville. Sous les assauts répétés des Indiens, la ville est pratiquement détruite. Tous les habitants sont tués. Il n'y a plus âme qui vive, sauf John Wayne qui surveille son prisonnier qu'il est toujours hors de question de relâcher. Les Indiens s'apprêtent à un dernier assaut, mais John Wayne se prépare à les recevoir », poursuit le participant sur un ton toujours aussi passionné. « Un silence de mort règne sur la ville assiégée, quand la trompette de la cavalerie retentit. Les Indiens quittent alors les lieux et la cavalerie pénètre dans la ville. John Wayne remet fièrement son prisonnier à la cavalerie, satisfait du travail accompli. *Happy end*! »

Je laisse quelques secondes au participant pour lui permettre de reprendre son souffle, et je lui demande alors : « Puis-je vous demander quelle fontion vous occupez dans la banque ? » Il répond alors sans hésiter : « Je suis responsable du contentieux, pourquoi ? »... Et la salle éclate de rire.

Quelle leçon tirer de cette anecdote? Personne ne mémorise un film pendant tant d'années par hasard. En l'occurrence, ce film entre en résonance avec le système de valeurs de cette personne. En tant que responsable du contentieux, il se projette complètement dans ce qu'a fait John Wayne dans ce film.

Il conviendra bien entendu de ne pas interpréter trop vite. Il faudra valider. Mais si après plusieurs semaines, plusieurs mois, plusieurs années, le manager constate que son collaborateur ne parle des événements et des personnes au travers de la capacité à tenir quoi qu'il arrive, à résister en toutes circonstances, à persévérer dans l'épreuve... il pourra affirmer sans grand risque que la ténacité est l'une des valeurs de son collaborateur, l'un de ses axes de motivation. Le manager pourra confirmer son analyse en observant que chez son collaborateur, tout passe par le prisme de la ténacité : la vie de l'entreprise, l'actualité politique, les arts, les sports… Il encensera tel sportif parce qu'il aura tenu face à un adversaire. Il honnira tel dirigeant parce qu'il aura reculé face à des manifestations, etc.

Si une mission requiert un collaborateur qui ait le cuir endurci et qui soit capable d'aller jusqu'au bout des choses sans faillir, le manager a sans nul doute l'homme de la situation sous la main !

Le sens est ailleurs

Le cadre de la motivation, c'est le lieu dans lequel la personne perçoit le sens de ses actions, de sa moindre action quotidienne. Cette personne trouve du sens à partir du moment où sa mission lui permet de faire vivre au quotidien sa valeur ténacité, qui est au-delà de la mission elle-même. Car, comme le souligne fort pertinemment le philosophe André Comte Sponville : « Le sens est toujours ailleurs… le sens du travail n'est pas le travail. » Il faut donc chercher ailleurs que dans la tâche le sens qui va animer la personne et déclencher son engagement dans l'action.

Exemple 1

Cette histoire se passe au Moyen Âge. Un voyageur voyant un groupe d'hommes casser des cailloux s'adresse à l'un d'eux qui avait l'air de souffrir plus que les autres : « Pardon Monsieur, puis-je vous demander ce que vous faites ? » Et l'homme répond l'air fatigué « Comme vous pouvez le constater, je casse des cailloux ! » Le voyageur s'adresse alors à une autre personne qui a l'air beaucoup plus alerte : « Pardon Monsieur, puis-je vous demander ce que vous faites ? » À une question rigoureusement identique, la personne donne une réponse très différente. Il dit fièrement au voyageur : « Je suis en train de bâtir une cathédrale ! »

N.B. : Contrairement à ce qui est affirmé ici ou là dans des stages de management, cette métaphore a des limites. Le manager doit être attentif au niveau de responsabilité que son collaborateur est capable de supporter. Donner du sens aux actions en donnant l'image ambitieuse de l'objectif final qu'est une cathédrale est pour certains un facteur de stress et non de motivation. Dans ce cas, le manager adaptera son discours et se contentera d'une contribution plus modeste au projet global. Il proposera par exemple de contribuer à bâtir un mur qui fera lui-même partie d'un projet plus important dont il reparlera plus tard… Le manager doit toujours garder à l'esprit qu'il doit être pour ses subordonnés un générateur de sécurité et non d'insécurité.

Autant l'encadrement supérieur a dans sa mission une confrontation permanente à l'insécurité des projets à venir, autant le niveau de l'exécution n'est pas toujours capable de subir en l'état cette incertitude et ce stress. Le rôle de l'encadrement intermédiaire est à cet égard déterminant. Il est en quelque sorte une interface qui doit à la fois avoir un pied dans l'insécurité qui caractérise l'univers de l'encadrement supérieur et l'autre dans la sécurité relative attendue par le niveau de l'exécution. Bien que ce grand écart ne soit pas le plus facile à vivre et à mettre en œuvre dans la fonction, il n'en est pas moins important.

EXEMPLE 2

Dans sa pratique de psychomotricien, Friedrich Schneider a vécu une expérience dont il m'a fait part et qui illustre bien le fait que le sens est ailleurs.

Rosa, une dame de 95 ans se plaint de ne plus pouvoir faire de larges mouvements des bras parce que ses épaules l'en empêchent. Friedrich Schneider lui demande alors si elle sait écrire. Comme sa réponse est positive, il l'invite à simuler l'écriture de son prénom dans l'air, ce qu'elle fait volontiers. Puis progressivement, il lui demande d'écrire Rosa de plus en plus grand dans l'espace. Après quelques minutes de cet exercice, la vieille dame réalise qu'elle peut effectuer de larges mouvements de bras dont elle se sentait incapable quelques instants plus tôt.

C'est toute la magie du sens, trouvé « ailleurs », c'est-à-dire au-delà de l'action. Lorsque nous percevons le sens au-delà de l'action qui nous est demandée, nous mobilisons l'énergie et la dynamique nécessaires au mouvement.

L'un des rôles majeurs du manager est d'identifier le cadre dans lequel le collaborateur percevra le sens de ses actions. Le manager s'attachera donc à ce que le collaborateur puisse s'approcher au plus près du nécessaire alignement entre ce qu'il fait et ce qu'il veut faire. La motivation et le bien-être du collaborateur en dépendent, sa performance aussi.

MasterManager®

Ne cherchez pas à motiver vos collaborateurs. Ils le sont déjà !

Attachez-vous simplement à créer les conditions qui permettent à leur motivation de se déclencher.

La feuille de route du manager

« Pour atteindre la performance, privilégiez la clarté stratégique. »
Henri Lagarde, ex-P-DG de Royal Canin

L'une des fonctions importantes du manager est de clarifier la trajectoire de son collaborateur, pour lui permettre de s'investir, de se révéler, puis de se dépasser. Il doit pour ce faire lui proposer un but précis et un cadre d'action, car pour exister, la performance doit s'inscrire dans une direction donnée, avec un périmètre précis, des limites, des étapes, des indicateurs… en bref, il faut un projet clair.

Le cadre stratégique de la performance

Un but bien défini précise le « pourquoi » et le « pour quoi » des actions. Il indique la direction et précise le sens, dans tous les « sens » du terme. Le cadre précise les limites dans lesquelles les actions doivent être menées, un peu comme dans un sport : on détermine les conditions dans lesquelles le jeu va se dérouler, les moyens, le timing, les règles à respecter, les étapes, les outils d'évaluation, les sanctions, les passages obligés, les sens interdits… tous les éléments qui constituent un projet.

Quelle est la différence fondamentale entre un projet qui a le maximum de chances de réussir et celui qui risque d'échouer ? Pour répondre, il suffit d'observer ce qui différencie la personne qui réussit de celle qui est prise dans la spirale de l'échec.

Certains s'exclameront de manière triviale : « Elle est à côté de la plaque ! » ou « Elle marche à côté de ses pompes ! » Ils ne croient pas si bien dire. La personne est vraiment à côté de son cadre, de son projet, pire, à côté de sa vie. Elle ne sait pas clairement dans quelle direction se diriger, elle est dans une sorte de scoliose entre ce qu'elle fait et ce qu'elle désire vraiment faire.

De multiples facteurs interviennent dans ce processus, mais le facteur principal est la définition précise d'un projet. Ce lieu dans lequel l'énergie de la motivation se libère et permet un véritable engagement. Ce lieu que nous avons déjà évoqué et que je vous propose maintenant de nommer et d'explorer : le cadre stratégique de la performance.

Ce cadre est à rapprocher du schéma organisateur des systèmes complexes. Il permet de se frayer un chemin même lorsque l'environnement est changeant, incertain, aléatoire. Il concentre la trajectoire des actions sur un objectif précis, fixe une procédure, un ordre, un périmètre précis. Il s'agit d'un véritable accélérateur de motivation, d'engagement et de performance.

Analogie de la navigation

Depuis la nuit des temps, pour conquérir de nouveaux territoires, pour partir à la conquête de leur rêve, pour satisfaire leur ambition, les navigateurs bâtissent leurs projets d'une façon comparable à celle utilisée par les managers dans l'entreprise. Ils imaginent les territoires

LES CINQ NIVEAUX DU CADRE STRATÉGIQUE DE LA PERFORMANCE

GRÂCE À L'AIDE du cadre stratégique de la performance, le manager, tout comme le navigateur, fixe le territoire à atteindre, l'ambition du projet, désigne le cap, identifie les repères stables qui lui permettront de faire le point tout au long du parcours. avec rigueur et agilité, en anticipant les aléas. Il collecte le maximum d'informations avant de lever l'ancre et, pendant toute la traversée, reste en veille constante, se représente les situations sur son téléviseur interne, se pose les bonnes questions, cultive un

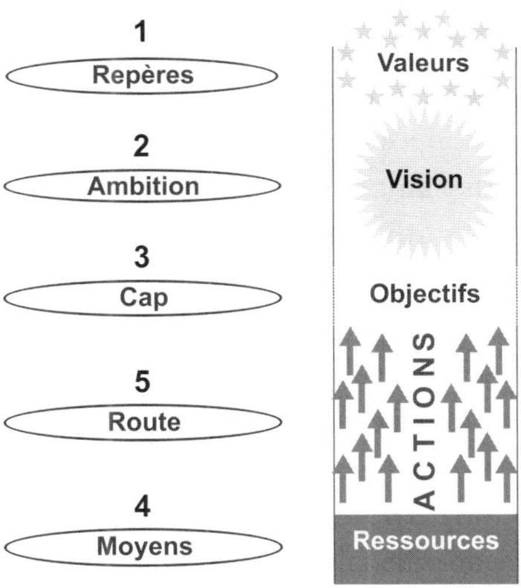

Il identifie les moyens nécessaires en hommes, matériel, vivres... Il dessine une route idéale et suit la trajectoire fixée état émotionnel adapté. Le tout sous l'œil vigilant et coopératif d'une véritable tour de contrôle : la conscience.

à conquérir, définissent les caps à franchir, les ports à atteindre, conçoivent une route en fonction des dangers connus, prévoient des alternatives au cas où…, construisent et équipent un navire adapté, choisissent un équipage en taille et en compétence, chargent les vivres nécessaires, identifient les repères stables pour retrouver leur route en cas de dérive. Tout ceci avec l'aide de la technologie. Quel navigateur se priverait en effet aujourd'hui des outils informatiques de conception, de calcul, de simulation, d'un sonar, d'un GPS… ?

Dans l'entreprise, un projet est globalement construit avec ces ingrédients. Reste à les mettre en ordre et à le piloter dans les meilleures conditions. Le cadre stratégique offre au manager le moyen de clarifier les choses pour chacun et pour tous et de placer au bon endroit ses actions et celles de ses collaborateurs.

La perception est activée. On voit, on entend, on écoute, on ressent le projet et on commence à lui donner une forme. On se le représente de mieux en mieux, l'image se précise sur l'écran du « téléviseur interne ». C'est alors que l'état émotionnel est touché. Quand il réagit positivement, on est à l'intérieur du cadre stratégique. En revanche, quand il réagit négativement, cela traduit un problème. On est probablement à côté du cadre. Au cours de ce processus, la conscience, cette tour de contrôle équipée des meilleurs instruments de perception, est bien évidemment en éveil.

Quand une personne est au bon endroit, au cœur de son cadre stratégique, elle est bien cadrée, la motivation et les résultats s'ensuivent. Si tel n'est pas le cas, elle doit se recadrer par elle-même ou si elle n'en est pas capable le manager doit s'en charger.

MasterManager®

Cadrer un collaborateur, c'est le placer au cœur de son cadre stratégique. Le recadrer, c'est l'y replacer à la moindre dérive.

Les valeurs clés de la performance

Faites un test : posez autour de vous la question suivante : « Quelles sont vos cinq principales valeurs, et les cinq principales valeurs de votre entreprise ? » Vous risquez d'obtenir au pire un silence, au mieux des balbutiements ou de laborieuses tentatives de réponses, et, pourquoi pas, une liste de valeurs boursières… Cette réaction est d'autant plus surprenante que les valeurs sont des balises subjectives, des référents auxquels les personnes attachent le plus haut niveau d'importance ! Ce sont les repères stables qui permettent de prendre des décisions rapides et pertinentes, de dire instantanément oui ou non, de créer les conditions optimales de l'engagement dans l'action, de sécuriser la trajectoire d'une personne ou d'une entreprise, de se donner finalement le maximum de chances de réussir.

Les valeurs orientent concrètement nos actions, et cette orientation s'opère sur le mode binaire « oui ou non ». S'il y a conformité entre l'action envisagée et les valeurs, c'est « oui » et l'action est possible. S'il n'y a pas conformité, c'est « non » et l'action est freinée.

Dans le premier cas, l'état émotionnel est positif et annonce un succès potentiel. Dans le deuxième cas, il est négatif et obère sérieusement les chances de succès. On voit ainsi que les valeurs ont un effet à la fois sur l'état émotionnel, sur l'action qui est menée et, bien entendu, sur le résultat final.

C'est ce qui explique l'état d'une personne qui accepte de travailler dans une entreprise dont elle partage les valeurs. D'emblée, elle se sent bien et dans de bonnes dispositions pour réussir. *A contrario*, si elle ne partage pas du tout les valeurs de l'entreprise qui l'emploie, la personne sera dans un état émotionnel inadapté à la performance.

Certains systèmes de valeurs sont incompatibles

Dans mon métier de consultant, j'ai à plusieurs reprises refusé des missions pour des entreprises dont je ne me sentais pas en phase en termes de valeurs. Par exemple, je n'imaginerais pas un instant travailler pour un fabricant de cigarettes, et ceci quel que soit le montant des honoraires proposés ! Agissant en violation de mon système de valeurs, j'obtiendrais un sentiment d'incohérence et de mal-être. « Mieux vaut la mort que la souillure », comme on dit dans ma Bretagne natale en référence à son animal symbolique, la « Blanche Hermine ».

Accepter une mission pour améliorer la performance des hommes, oui, mais pas dans le but de produire encore plus de substances cancérogènes ! Se mettre au service d'une cause que l'on réprouve est un moyen éprouvé pour se sentir mal et échouer. Accepter une telle mission ne serait donc finalement bon pour personne, ni pour le fabricant de cigarettes ni pour moi.

Leo Apotheker, P-DG de SAP dit exactement la même chose lorsqu'il confie : « Il faut être capable de refuser des clients si nos valeurs ne sont pas compatibles. » En effet, lorsque l'on est en décalage de valeurs, la motivation et l'engagement sont faibles et les résultats le sont également.

Comme nous venons de le voir, les valeurs, fondement de l'éthique, sont de formidables outils d'aide à la décision. Comme elles ont une importance majeure, leur univers mérite une exploration approfondie.

Comment s'installe un système de valeurs ?

Bien que cela puisse gêner certaines personnes, c'est le conditionnement qui forge un système de valeurs. C'est la culture dans laquelle nous avons baigné qui nous a imprimé des valeurs. Notre milieu d'origine était rural ou citadin, médical ou juridique, sportif ou artistique, ouvrier ou patronal, alsacien ou vendéen, croyant ou athée... Il a installé chez nous un certain nombre de valeurs.

Si on peut imaginer que certaines valeurs commencent à s'installer dans la vie intra-utérine, c'est bien entendu dès la naissance que l'environnement commence vraiment son œuvre d'orientation. Les parents portent une attention particulière à l'ordre, au calme, à la vitesse, au partage, à la considération, à l'amitié, à la compétition... et la perméabilité et la plasticité mentale de l'enfant lui font tout naturellement adopter ces valeurs. L'enfant prend en effet facilement le raccourci suivant : « Si c'est important pour les personnes les plus importantes au monde que sont mes parents, alors c'est vraiment important ! »

Un système de valeurs est évolutif

L'enfant grandit, il est confronté à d'autres personnes, à d'autres milieux, à d'autres expériences et le conditionnement poursuit son chemin.

À l'adolescence, les parents vivent souvent un choc : leur enfant commence à tester, à évaluer, à valider ou invalider la solidité du système de valeurs familial. Il remet en cause, joue la contestation ou la provocation : « Vous qui n'avez cessé de me répéter que la générosité est importante, comment se fait-il que je ne vous aie jamais vus donner la moindre pièce à un mendiant ? »

L'adolescent peut aussi tenter la transgression. Si les parents réagissent quand l'une de leurs valeurs est violée, cela rassure le jeune. Il a validé à sa manière l'importance de cette valeur aux yeux des parents. Si les parents ne réagissent pas lorsque l'une de leurs valeurs est violée, celle-ci sera dévalorisée ou délaissée aux yeux du jeune. La crédibilité des parents n'en sortira pas grandie.

C'est ainsi que l'adolescent se construit son propre système de valeurs, au grand dam de certains parents qui sous-estiment l'importance et la nécessité de cette étape pour le développement de leur enfant. Ce n'est que lorsqu'ils sont confrontés à des chocs parfois douloureux, mais en général salutaires, que les parents-managers prennent conscience de la puissance de l'exemplarité, de la cohérence et aussi… de la maîtrise de soi.

Le système de valeurs d'une personne évolue tout au long de sa vie, par accident ou bien par choix. La hiérarchie de ses valeurs change ; un incident de parcours vient bousculer un système qu'elle pensait définitif ; à l'occasion d'une expérience particulière, elle découvre et adopte certaines valeurs qui ne lui étaient jusqu'alors pas familières…

Cette évolution se manifeste au travers d'indicateurs, principalement émotionnels. Dans la vie personnelle, ce peut être le profond ennui vécu lors d'une soirée entre amis de vingt ans avec qui on n'a plus grand-chose en commun. Ce peut être aussi telle activité qui nous passionnait et qui aujourd'hui ne nous fait ni chaud ni froid. Dans l'entreprise, ce peut être le désintérêt pour une fonction qui plaisait tant au collaborateur il y a encore six mois.

ADAPTER LES MISSIONS AU SYSTÈME DE VALEURS

Le manager est confronté quotidiennement à son propre système de valeurs et au système de valeurs de ses collaborateurs. Il doit y être sensible et attentif, car il s'agit d'une clé fondamentale de la motivation.

Le manager confie une mission relationnelle de front-office à un collaborateur dont le plaisir et la compétence se révèlent en back-office. Sa motivation n'étant pas au rendez-vous, le collaborateur n'investira pas l'énergie maximale. Faible engagement dans l'action, résultats moyens, contre-performance… un cercle vicieux.

Le manager peut cependant proposer à son collaborateur de découvrir les joies du front-office pendant quelques jours sans engagement. Le collaborateur peut alors se prendre au jeu et réaliser que sa valeur « relationnel », située à un niveau supérieur dans la hiérarchie de ses valeurs, est tout à fait satisfaite dans ce nouveau poste. Motivé, il investira l'énergie nécessaire et se donnera les moyens de réussir.

Cette approche managériale respectueuse du système de valeurs du collaborateur a permis de le faire évoluer tout en résolvant une problématique d'affectation de poste. Il n'y a pas eu de violation du système de valeurs. Le lien a été conservé. L'acte managérial a été performant.

Les valeurs fondamentales

Chacun a des valeurs auxquelles il tient plus qu'à d'autres. Non seulement parce qu'elles ne sont pas au même niveau dans la hiérarchie des valeurs, mais aussi parce qu'elles ne sont pas de même nature.

Devoir et désir

« Ce n'est pas parce qu'une chose est bonne que nous la désirons. C'est parce que nous la désirons que nous la trouvons bonne », affirmait Spinoza.

Certaines personnes ont des valeurs orientées plutôt désir, tandis que d'autres ont des valeurs orientées plutôt devoir. Un mouvement de balancier est généralement perceptible et l'équilibre est parfois difficile à trouver.

Les valeurs orientées désir sont issues d'un conditionnement plutôt individuel et nous incitent à satisfaire ce que l'on souhaite, à faire ce que l'on veut en toute liberté, à s'affranchir de toute contrainte collective.

Les valeurs orientées devoir sont davantage le fruit d'un conditionnement sociétal. Elles sont situées sur l'autre plateau de la balance et rappellent que nous avons une responsabilité au niveau de la collectivité. Des valeurs collectives doivent être satisfaites, faute de quoi la collectivité le fait payer à l'individu. Ne pas respecter la propriété individuelle, rouler en excès de vitesse, nuire à l'intégrité physique d'une personne, ne pas payer ses impôts… autant de violations des valeurs collectives qui ne restent en général pas sans suite. Le poids du devoir contrebalance celui du désir.

Une personne avec des valeurs exclusivement orientées désir n'aurait aucune limite pour satisfaire ses quatre volontés. Un enfant à qui l'on n'a jamais refusé quoi que ce soit, qui n'a jamais entendu le mot « non » est dans ce cas. Si les valeurs du devoir ne viennent pas contrebalancer celles du désir, cet enfant se dirige tout droit vers la délinquance et l'exclusion.

De même, une personne qui n'aurait que des valeurs orientées devoir serait entièrement dédiée aux autres, à la collectivité, incapable d'agir pour satisfaire ses désirs propres. Même si ses valeurs principales étaient l'altruisme, la générosité et le don, elle serait en déséquilibre et malheureuse.

Devoir et désir dans l'entreprise

L'entreprise doit, elle aussi, trouver l'équilibre entre devoir et désir.

Si ses valeurs ne sont orientées que désir, elle peut ne rechercher que le profit au travers de l'exploitation maximale des ressources, ne créer des produits et services qu'à son seul avantage en négligeant l'intérêt de la société. Fabriquer des instruments de torture, même de la meilleure qualité possible, verrait certainement l'opposition immédiate des valeurs sociétales. Une entreprise ne pourrait pas davantage fabriquer durablement des produits nuisibles pour la santé. Elle provoquerait tôt ou tard une réaction.

À l'opposé, si les valeurs de l'entreprise ne sont orientées que devoir, elle peut ne rechercher que la satisfaction de l'intérêt collectif. C'est logique quand il s'agit d'une organisation publique ; ça l'est moins pour une entreprise privée. L'entreprise a une responsabilité sociale d'abord envers ses collaborateurs, ensuite, et seulement ensuite, envers la société.

La recherche d'équilibre entre valeurs orientées désir et valeurs orientées devoir conduit à des dilemmes auxquels l'individu et l'entreprise peuvent être confrontés. La solution est bien sûr de satisfaire les deux, en faisant des arbitrages pour obtenir un dosage supportable.

Satisfaire le désir dans la limite du devoir, c'est adopter une éthique individuelle dans la limite de la morale par définition collective. L'éthique est en effet de l'ordre de l'individuel, du particulier, du facultatif, tandis que la morale est de l'ordre du collectif, de l'universel, de l'obligatoire.

Le principe « gagnant-gagnant »

Satisfaire le désir dans la limite du devoir : c'est le fondement du « gagnant-gagnant », un principe managérial essentiel. Exemples :

• Nestlé fabriquera un produit alimentaire qui à la fois respectera la santé des gens et lui permettra de dégager du profit.

• Le manager fera preuve de respect et de compréhension à l'égard de ses collaborateurs et en même temps sera exigeant sur les résultats.

• Le chef d'équipe demandera une productivité à ses subordonnés et sera attentif au respect des règlements.

Valeurs majeures et valeurs mineures

Certaines valeurs peuvent être appelées majeures, parce qu'elles font partie des quelques valeurs qui, si jamais elles sont satisfaites ou violées, mettent la personne dans un état émotionnel particulier.

D'autres valeurs peuvent être appelées mineures, parce que, qu'elles soient satisfaites ou violées, elles ne provoquent pas d'état émotionnel particulier.

Exemple

Le professionnalisme est l'une des valeurs majeures de Christelle. Quand elle a le sentiment d'avoir été professionnelle, elle se sent bien. Quand un de ses collaborateurs travaille comme un amateur, cela la met dans tous ses états. Le travail est l'une de ses valeurs mineures. Quand on évoque le travail, il s'agit pour elle d'un lieu, d'un contenant. Que l'on évoque devant elle le travail, positivement ou négativement, cela ne la touche guère. Pour Christelle, les véritables valeurs sont au-delà du contenant travail. Ne dit-on pas d'ailleurs qu'une valeur n'a pas de prix et que si l'on paye le travail, c'est bien parce que ce n'est pas une valeur ! Les valeurs majeures vécues par elle dans le travail sont le challenge et le relationnel. Et quand ces deux valeurs sont satisfaites ou violées, Christelle est touchée émotionnellement, positivement ou négativement.

Valeurs de performance managériale

Existe-t-il des valeurs à satisfaire absolument pour être performant et réussir ? C'est une question à laquelle beaucoup aimeraient trouver une réponse définitive qui n'existe pas. Trois valeurs méritent cependant d'être mises en exergue.

La confiance, qui recouvre la confiance en soi nécessaire à l'engagement ainsi que la confiance aux autres, indispensable pour déléguer, partager des responsabilités et travailler en équipe.

L'autonomie, qui est elle aussi nécessaire à l'engagement. Elle crée les conditions de la responsabilité, de la prise de risque, de la créativité, du défi.

Le respect, qui prend, selon qu'il est orienté vers soi ou vers les autres, la forme d'autoreconnaissance ou de reconnaissance, de satisfaction de son propre système de valeurs ou de celui des autres, sans oublier le respect des règles.

CROISSANCE : PRUDENCE !

Il est au moins une valeur que l'on devrait éviter d'afficher en tête de liste dans l'entreprise, c'est la croissance. Pourquoi ? Parce que la croissance est la conséquence de la satisfaction d'autres valeurs comme la qualité, l'innovation, la productivité... Celles-ci menant tout naturellement à la croissance qui se trouvera donc logiquement placée en quatrième ou cinquième position.

En outre, la croissance peut être appréhendée sous deux angles, celui du monde végétal et celui du monde animal.

Sous l'angle du végétal, la croissance est durable. L'arbre, par exemple, voit son diamètre croître chaque année de quelques millimètres. La croissance est continue et peut durer des années, des dizaines d'années et même des centaines d'années : le plus ancien séquoia du monde a trois mille ans.

Sous l'angle du monde animal, dont nous sommes biologiquement très proches, la croissance ne peut être vue de la même manière : elle s'arrête en effet dès l'âge adulte. Comment alors considérer la croissance comme positive alors que celle d'un corps adulte, qui est donc par définition parvenu au maximum de son développement, ne peut-être au sens littéral du terme qu'une « ex-croissance », c'est-à-dire un corps parasite, une obésité, une tumeur ?

Enfin, le corps médical ne met-il pas en garde contre l'utilisation des hormones de croissance chez l'adulte ? Même si certains effets positifs à court terme sont avérés, comme ceux observés sur le vieillissement, les effets à long terme sont au mieux incertains, au pire dangereux.

En serait-il de même pour l'entreprise ? Elle devrait en tout cas se poser régulièrement la question suivante : « Avons-nous atteint le stade adulte ? »

Si la réponse est négative, continuer à croître ne pose *a priori* pas de problème. Si la réponse est positive, il en est autrement, car continuer à croître pourrait conduire à de graves dysfonctionnements, des corps parasites, des tumeurs, des obésités, voire pire…

Les entreprises qui ne se posent jamais cette question peuvent être aspirées par une logique de croissance et ne pas en percevoir les risques. Si de plus, elles ont un œil braqué sur elle et l'autre rivé sur la Bourse, le résultat peut être encore plus inquiétant : elles stressent leurs équipes, avec des changements de cap fréquents et souvent incompréhensibles, une politique et une stratégie floues, une vision déstabilisante, au final un climat délétère peu propice à la performance.

Croissance et indicateurs à court terme

La croissance, avec des indicateurs exclusivement à court terme, ne peut être ni une fin en soi ni le seul facteur de satisfaction de l'actionnaire. Beaucoup de dirigeants en sont fort heureusement conscients.

Henri Lachmann, Président du Conseil de Surveillance de Schneider Electric : « La Bourse n'est pas mon guide. Sur des décisions importantes, je n'ai jamais été influencé par des considérations à court terme. »

Pierrre-Yves Legris, P-DG de Legris Industries : « Je connais au moins dix exemples de bonnes décisions qui n'ont pas été prises parce qu'on ne savait pas les vendre aux actionnaires. »

Antoine Rostand, ex-P-DG d'EDS : « La tyrannie du *quarter* (trimestre boursier) ne doit pas s'arrêter au court terme. »

L'exemple de Lucent Technologies

Lucent Technologies, société née en 1996 de l'éclatement du groupe AT&T, peut témoigner de ses déboires liés en grande partie à la fébrilité interne créée par l'exigence de croissance des actionnaires. Ses premières années d'existence ont été polluées par une obsession de croissance telle qu'elle en a été déstabilisée jusqu'à frôler le dépôt de bilan. Tragique période pour les héritiers de Bell, l'inventeur du téléphone. Lucent aurait été bien inspiré de positionner en tête de liste des valeurs comme qualité ou innovation, valeurs tellement plus « parlantes » et mobilisatrices pour les équipes. La croissance n'en aurait pas été moins présente, mais elle aurait tout naturellement été une conséquence de la qualité et de l'innovation.

Si un positionnement pertinent des valeurs n'est pas suffisant pour atteindre la performance, c'est un préalable important qui permet d'indiquer clairement l'orientation, le cap fondamental de l'entreprise.

Les défenseurs de la croissance peuvent quand même se sortir de l'équation paradoxale pathogène et mortifère « ex-croissance = tumeur », car certaines ex-croissances sont saines.

Comment croître autrement ?

À l'évidence, ce n'est pas en faisant croître indéfiniment nos sociétés développées qu'elles se portent mieux. Il n'est qu'à les observer attentivement pour se rendre compte des méfaits d'une croissance mal comprise, donc mal pilotée, avec ses obésités et tumeurs de tous ordres.

Pourquoi donc continuer à courir après une croissance à tout prix alors que le stade adulte est atteint ? Pourquoi persister dans le modèle végétal de l'arbre millénaire ? Pourquoi ne pas adopter un concept inspiré par la reproduction et le développement du genre animal dont la biologie nous est si proche ? Pourquoi alors ne pas exporter notre croissance vers des structures et des organisations nouvelles qui ont par définition un potentiel de développement important ? Quatre vecteurs nous permettent de promouvoir cette approche.

1. Au travers de la duplication et de l'essaimage, on permet la création d'entreprises nouvelles, similaires, comparables ou complémentaires au modèle d'origine.

2. *Via* le *Spin-off*, on éclate une organisation devenue trop lourde en multiples divisions redistribuées dans des structures autonomes et plus légères.

3. Par les alliances et les partenariats, on établit des accords opérationnels fondés sur la complémentarité des compétences et des moyens.

4. La reprise de structures existantes permet une croissance externe associée à une économie de moyens.

Ces possibilités existent aux niveaux local, régional, national et international. Nous pouvons donc exporter la croissance vers des lieux géographiquement proches comme vers des contrées lointaines, en tout cas vers des régions, des personnes, des organisations pour lesquelles la croissance a vraiment du sens. La mondialisation trouverait-elle ainsi sa justification ?

Les valeurs au quotidien

Revenons dans l'entreprise et voyons comment les valeurs y sont vécues au quotidien. Exemple.

Il est 20 heures. Les 3 000 invités arrivent sur le site. Ils sont là pour lancer le projet d'entreprise concocté par leur direction générale. 75 musiciens sur scène, buffet hors normes, « pom pom girls », tout y est.

20 h 30. Le P-DG arrive en hélicoptère, traverse la foule en serrant des centaines de mains, monte sur l'estrade, présente le projet d'entreprise. Applaudissements. Tout le monde se précipite sur le buffet pantagruélique. On mange, on boit, on danse. À la fin de la soirée, de guerre lasse, on rentre chez soi. Événement mémorable pour la modique somme d'un million d'euros. Banale histoire de lancement de projet d'entreprise comme il y en eut tant dans les années 1980-1990.

Le lendemain de cet événement, nous rendons visite au personnel de l'un des établissements du groupe. À la question : « Comment s'est passé le lancement du projet d'entreprise ? », toutes le réponses convergent : « C'était formidable! nous avons bu du Château-Latour pour la première fois de notre vie, le buffet était magnifique, l'orchestre exceptionnel, nous nous sommes vraiment bien amusés, et, cerise sur le gâteau, le patron a discuté un bon moment avec nous, il est très sympa… » Nous tentons une deuxième question : « Et le projet d'entreprise ? » « Eh bien, il est formidable, regardez les photos, la qualité de l'impression, tout est vraiment top. » Un peu désespérés, nous lançons : « Pouvez-vous nous citer la première valeur de l'entreprise ? » « Hmm… la qualité je crois, c'est bien cela, c'est la qualité ! » « Et qu'est-ce que cette valeur qualité signifie pour vous dans votre quotidien ? » « Hmm… nous faisons des produits de qualité, nous avons un service de qualité… »

À l'évidence, le projet d'entreprise n'est compris que par les quelques membres de la direction générale ! Précisons que pour atteindre ce « résultat », l'entreprise a dépensé près d'un million d'euros… Pour « rattraper le coup » et éviter le naufrage, nous proposons au directeur du site de travailler une heure ou deux avec ses équipes.

Au sortir de la séance de travail, les personnes sont transfigurées. Pourquoi ? Parce qu'elles ont tout simplement compris ce que signifie dans leur réalité quotidienne la valeur « qualité » et les cinq autres valeurs du projet d'entreprise. Elles en ont intégré le sens. Elles sont fières d'avoir réalisé que la valeur qualité peut être satisfaite cent fois par jour, et de façon très simple. Par exemple, lorsqu'elles remettent la facture au client en le regardant dans les yeux, ou quand elles placent avec précaution dans un sac le produit que le client vient d'acheter, ou encore quand elles préparent consciencieusement leur poste pour recevoir les clients dans les meilleures conditions, etc. Elles sont passées d'un concept fumeux pour elles, à quelque chose d'accessible, de « préhensible », de compréhensible.

Rien de plus simple, n'est-ce pas ? Et pourtant l'opération de lancement du projet d'entreprise à un million d'euros avait trouvé le moyen de passer à côté !

Du sens dans la moindre tâche

L'utilisation des valeurs dans le quotidien du manager, ce n'est finalement que cela : montrer que dans les moindres actions quotidiennes le collaborateur peut trouver du sens. Et c'est pratiquement toujours possible, même pour des tâches qui peuvent sembler rébarbatives. Souvenez-vous de la métaphore des deux casseurs de cailloux (voir page 144), dont l'un se présente comme « bâtisseur de cathédrales » !

Connaître son propre système de valeurs et le respecter permet d'apprécier le sens des moindres actions quotidiennes et d'accéder ainsi à un sentiment de satisfaction. Le violer est une voie directe vers l'insatisfaction et la contre-performance.

De la même manière, connaître et respecter le système de valeurs des autres, permet d'améliorer considérablement les interactions avec eux, donc d'améliorer leur bien-être et leur potentiel de performance.

Enfin, connaître, faire connaître et faire respecter le système de valeurs de l'entreprise est une nécessité pour orienter tous les collaborateurs vers des étoiles communes, vers une vision partagée.

Tout sacrifier pour une valeur : danger

À 28 ans, frais émoulu d'une grande école, il est d'emblée nommé à un poste à responsabilité qu'il assume parfaitement, ce qui lui assure de la crédibilité auprès de sa direction. Celle-ci lui confie des responsabilités de plus en plus importantes. Il réussit superbement pendant quinze ans. Dans le même temps, il a laissé tomber ses amis de jeunesse qui le jalousaient, ainsi que les membres de sa famille, incapables selon lui de le comprendre et d'apprécier les efforts déployés pour assurer leur sécurité. Depuis quinze ans, il s'adonne corps et âme à une seule maîtresse, une seule valeur : la réussite.

Il a aujourd'hui 45 ans et il est pressenti pour le poste de directeur général de l'entreprise. C'est ce moment précis qu'il choisit, consciemment ou inconsciemment, pour commettre l'erreur fatale qui lui coûte ce poste tant convoité. Hasard peut-être, autosabotage certainement !

Tout sacrifier pour une seule valeur, c'est un peu comme peindre un tableau avec une seule couleur. Tout le monde peut peindre le tableau de sa vie avec les couleurs multiples et variées de sa palette, avec les valeurs multiples et variées de son système de valeurs.

Ceci est aussi valable pour une personne que pour une organisation. Imaginez une entreprise qui sacrifierait à la rentabilité toutes les autres valeurs qui en font la culture : qualité, créativité, innovation, esprit d'équipe, reconnaissance… L'autosabotage, cet ennemi sournois de la performance guetterait, tapi dans un coin, et passerait à l'action tôt ou tard.

La violation ou simplement la non-satisfaction d'un système de valeurs est donc un facteur majeur de contre-performance.

MasterManager®

Faites vivre les valeurs à tous les niveaux de la hiérarchie ! Qu'elles ne restent pas un concept éthéré réservé aux dirigeants.

Vision de près ou de loin ?

Nous prendrons ici le mot vision dans le sens manière de voir, de concevoir, d'imaginer l'avenir, de se représenter une ambition. L'ambition concernant le moyen et le long terme, il s'agit donc plutôt de vision de loin que de vision de près.

« Avoir une vision » n'est évidemment pas synonyme de « avoir des visions ». Il convient de toujours veiller au caractère accessible de la vision. Inaccessible, elle ne serait qu'une illusion ou une hallucination, ce qui est incompatible avec l'univers de l'entreprise.

Où l'entreprise doit-elle positionner sa vision, dans son cadre stratégique ? Beaucoup la situent à tort au niveau le plus élevé de leur cadre stratégique. L'approximation qui règne en ce domaine mérite quelque éclaircissement.

Comme nous l'avons vu, les valeurs sont des étoiles subjectives et inatteignables. Par exemple, on ne peut obtenir la qualité ou le bonheur toujours et partout. On ne peut que tendre vers les valeurs, orienter ses actions vers elles, agir pour les satisfaire, ce qui n'est déjà pas si mal !

Quant aux objectifs, ils sont concrets et atteignables. En tout cas, ils devraient l'être, or beaucoup d'objectifs sont formulés de manière incorrecte, comme dans l'exemple suivant : « Améliorer la productivité l'année prochaine. » Il ne s'agit ici aucunement d'un objectif mais d'une valeur que la personne souhaite satisfaire, en l'occurrence la valeur productivité. Un véritable objectif serait formulé ainsi : « Améliorer la productivité de 10 % pour le 31 décembre de l'année prochaine. »

La vision, entre valeurs et objectifs

Si un objectif est atteignable à 100 % et si une valeur est inatteignable, la vision se situe à mi-chemin. Entre la subjectivité des valeurs et l'objectivité des objectifs, elle est tout naturellement placée au deuxième niveau du cadre stratégique.

Comme elle représente un idéal, elle ne peut généralement être atteinte qu'en partie. Pour reprendre l'exemple de la productivité, la vision pourrait être : « Avoir la meilleure productivité au niveau mondial. » C'est une ambition partiellement atteignable selon les moments, les produits, etc. Pour la concrétiser, il conviendra de la décliner en objectifs qui, eux, sont parfaitement atteignables.

La vision a une fonction importante parce qu'elle imprime dans le mental une image plus précise que les valeurs.

Si comme l'affirmait Albert Einstein, « L'imagination est plus importante que le savoir », il est important d'imaginer précisément le futur vers lequel on veut tendre, à titre individuel ou collectif.

Le personnel politique se voit souvent reprocher de ne pas avoir de vision. Centrés et concentrés sur leurs objectifs, ils négligent ce niveau important du cadre stratégique. Ils pensent se rattraper et compenser ce manque en rappelant inlassablement les valeurs auxquelles ils sont attachés. Ils oublient simplement que, pour la plupart des gens, les valeurs énoncées « brutes de décoffrage », c'est du chinois !

Que ce soit dans la vie politique, la vie privée ou dans l'entreprise, la vision a une fonction de clarification. Elle permet de mettre du réel sur les concepts que sont les valeurs. Confucius et Mao-Tsé-Toung l'avaient bien compris, eux qui affirmaient : « Une image vaut mille mots. » La vision consiste donc tout simplement à expliciter un concept grâce à nos sens, c'est-à-dire donner de la vie à un concept, qui par définition est une production intellectuelle. Plus une vision est perceptible sensoriellement, plus elle est claire, plus elle semble réelle, et donc plus elle a d'impact.

La vision aide-t-elle à la focalisation ?

Au niveau conscient, la vision stimule un organe cérébral nécessaire à l'attention et à la focalisation appelé formation réticulaire.

Dans la fable *Le Renard et les poulets d'Inde*, Jean de la Fontaine raconte l'histoire suivante traduite ici en prose et en français moderne.

Un renard poursuit des dindons. Ceux-ci se réfugient en haut d'un arbre. Ils focalisent leur attention sur le renard qui, au pied de l'arbre, fait mille facéties. Ils sont littéralement sous le charme de leur prédateur. Au bout d'un certain temps, épuisé de fixer le danger que représente le renard, un dindon tombe. Puis c'est le tour d'un deuxième, puis « près de la moitié succombe. Le compagnon les porte en son garde-manger ». Et La Fontaine termine sa fable par ce fameux vers : « Le trop d'attention qu'on a pour le danger fait le plus souvent qu'on y tombe. »

Les cyclistes, les motocyclistes, les jockeys, les sauteurs en hauteur, les pilotes automobiles… connaissent bien ce phénomène. S'ils focalisent leur attention sur le risque, le nid-de-poule, le caillou, la barre de saut, l'accident..., ils ont de grandes « chances » d'être irrésistiblement attirés par le danger, tels des insectes par une ampoule électrique.

Depuis La Fontaine, ce phénomène a été étudié sous tous les angles. La science moderne a validé l'observation des anciens. On sait aujourd'hui combien il est déterminant de savoir se focaliser vers ce que l'on veut et non vers ce que l'on ne veut pas, car le mécanisme d'attraction fonctionne parfaitement dans les deux sens !

La vision mobilise l'inconscient

Au niveau inconscient, la vision est à l'origine d'une puissante stratégie qui mobilise un nombre phénoménal de paramètres.

Selon George A. Miller, notre conscient ne peut gérer que 7 ± 2 informations simultanées. Quant à l'inconscient, on peut considérer qu'il peut prendre en charge un nombre d'informations incommensurable, pour ne pas dire illimité.

Il convient à ce stade de rappeler que l'inconscient ne fait pas de différence entre le réel et l'imaginaire. Pour l'inconscient, une image créée est un fait. Et lorsque cette image est associée à l'intensité d'un signal cérébral envoyé aux neurones, elle produit un cocktail étonnant et détonant. D'où la puissance de la vision en termes d'impression de l'inconscient et d'effet sur la performance.

Les sportifs utilisent ce phénomène lors de leurs séances de préparation mentale. Friedrich Schneider qui en a conduit toute sa carrière témoigne : « Alors que le pilote écoute un CD qui lui fait vivre le départ d'une course, le *biofeedback* (mesures biologiques) montre une accélération du rythme cardiaque et une libération d'énergie dans les muscles concernés par cette activité, et ceci bien qu'il n'y ait aucun mouvement perceptible. La simple visualisation du départ contribue à la performance du pilote. »

Jonny (Johathan Peter) Wilkinson, célèbre buteur et star du rugby anglais, le vit pareillement dans son sport. Il confie qu'il se concentre toujours dans la même position, bras tendus vers l'avant, le regard focalisé entre les poteaux, se représentant une femme tenant un soda et un journal, le ballon allant frapper ces deux objets. Les remarquables résultats qu'il obtient ont évidemment un lien avec ce rituel de visualisation qui lui permet de mobiliser ses ressources et de marquer des buts.

Guang Yue (Cleveland Clinic Foundation) a réalisé une expérience surprenante. Il a testé un groupe de dix personnes de 20 à 35 ans. Cinq fois par semaine, elles se soumettaient à une séance au cours de laquelle elles devaient imaginer une contraction intense des biceps. Un dispositif permettait de vérifier qu'il n'y avait aucune contraction réelle des muscles. Après quelques semaines, Guang Yue a constaté une augmentation significative de la force musculaire de ces personnes : 13,5 % en moyenne.

LA VISION EN ACTION

La vision a des effets qui peuvent parfois nous laisser rêveurs. Prenons quelques exemples.

Glenn Gould. Ce pianiste d'exception arrêta ses concerts à l'âge de 30 ans et annonça qu'il cesserait de jouer définitivement du piano à l'âge de 50 ans, soit le 25 septembre 1982. Sa vision se réalisa : le 26 septembre 1982, il fut frappé d'une congestion cérébrale et décéda le 4 octobre. Simple coïncidence ?

Mark Twain. Le célèbre écrivain américain s'imaginait vivre soixante-seize ans. Né l'année du passage de la comète de Halley, il se voyait mourir à son prochain passage. A quelques mois près, ce fut le cas. Un hasard ? Peut-être.

Alain Colas. Après des déboires de toutes sortes – amputation d'un pied évitée de justesse, échec dans la Transat 76, problèmes financiers… –, le navigateur se lance dans la Route du Rhum 78 à bord de *Pen Duick IV* rebaptisé *Manureva*. Il promet alors à son épouse Teura : « Ce sera ma dernière course. » Il avait raison. Il disparut dans un typhon au sud des Açores. Encore une coïncidence ?

Dr Frankel. Ce psychiatre autrichien, déporté au camp d'Auschwitz, passa tout son séjour à s'imaginer dans son cabinet à Vienne. Alors que ses compagnons d'infortune, centrés sur l'horreur de leur quotidien, disparurent pratiquement tous, les uns après les autres, le Dr Frankel résista. Il fut sauvé en grande partie grâce à la puissance de sa vision… et sans doute aussi grâce à un peu de chance.

Roy Disney. Le neveu de Walt, président de Disney Feature Animation, est interviewé à l'occasion de l'inauguration d'Epcot Center. Au journaliste qui s'adresse à lui en ces termes : « C'est un grand jour aujourd'hui, Roy. C'est un peu triste que Walt ne soit pas là pour voir ça », Roy Disney répond : « C'est parce Walt a vu Epcot Center que nous sommes là aujourd'hui ! » Il est vrai qu'il l'avait vu avant tout le monde, puisque c'est lui qui l'avait rêvé, qui l'avait imaginé.

Michael Dell. Ce Texan de 18 ans, affirme à qui veut l'entendre qu'il veut concurrencer IBM. Ce jeune homme, commercial dans l'âme, passionné d'informatique, abandonne ses études de droit à l'université d'Austin pour se consacrer à la fabrication d'ordinateurs à partir de composants qu'il achète chez des grossistes. Il vend ensuite ses

VISION DE LSDH

LA LAITERIE DE SAINT-DENIS-DE-L'HÔTEL (LSDH) est une entreprise familiale du Loiret. Elle aurait pu continuer à se développer sur le marché du lait, comme elle l'a toujours fait depuis plusieurs générations. La direction générale s'est cependant interrogée de façon pertinente : « Quel est vraiment notre métier ? Que se passerait-il si le secteur du lait était soumis à une crise équivalente à celle de la vache folle ? »

À la première question, la réponse fut : « Notre métier est de collecter, traiter et conditionner des liquides alimentaires, et non exclusivement du lait. »

À la deuxième question, la réponse fut : « Si le secteur du lait subissait une crise du style ESB (encéphalopathie spongiforme bovine), nous serions en danger parce que notre outil de production est dédié à 100 % au lait. »

Ces réponses ont amené le P-DG, Emmanuel Vasseneix, et le comité de direction à adopter une nouvelle vision de l'entreprise : « Devenir la meilleure entreprise industrielle pour le conditionnement de liquides alimentaires. »

Une réorientation stratégique en a naturellement découlé. Il a été décidé de faire évoluer l'outil industriel. Le poids relatif du lait dans la production a diminué. De nouveaux marchés de liquides alimentaires ont été investis : jus de fruits, boissons énergisantes, pâtes à crêpes, boissons au soja...

À ce jour, cette initiative est couronnée de succès. Et même si la direction a bien conscience du fait que, dans une entreprise, rien n'est jamais gagné définitivement, la nouvelle vision de LSDH a considérablement renforcé son potentiel vital.

machines en direct à des sociétés locales. Son *business model* est resté la clé de voûte du groupe Dell devenu à ce jour le numéro un mondial du secteur. Puissance de la vision d'un jeune homme…

Vision et anticipation

On ne saurait quitter le thème de la vision sans évoquer l'anticipation, une faculté déterminante sur la voie de la réussite, car elle permet d'imaginer les éventualités, les risques, les opportunités, les solutions. Que d'erreurs stratégiques majeures seraient évitées avec un minimum d'anticipation.

Par exemple, dans certains secteurs d'activité, le patrimoine le plus important de l'entreprise – les hommes – va disparaître sans que le savoir-faire ait été capitalisé. En 2015, jusqu'à 50 % des collaborateurs auront quitté leur fonction. Or, à ce jour, certaines entreprises n'ont entamé aucun processus d'identification des savoir-faire, donc aucun processus de capitalisation, donc aucune gestion de ce patrimoine de connaissances. Dans ces entreprises, la pyramide des âges en forme de poire inversée ne semble émouvoir personne. La direction reste insensible au fait qu'un véritable appel d'air privera d'un seul coup l'entreprise de ses forces vives, ce qui est de nature à la mettre en sérieuse difficulté. Un minimum d'anticipation permettrait de commencer à mettre en place un dispositif de gestion des connaissances (*Knowledge Management*). Les collaborateurs en place contribueraient à alimenter une base de données. Ils disposeraient ainsi d'un outil d'accompagnement, de tutorat, de passage de relais, évitant ainsi aux nouveaux personnels de devoir réinventer la roue chaque jour.

Vision et destinée

Combien de destinées sont forgées par une vision, qu'elle soit individuelle ou collective, positive ou négative ?

• Tel enfant ébloui par l'activité d'un ébéniste, d'un médecin, d'un avocat, d'un enseignant ou d'un agriculteur, s'est projeté dans l'un de ces métiers et a aujourd'hui dépassé son maître.

• Tel comédien passa son enfance dans les coulisses du théâtre ébahi par le jeu des acteurs et rêvant de son avenir.

• Tel chercheur avait une vision claire de ce qu'il voulait et a trouvé les moyens de lui faire prendre corps et de la faire vivre.

• Telle personne a tout perdu et, s'accrochant à une vision, a tout reconstruit, pierre après pierre.

• Telle équipe de sport a eu la vision qui lui a permis de se surpasser et de décrocher le titre tant convoité.

• Tel chef d'entreprise a patiemment tissé sa toile qui était déjà présente dans sa vision vingt ans auparavant.

• Telle entreprise fidèle à une vision claire et mobilisatrice n'a jamais été si performante.

Après avoir parcouru l'univers des valeurs et de la vision, il convient de s'intéresser aux orientations concrètes, c'est-à-dire aux objectifs.

MasterManager®

Une ambition exige une vision claire du territoire à conquérir.

Un objectif est un objet

Les principes énoncés pour la vision valent aussi pour les objectifs. Se représenter ou présenter à d'autres personnes un objectif clair est un impressionnant facteur de mobilisation de ressources et de performance. Ceci est d'autant plus vrai qu'un objectif répond à une définition encore plus précise que la vision. Une vision peut en effet être partiellement atteignable alors qu'un objectif l'est à 100 % puisqu'il s'agit d'un objet, comme son étymologie l'indique clairement.

La particularité d'un objectif est précisément d'être objectif, c'est-à-dire de répondre aux critères qui permettent de l'appréhender très concrètement. Il est accessible, réalisable, perceptible, atteignable. Il est également motivant, attractif, en conformité avec les valeurs d'une personne et celles de l'environnement dans lequel elle évolue. Il est enfin mesurable, quantifiable, daté, chiffré.

Ces critères de définition d'objectif sont classiques et cependant tout à fait pertinents pour identifier « l'objet » à atteindre et en préciser les contours. Les actions peuvent alors être lancées avec la sécurité requise, et comme le mouvement ainsi enclenché est au cœur du cadre stratégique, tendu vers une vision et des valeurs, il bénéficie d'une puissante dynamique. Lorsqu'il prend de la vitesse, il développe une force d'inertie considérable. Celle-ci peut conduire à dépasser l'objectif fixé et à aller parfois bien au-delà. C'est un phénomène que l'on observe aussi bien dans le sport de haut niveau que dans l'entreprise et que l'on appelle « objectif élongé », traduction de l'anglais *« stretched goal »*.

VISION ET OBJECTIF

L'EXEMPLE SUIVANT montre comment ces deux niveaux du cadre stratégique de la performance se traduisent concrètement dans l'entreprise.
Vision : Équiper les foyers européens en électroménager au meilleur rapport qualité-prix.
Objectif : Vendre pour le 31 décembre 2010 dans l'ensemble des pays de l'Union européenne 457 300 machines Rc90x, pour un chiffre d'affaires de 91,465 millions d'euros, avec une marge nette de 5,027 millions d'euros.

CE QU'UN OBJECTIF N'EST PAS

Nous n'insisterons pas sur ce qu'est un objectif. Penchons-nous plutôt sur ce qu'un objectif n'est pas :

Un objectif n'est pas quand il n'existe pas. Cela semble évident, et pourtant... Nombre de personnes et d'organisations se plaignent de ne pas atteindre leurs objectifs, tout simplement parce qu'ils ne sont pas fixés ! Pas d'objectif, pas de trajectoire : une excellente manière de ne jamais se perdre, ou plutôt une excellente manière d'être toujours perdu, tel le bouchon sur la vague...

Un objectif n'est pas ce que l'on veut éviter. Cela semble encore une fois évident. Cependant, comme nous l'avons vu plus haut pour la vision, nombre d'échecs sont dus à une focalisation sur ce qui veut être évité. Ce que l'on ne veut pas est clair, ce que l'on veut est flou. Nombreux sont ceux qui savent ce qu'ils ne veulent pas mais qui sont incapables de définir ce qu'ils veulent. En ce qui vous concerne, ayez l'œil sur les formulations comme : « Ce que j'attends est que l'on ne fasse plus

L'EXEMPLE DE DEUX PASSIONNÉS

EN 1995, UN FAIT DIVERS attire mon attention : Benoît Chamoux vient de disparaître dans l'Himalaya en pratiquant sa passion : l'alpinisme. Cette discipline ne m'étant pas familière, je n'avais jamais entendu son nom auparavant. À l'heure du déjeuner, je rencontre un confrère qui me dit l'avoir connu en 1985, soit dix ans auparavant. Il me confie que « l'objectif de Benoît Chamoux était de vaincre les 14 sommets les plus hauts du monde ». Il a étrangement disparu à cinquante mètres du quatorzième sommet.

Pour avoir étudié des centaines de cas comme celui-ci, j'ose poser une question à laquelle nous n'aurons probablement jamais de réponse : Benoît Chamoux n'avait-il pas adopté l'équation mentale « objectif = fin »?

GEORGES MARIE HAARDT, le chef d'expédition de la Croisière jaune aurait-il été victime du même processus? Ce serait bien entendu osé de l'affirmer, mais il s'agit là de l'un des nombreux cas qui posent question. Après avoir surmonté les pires difficultés, avoir véritablement vécu l'enfer dans cette croisière automobile Paris-Pékin organisée par Citroën du 4 avril 1931 au 12 février 1932, il meurt d'une grippe à Hong-Kong le 15 mars 1932, quelques semaines après la fin de cette expédition historique. L'hypothèse d'une fatigue extrême avec un système immunitaire affaibli ne peut sans doute pas être écartée.

Il est cependant permis de s'interroger. Si la Croisière jaune avait été son objectif ultime et s'il n'avait perçu que du vide ou de l'insignifiant après une telle aventure, cela n'aurait-il pas accentué son état de faiblesse?

cela. » Préférez : « Ce que j'attends est que l'on atteigne cet objectif à fin mars. » La focalisation sera alors sur ce qu'il faut faire et non sur ce qu'il faut éviter, ce qui améliorera considérablement les chances de succès.

DIX QUESTIONS POUR VALIDER UN OBJECTIF PERSONNEL

1. Qu'est-ce que je veux précisément ?

Un véritable objectif doit être accessible, mesurable et en accord avec votre système de valeurs et celui de l'environnement dans lequel vous évoluez.

2. Quels bénéfices, avantages aurai-je quand je l'aurai atteint ? En valent-ils la peine ?

Cette question fera apparaître des raisons liées à vos valeurs.

3. Quels inconvénients aurai-je si je ne l'atteins pas ?

Cette question fera également apparaître des raisons liées à vos valeurs.

4. Quels indicateurs (internes et externes) me montreront que je l'ai atteint ?

Certains atteignent leurs objectifs sans en prendre conscience. Trouvez des critères qui vous permettront d'évaluer votre niveau de satisfaction.

5. Où, quand et avec qui ai-je choisi de l'atteindre ?

Devrez-vous changer de lieu ? Tout de suite ? Quand ? D'autres personnes sont-elles concernées ?

6. De quelles ressources et de quels moyens dois-je absolument disposer pour l'atteindre ?

Combien de temps ? Quelles compétences ? Quelles aides ? Quels moyens matériels ? Quels moyens financiers ?

7. Qu'est-ce qui peut m'empêcher de l'atteindre ?

Quels obstacles peuvent se présenter ? Comment allez-vous les surmonter ?

8. Si j'ai déjà atteint un objectif de même nature, qu'y a-t-il de comparable et de différent ?

Quelles ressources avaient été nécessaires ? De quelles ressources supplémentaires avez-vous besoin aujourd'hui ? Où, quand et comment allez-vous les obtenir ?

9. Quelle gratification m'attribuerai-je quand j'aurai atteint mon objectif ?

Visualisez-vous juste après avoir atteint votre objectif. Que ressentez-vous ? Que vous dites-vous à vous-même ? Que méritez-vous et que vous offrez-vous pour célébrer l'événement ?

10. Qu'est-ce que je choisis de faire immédiatement pour aller vers mon objectif ?

Ce sont les premières étapes, les premiers pas qui vous mettront en route vers votre objectif.

Un objectif n'est pas une valeur. La phrase : « J'ai comme objectif d'être performant l'année prochaine » ne traduit pas en l'état un objectif, mais une valeur. Il s'agit en l'occurrence de la valeur performance. S'il s'agissait d'un véritable objectif il serait formulé différemment : « J'ai comme objectif de produire tel résultat en tant de temps, avec telles ressources, dans tel délai… de façon à atteindre le niveau de performance requis par l'entreprise. »

Un objectif n'est pas une intention, un fantasme, un rêve ou une illusion qui se traduit souvent ainsi :
– du velléitaire : « Je vais essayer de terminer ce dossier pour la semaine prochaine », ce qui n'est pas vraiment convaincant ;
– de l'inatteignable, de l'irréaliste : « J'ai comme objectif de rendre visite à 200 clients le mois prochain », ce qui n'est pas vraiment crédible ;
– du report systématique : « Promis, je sais que ça fait six fois que je reporte, mais cette fois c'est la bonne. » Hum… attendons pour voir.

Il s'agit ici d'un schéma de comportement que les Anglo-Saxons appellent « procastination » et que Paolo Coelho évoque dans *L'Alchimiste* en ces termes : « J'ai peur de réaliser mon rêve et n'avoir ensuite plus aucune raison de continuer à vivre. »

Plusieurs objectifs ne peuvent pas être simultanés. En septembre 2003, un instructeur d'aile Delta enseigne à un enfant comment piloter son aéroplane. Il s'apprête à décoller en tandem avec lui. Focalisé sur la sécurité de son élève, il en oublie la sienne et omet d'attacher sa ceinture de sécurité. Il prend conscience trop tard de son erreur et explique à l'enfant les manœuvres pour atterrir sain et sauf. À bout de forces, il lâchera l'appareil et s'écrasera au sol. De son côté, l'enfant se posera au sol sans encombres. Ce dramatique fait divers illustre que quand on a plusieurs objectifs, il faut les traiter l'un après l'autre, de façon séquentielle. Rappelez-vous la fois où vous avez renversé un verre parce que deux images se sont entrechoquées au même moment dans votre esprit : saisir le verre et penser à appeler quelqu'un par exemple. Quand plusieurs objectifs sont simultanés, le risque est de n'en atteindre aucun !

Un objectif n'est surtout pas une fin. C'est une étape vers une vision, la satisfaction d'un système de valeurs. Après avoir atteint un objectif, on peut en effet continuer à en fixer des centaines d'autres et à agir pour les atteindre. Combien de personnes – surtout des hommes – se fixent la retraite non comme objectif mais comme fin. Avec cette redoutable équation en tête « objectif = fin », ils ont curieusement des problèmes de santé, voire pire dans les deux ou trois ans qui suivent leur retraite. Serait-ce le hasard ?

Que ce soit au niveau personnel ou de l'entreprise, fixer des objectifs exige bien sûr de respecter les critères classiques. Toutefois, le manager performant sait aller au-delà, il est attentif à ce qu'un objectif n'est pas. Il sait ainsi mieux les définir, les quantifier, les qualifier, les justifier, les rendre attractifs, les valider, les sécuriser. Il sait aussi les discuter, les adapter, les amender. Il sait enfin les abandonner et les remplacer s'il les juge inatteignables. Toutes choses impensables dans un modèle autocratique pas si lointain où un objectif ne se discutait pas ! Et quand on ne discutait pas l'objectif, on discutait éventuellement les ressources.

MasterManager®

Un objectif approximatif produit une erreur précise !

Ressources limitées ou illimitées ?

« Pour assurer sa pérennité, l'entreprise doit créer de la richesse avec et pour toutes les ressources qu'elle utilise. »
Pierre-Yves Legris, P-DG de Legris Industries

Pour mener à bien tout type de projet, deux catégories de ressources sont nécessaires.

1. Les ressources « *soft* » : le temps, les compétences, le système d'information et de communication.

2. Les ressources « *hard* » : les hommes (en interne : le personnel et les associés. En externe : le réseau de partenaires et d'alliés, les fournisseurs, les confrères, les associations professionnelles…), les ressources matérielles et les ressources financières.

Dans un projet, ces ressources doivent être mobilisées simultanément et mises en synergie. Elles ont ainsi un impact maximal et permettent d'atteindre un point crucial, le point de rupture qui fera la différence, comme le dit Henri Lagarde, ex-P-DG de Royal Canin : « Chercher le point de rupture. Savoir concentrer ses moyens sur ce point de rupture. » Les ressources aideront d'autant mieux à atteindre ce fameux point qu'elles seront adaptées aux objectifs visés. Et pour ce faire, il faut que les valeurs, la vision et les objectifs aient été préalablement bien définis. Or, lorsqu'un projet voit le jour, il y a souvent précipitation pour fixer les ressources qui se trouvent ainsi propulsées au niveau 1 du cadre stratégique. C'est l'une des erreurs majeures dans tout projet, qu'il s'agisse d'acheter une maison, d'orienter un élève, ou de monter une usine.

RESSOURCES ET PROJET

Jean et Catherine projettent d'acheter une maison. Ils font les comptes : entre leur argent disponible, leurs comptes d'épargne, et la somme que leur donnent leurs parents pour les aider, ils disposent d'un total de 50 000 €. Forts de ces ressources disponibles, ils interrogent trois banques sur l'argent qui pourrait leur être prêté. Les banques sollicitées leur proposent à peu près la même chose : compte tenu de leurs revenus, ils pourront disposer de 100 000 € sur quinze ans au taux de 4 %, moyennant une garantie hypothécaire.

Jean et Catherine se lancent alors à la recherche d'une maison de 150 000 € tous frais compris. Ils en trouvent une, pas exactement celle qu'ils avaient imaginée, mais ils l'achètent quand même. Ils se disent que cet achat est provisoire et que, dans trois ou quatre ans, ils pourront acquérir une maison plus conforme à leur souhait.

Le provisoire dure parfois longtemps : quinze ans après, ils sont toujours là… Il y a eu les aléas de la vie, les enfants, les imprévus, autant de bonnes raisons qui justifient d'avoir conservé quinze ans cette maison… provisoire. Ils se réconfortent en se disant qu'après tout ils en sont dorénavant propriétaires. Fin de l'histoire.

Autre scénario possible : ils auraient déterminé leur vision et leur objectif, sur la base de leur système de valeurs commun. Leur objectif aurait bien entendu été réalisable, raisonnable, réaliste. Ils auraient imaginé le style et la taille de la maison idéale, sa localisation, son environnement… : une maison traditionnelle avec quatre chambres, en environnement rural, à moins de quarante-cinq minutes d'une ville universitaire de l'Est, sur un terrain de 1 000 mètres carrés. Ils se seraient mis à la recherche d'une telle maison. Ils en auraient trouvé deux, l'une à 140 000 €, l'autre à 180 000 €, leur préférence allant nettement vers la deuxième. Ils auraient rencontré trois banques.

Avec un projet clair et enthousiasmant en tête, ils auraient convaincu les banques de leur prêter l'argent nécessaire. Elles auraient proposé un aménagement de leur prêt pour leur permettre des mensualités supportables. De leur côté, ils se seraient engagés à augmenter leurs revenus en travaillant un week-end par mois à tour de rôle dans le restaurant de leur meilleur ami. La fin de l'histoire aurait été plus satisfaisante pour eux.

N'est-ce pas le scénario utilisé par les entreprises ? Si elles devaient attendre d'avoir toujours les ressources qui correspondent exactement aux ratios officiels, combien de projets verraient le jour ?

Ressources et orientation

En matière d'orientation scolaire, il est étonnant que l'on demande à des élèves de 14 ans ce que sont leurs objectifs de carrière. Et surtout d'en déduire très vite, souvent trop vite, ce que doivent être les ressources appropriées, en particulier leur cursus scolaire et universitaire.

Combien d'orientations se soldent par des échecs parce que l'ordre du cadre stratégique n'est pas respecté ? En particulier parce que l'on s'intéresse trop tôt aux ressources.

Julien est un adolescent en échec scolaire. Il me rend visite accompagné de ses parents. Ceux-ci sont désespérés et considèrent que s'il ne réagit pas il est condamné à devenir un ouvrier spécialisé, ce qui leur est insupportable. Ils veulent qu'il devienne ingénieur et le voient mal parti pour y parvenir. Il est la honte de la famille, dans la mesure où ses parents sont issus des meilleures écoles, et que ses deux frères sortiront de l'École centrale à la fin de l'année, leur diplôme d'ingénieur en poche.

Je les laisse exposer leur point de vue en face d'un Julien avachi sur sa chaise, les épaules rentrées dans son manteau. Je les prie de me laisser avec Julien et de nous rejoindre une heure plus tard.

Je mets à profit cette heure pour identifier le système de valeurs de Julien. Pour lui, il est hors de question de rester sur les bancs de l'école dans un cursus général qui le conduira à travailler enfermé dans un bureau… Après vingt minutes d'entretien, il apparaît nettement que « nature, créativité, organisation, leadership » sont quelques-unes de ses valeurs.

Répondant à mes questions sur la vision, voici ce que Julien déclare : « Travailler dans une entreprise d'horticulture, ce qui me permettra d'être souvent à l'extérieur et de pouvoir exprimer mon talent créatif, par exemple en créant des parcours nature, des golfs, et aussi de nouvelles espèces de fleurs. Je me vois très bien piloter une équipe, organiser leur travail… et pourquoi pas, plus tard avoir ma propre entreprise. »

Une métamorphose instantanée

Au fur et à mesure qu'il exprime sa vision, ses épaules émergent de son manteau et je découvre un Julien métamorphosé, enthousiaste, énergique.

Il ne me reste plus qu'à aborder les objectifs pour l'année prochaine et les suivantes. Il m'indique clairement qu'il veut entrer dans une école d'horticulture, qu'il souhaite s'y investir totalement et que ses parents n'auront pas à le regretter. Il est convaincu d'avoir en lui le potentiel nécessaire pour réussir.

Quand ses parents reviennent dans mon bureau, ils me posent immédiatement la question : « Alors, vous avez convaincu Julien qu'il faut bien travailler à l'école pour réussir dans la vie ? » Je réponds : « Julien est conscient qu'il faut des ressources pour réussir, et un diplôme est une ressource importante, et il sait qu'il faut travailler pour le décrocher. » « Ah, je suis soulagé », dit le père. J'ajoute alors : « Je souhaite vous poser une question : préférez-vous que votre fils soit ingénieur ou qu'il soit heureux ? » À cette question un peu malicieuse, la mère répond spontanément : « Qu'il soit heureux, bien entendu. » Et le père d'ajouter aussitôt : « Il peut être heureux tout en étant ingénieur ! » C'est alors que j'explique le contenu de mes échanges avec Julien, en particulier pourquoi leur fils ne peut être à la fois ingénieur et heureux. Il violerait alors son système de valeurs. Il ferait certes plaisir à ses parents, mais il se mettrait dans les conditions idéales pour être malheureux. En revanche, s'ils acceptent que Julien fasse des études d'horticulture, il sera en condition d'être bien, donc de mieux réussir. Quelle plus belle récompense pour eux ? Ils acceptent, difficilement certes, mais ils acceptent.

Deux ans plus tard, je croise Julien dans la rue. Élégant, le pas assuré, il me dit avec un large sourire que tout va pour le mieux dans le meilleur des mondes, qu'il est le premier de sa classe, et que son projet verra le jour tel que nous en avions discuté.

Il n'y a rien de magique dans cette histoire. J'ai utilisé une méthode simple qui respecte la personne et l'ordre dans lequel les facteurs d'orientation doivent être abordés. Appliquée à l'entreprise, cette méthode donne des résultats comparables, par exemple en recrutement, en délégation, en définition de fonction, en recadrage, ou en entretien annuel.

N'AVONS-NOUS DONC JAMAIS ASSEZ DE RESSOURCES ?

Lorsqu'un projet échoue, le niveau de ressources est souvent mis en accusation : pas assez de temps, pas assez de personnel, pas assez de moyens de production, pas assez de budget, communication défaillante... Ces manques supposés ou réels ne sont souvent que des justifications.

Des ressources limitées n'ont jamais empêché le génie humain de se révéler. Bien au contraire. Ce sont souvent les ressources pléthoriques qui empêchent la créativité de s'épanouir, l'excès favorisant la paresse mentale. Montaigne ne disait rien d'autre lorsqu'il affirmait : « Les terres fertiles donnent des esprits infertiles. »

Les ressources doivent en fait être adaptées le plus précisément possible à l'objectif. Si elles sont largement insuffisantes, le projet risque d'être conçu sous un angle minimaliste, et le résultat risque de ne pas être à la hauteur des ambitions. Si elles sont largement excessives, le projet risque d'être conçu dans un esprit pharaonique et, malgré la pléthore de ressources, le résultat n'est même pas garanti !

Si le manager peut obtenir des ressources parfaitement adaptées, c'est idéal. Mais s'il doit choisir entre des ressources limitées et des ressources illimitées, il doit avoir la lucidité et le courage de choisir la première solution. La seconde, qui met à rude épreuve sa capacité de

DU DANGER DES RESSOURCES ILLIMITÉES

LA DIRECTION GÉNÉRALE D'UNE IMPORTANTE SOCIÉTÉ confie un projet de dimension européenne à son responsable recherche et développement. Il s'agit de développer une gamme de produits innovants à destination des entreprises. Cette gamme « Business to Business » doit voir le jour à l'horizon douze mois. La direction indique clairement que tout échec est inenvisageable et qu'un budget illimité est alloué à ce projet. Surpris, le responsable demande des précisions. La réponse est directe : « Comme vous n'avez pas le droit à l'échec, vous disposez effectivement d'un budget illimité. »

Le manager et son équipe se mettent alors au travail. Compte tenu de l'urgence et de la pression, ils mobilisent un maximum de ressources avant même d'avoir véritablement calé le projet. La suite est tragique. Après neuf mois, il faut tout reprendre à zéro, se délester des ressources pléthoriques qui encombrent plus qu'elles n'aident dans l'avancement du projet, se remettre au travail avec des ressources réduites mais adaptées, avec une focalisation de tous sur une vision et un objectif clairs. La finalisation du projet prend quatre mois supplémentaires. L'objectif est finalement atteint, mais à quel prix...

résistance, est la plupart du temps un piège. Elle comporte en tout cas des risques sérieux de contre-performance.

MasterManager®

Manque de ressources et pléthore de ressources sont facteurs de contre-performance.

La performance exige l'action

Louis Le Duff, le président du groupe qui porte son nom (Brioche Dorée, Pizza del Arte…), aime à dire à ses équipes : « Mieux vaut avancer dans le désordre que piétiner dans l'ordre », pointant ainsi la nécessité d'agir. Toutefois, nul doute que lorsqu'il évoque le désordre, il est plutôt question de « non-ordre ». Si tel n'était pas le cas, son groupe ne serait probablement pas aujourd'hui le leader de la restauration rapide à la française.

Yves Gonnord, le président de Fleury-Michon, aime à rappeler en souriant, que Michel Audiard, lui aussi, mettait l'action en valeur… façon Audiard : « Un intellectuel assis va moins loin qu'un con qui marche. » Si cette affirmation de Michel Audiard semble exacte en ce qui concerne l'intellectuel, il en est sans doute autrement pour le « con » : marcher, même vite, sans savoir vers où, sans avoir déterminé sa route, est-ce la meilleure manière d'avancer ? Agir oui, mais dans une direction déterminée et dans le respect d'un process.

Process et créativité

Nous avons tous l'expérience du kit dont nous n'avons pas respecté l'ordre exact de montage. Nous nous en souvenons comme si c'était hier… Il faut bien reconnaître que notre culture latine nous a imprimé une telle créativité que nous avons parfois du mal à respecter un process, c'est-à-dire à faire les choses dans un ordre précis. Nous cultivons trop souvent l'art de faire les choses à l'envers ou dans le désordre.

Comme nous le rappelle Léonard de Vinci : « La rigueur vient toujours à bout de l'obstacle. » Mener un projet à bon port, c'est d'abord et avant tout respecter rigoureusement un process, un peu comme pour le pilotage d'un avion. En phases de décollage et d'atterrissage, aucune créativité n'est autorisée. La créativité peut éventuellement avoir droit de cité en phase de croisière, parce que le niveau de sécurité est élevé. Elle peut aussi être précieuse en situation imprévue, à risque élevé, là où une solution innovante s'impose, là où aucune solution alternative n'a été préalablement envisagée. Le reste du temps, il suffit de respecter le process fixé. C'est plus facile, plus simple, plus sûr, plus efficace, et… plus rapide.

Avez-vous remarqué que ceux qui ne respectent pas les process prétendent souvent manquer de temps. Or, ceux qui n'ont jamais le temps de bien faire les choses tout de suite trouvent toujours le temps de les faire deux fois !

La créativité a du bon, à condition que le manager la mette sous surveillance et choisisse de l'introduire avec pertinence dans le jeu. En tout état de cause, elle doit contribuer, et non nuire, au bon déroulement des actions.

L'ART DE FAIRE LES CHOSES À L'ENVERS

Pour illustrer le non-respect du process, voici quelques exemples de l'art de faire les choses à l'envers.

DANS LA VIE PERSONNELLE

Quand les débutants en escalade ont peur, ils se collent à la paroi rocheuse, alors que la sécurité exige d'avoir une posture exactement opposée, c'est-à-dire de s'écarter de la paroi. La réaction spontanée de quelqu'un qui a un chien aux trousses est de courir le plus vite possible, alors que, pour arrêter la course du chien, il faut tout simplement s'immobiliser comme un poteau.

Nombre de personnes commencent leurs phrases par « tu » ou par « vous » au lieu du « je » qui permet d'exprimer son point de vue, son sentiment sans accuser l'autre. Sans s'en rendre compte, elles créent des problèmes de communication au quotidien :
– « Tu ne me comprends pas » au lieu de « Je me suis sans doute mal exprimé(e) » ;
– « Vous ne m'avez pas payé ce que vous me devez » au lieu de « Je suis très ennuyé(e) de n'avoir pas été payé(e) ».

Dans l'entreprise

Un collaborateur a rendez-vous avec son manager pour faire le compte rendu d'un projet. Il a énormément de choses à exprimer, mais son manager le noie dans un flot de paroles. Comme sa coupe est pleine, il ne peut en absorber la moindre goutte. Le manager serait bien inspiré d'interrompre sa logorrhée pour laisser son collaborateur s'exprimer, respectant ainsi la première étape du processus relationnel.

Un collaborateur a commis une faute. Pour manifester son mécontentement, le manager adopte un comportement colérique, voire hystérique, alors que l'attitude, le comportement et le ton employés devraient, au contraire, être solennels et calmes, et ceci d'autant plus que la faute est grave.

En matière de résolution de problèmes, la première étape est en général de s'appesantir sur le problème et d'en rechercher les causes. Or, pour obtenir un résultat optimal, il convient d'abord de s'intéresser aux conséquences, car ce sont ces dernières qui créent la dynamique de changement la plus puissante. On peut ensuite explorer les causes et rechercher des solutions. Celles qui seront retenues seront alors bien plus efficaces.

Comme le monde extérieur à l'entreprise est frénétique, la première réaction est de se synchroniser sur l'extérieur et de faire monter la pression à l'intérieur. Le manager doit au contraire s'attacher à calmer le jeu. Plus l'extérieur est frénétique, plus l'intérieur doit être serein. Et nous pourrions citer de nombreux autres exemples…

L'ART DE FAIRE LES CHOSES DANS L'ORDRE

Il n'y a bien entendu pas d'ordre universel applicable à toutes les situations. Pas plus que, comme le rappelle Yves Gonnord, on ne peut toujours attendre que toutes les conditions soient remplies pour agir : « Il faut oser et avancer sans systématiquement penser à tout. » Il existe cependant un certain nombre de stratégies performantes dans les différents domaines de compétence du manager : conduite du changement, gestion de projet, délégation, négociation, etc. Par exemple, en matière de gestion de projet, le process suivant, fondé sur les travaux de spécialistes reconnus comme Koontz, O'Donnel, Drucker, Odiorne, ou Myers est une référence.

1. Planification. Tous les plans du monde ne produisent rien tant que la planification n'est pas réalisée. « Les plans ne sont rien, c'est la planification qui importe », déclarait Eisenhower. Cette première étape permet d'identifier des stratégies alternatives, de choisir une stratégie de base, de concevoir un plan stratégique avec les priorités, les séquences, la chronologie.

EXEMPLE DE « VERTÈBRES ALIGNÉES » DANS LE CADRE STRATÉGIQUE DE LA PERFORMANCE

Repères : productivité.

Ambition : la meilleure productivité au niveau mondial.

Cap : avoir augmenté la productivité de 3,3 % au 31 décembre.

Route : planification, organisation, mise en œuvre, contrôle.

Moyens : temps, hommes, matériels, finances, informations.

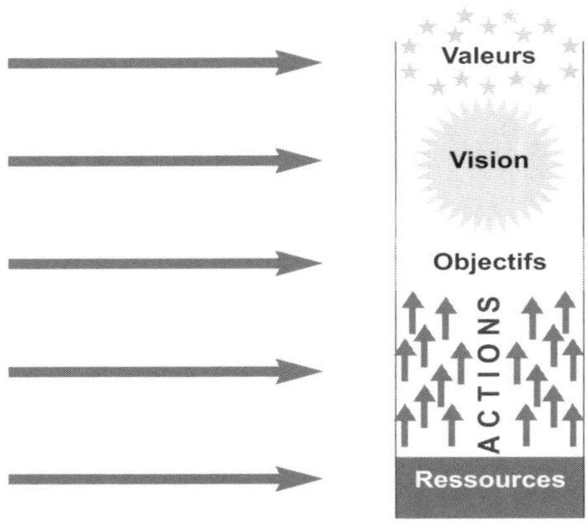

2. Organisation. Nous sommes ici au niveau de l'identification des tâches, des responsabilités, des moyens.

3. Mise en œuvre. Il s'agit ici de procéder à la dotation des moyens, de prévoir la formation, d'attribuer les responsabilités et la coordination.

4. Contrôle. Cette dernière étape permet de mesurer l'avancement, d'identifier les mesures correctives.

MasterManager®

L'axe Valeurs-Vision-Objectifs-Ressources-Actions est la colonne vertébrale de la performance.

La zone d'engagement maximal

Agir au sein de son propre cadre stratégique est une condition déterminante de la performance. Encore faut-il qu'il puisse cohabiter avec celui des autres, celui de l'entreprise, celui de la collectivité. Il s'agit de respecter une « dimension "entreprenariat" et "intraprenariat", une structure qui permette de ne pas étouffer l'initiative », comme le soulignait Hervé Borensztejn, à l'époque où il était directeur de Vivendi Management, ou un « alignement stratégique des objectifs individuels et collectifs », comme le rappelle Michel Berger, vice-président de l'Afplane.

Que peuvent faire l'entreprise et le manager pour permettre de réussir à un ensemble de collaborateurs qui, chacun, ont un cadre stratégique différent ?

Ils doivent proposer un projet collectif dans lequel chacun peut se reconnaître et peut trouver des raisons d'agir. Ce projet collectif doit être compatible avec le projet sociétal dans lequel l'entreprise évolue et aussi avec l'ensemble des projets individuels en présence.

Quadrature du cercle ? Angélisme ? Le projet de l'entreprise et les projets individuels doivent-ils correspondre exactement en tous points ? Ce serait évidemment utopique. Ils doivent tout simplement être compatibles, avoir un « dénominateur commun minimal » qui

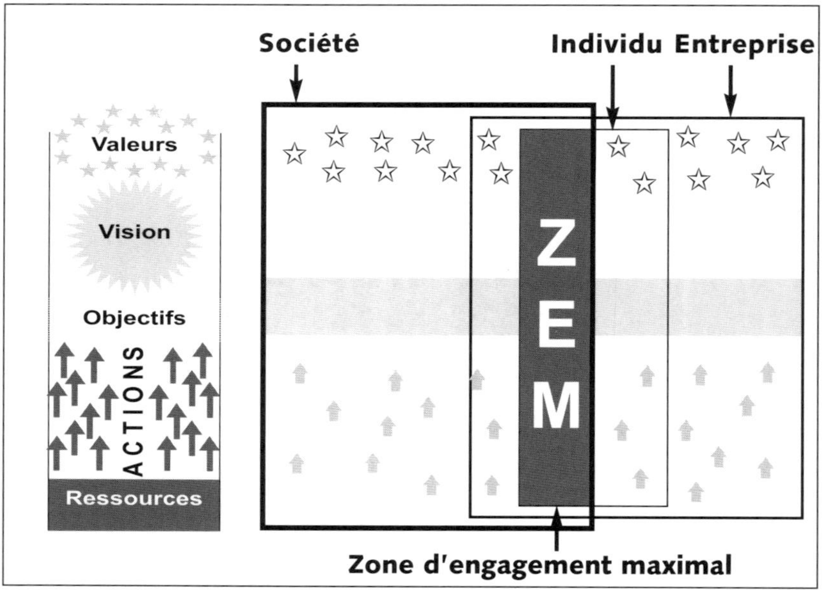

leur permet de co-exister, de co-opérer, de co-produire. Ce dénominateur commun, cette zone d'intersection minimale est la condition d'un engagement maximal.

La zone dans laquelle une personne s'investit avec un engagement maximal est à l'intersection entre son projet personnel, le projet de l'entreprise et le projet de la société dans laquelle elle vit, en l'occurrence la société française.

Quand un projet est clair, quand il est compatible avec les autres projets en présence, alors on est prêt à imprimer le premier mouvement sur la trajectoire fixée, vers le cap qui a été défini… en toute autonomie.

MasterManager®

Le dénominateur commun minimal définit la zone d'engagement maximal !

PARTIE 5

La bonne distance du manager

Maintenant que la feuille de route est fixée et que le cadre général du management est clair, il convient d'aborder la bonne distance que doit tenir le manager avec ses collaborateurs au quotidien.

Nous nous interrogerons sur le niveau d'autonomie et de reconnaissance, sur le comportement à adopter en fonction de la maturité des collaborateurs, le transfert de pouvoir, les limites de la responsabilité et la délégation.

Sommaire

Autonomie ou indépendance ?

Si l'autonomie est un facteur de performance, elle est souvent confondue avec l'indépendance. Être travailleur indépendant ou lutter pour l'indépendance d'une région : ce ne sont que des concepts et des illusions. Qui peut affirmer avec sérieux que l'on peut vivre indépendant, en autarcie, que l'on soit individu, entreprise, région ou pays ? Nous sommes tous en interdépendance. Et c'est au sein de cette interdépendance que nous pouvons trouver notre autonomie. Dans la Patrouille de France aussi « L'autonomie dans l'interdépendance » est le lot quotidien, comme aime à le rappeler le commandant Yves Girard.

Créer les conditions de l'autonomie

Lorsque le collaborateur est placé dans un cadre adapté, dans une fonction qui lui convient, sa motivation est automatiquement activée. Il faut cependant que le manager soit attentif à entretenir cette motivation. Pour cela, il doit veiller à ce que la relation avec le collaborateur soit toujours sur un axe lien-exigence. Cet axe permet non seulement d'entretenir la motivation, mais aussi de créer les conditions de l'autonomie du collaborateur et de la renforcer. Il permet en même temps de fortifier la confiance en soi du subordonné. Sur cet axe, il s'engage vers ses objectifs avec le plus haut niveau de sécurité et les meilleures chances de succès.

L'axe lien-exigence a été décrit par le psychanalyste C.G. Jung comme l'axe reliant symboliquement la terre et le ciel. Jung attribue à la terre (en grec *Eros*, amour) la fonction d'attachement, d'affectivité, tandis que la fonction de détachement, de directivité est attribuée au ciel (en grec *Logos* avec ses deux significations : parole, mot, verbe, et aussi raison, calcul).

Pour Jung, la terre représente l'« anima », la partie féminine de notre psyché, tandis que le ciel représente l'« animus », notre partie masculine. Notons que la structure décrite par Jung est indépendante du sexe ; que nous soyons de sexe féminin ou masculin, nous disposons d'un pôle « anima » et d'un pôle « animus ».

Le manager joue souvent ici une partie décisive. S'il est exclusivement « relié à la terre », c'est-à-dire orienté vers le lien, la relation, la reconnaissance, son collaborateur est ravi d'avoir un chef sympathique. Cependant, soumis à peu ou pas d'exigence, il se laisse vivre et ne produit pas les résultats attendus. *A contrario*, si le manager est exclusivement orienté vers l'exigence, le collaborateur est sous pression, tendu, exaspéré. Ne recevant que peu ou pas de reconnaissance pour sa personne, pour sa compétence, pour le travail accompli, il ne produit pas davantage les résultats souhaités.

Le lien d'abord, l'exigence ensuite

Le manager doit toujours installer le lien relationnel d'abord, et ne poser l'exigence que dans un deuxième temps. Le respect de cet ordre est un indicateur de compétence managériale.

Curieusement, c'est sans doute l'une des raisons pour lesquelles les Japonais ont un tel intérêt pour l'art du nœud. Pas seulement pour la confection d'un kimono, mais aussi pour les stratégies d'alliances industrielles, par exemple. Pourquoi prennent-ils un temps considérable à créer des liens, lors de la cérémonie du thé par exemple, avant qu'un seul mot ne soit prononcé sur une affaire à traiter ? Ils savent que tant que les deux morceaux de tissu ou les deux parties en présence, n'ont pas été rapprochés et noués, toute exigence, toute demande, c'est-à-dire toute fonction ultérieure est vouée à l'échec. Seul un nœud robuste, un lien fort, permet de poser une exigence en termes de solidité, de créativité, de durée, de qualité... de performance.

UN FACTEUR DE RELATION DURABLE

Relation sans exigence indiffère, exigence sans relation exaspère. Nous avons tous en mémoire tel professeur ou tel supérieur hiérarchique qui respectait le subtil équilibre entre le lien et l'exigence. Nous en avons conservé l'image d'une autorité bienveillante. Malgré les éventuels moments difficiles, nous lui sommes reconnaissants car il nous a fait progresser tout en nous respectant. Nous n'avons sans doute pas le même souvenir du prof sympa avec qui tout était permis ou du supérieur hiérarchique qui confondait management et dictature.

L'axe lien-exigence est aussi applicable à la famille. L'enfant qui n'est confronté qu'au pôle affectif prendra vite l'habitude d'en user et souvent d'en abuser. Il jouera la sympathie, la manipulation, la séduction... À l'opposé, l'enfant exclusivement confronté au mode directif prendra l'habitude d'un mode relationnel fondé sur les diktats. Il s'imposera, il imposera, il fera la loi.

D'où l'importance de donner un modèle parental équilibré sur ces deux pôles. Montrer l'amour, reconnaître les efforts, les réussites, encourager les progrès, réconforter dans la douleur ou l'échec, tout en exigeant le respect des règles et des engagements. Si les parents autorisent une sortie jusqu'à 22 heures, l'exigence est de sanctionner quand l'enfant revient à 22 h 30. Cette sanction n'affectera en rien l'amour que se portent réciproquement les parents et l'enfant. La sanction tombera tel un couperet, sans appel, sans état d'âme, sans cri, sans heurt, en adulte, en manager en somme. Le premier modèle de management se trouverait-il dans la famille ?

Le syndrome de « Tanguy »

Considérons l'axe lien-exigence dans notre société en général. Celle-ci ne produit-elle pas un nombre important d'enfants dépendants et de jeunes tardivement autonomes ?

Le syndrome de « Tanguy » doit son nom au film d'Étienne Chatiliez qui raconte l'histoire d'un jeune homme, tellement attaché au douillet cocon familial qu'il est incapable de prendre son envol malgré ses 28 ans. Les « Tanguy » sont légions et se retrouvent un jour ou l'autre dans les entreprises… Un challenge à relever pour le manager en matière d'autonomisation.

L'une des raisons de cette situation est encore une fois le manque d'équilibre entre le pôle affectif et le pôle directif. Et le phénomène s'est amplifié avec l'explosion des familles monoparentales dans lesquelles la garde de l'enfant est en général confiée à la mère. Celle-ci voulant compenser consciemment ou non une situation jugée traumatisante pour sa progéniture, accentue à l'excès le mode affectif. Rien de plus naturel, car la mère, avec un « anima » plus développé, a une propension à la relation, tandis que le père, avec un « animus » plus développé, a une propension à l'exigence. Il faut reconnaître que jouer les deux rôles de mère et de père relève de l'écartèlement mental ou de la quadrature du cercle.

Facteur aggravant : l'enfant est plongé dans un univers majoritairement féminin en maternelle et en primaire. Dans un tel contexte, si la mère qui a la garde de son enfant ne lui donne pas accès à un référent masculin – un ami ou un parent par exemple – il se dirige tout droit vers le syndrome de Tanguy, incapable qu'il sera de quitter les « jupes de sa mère ». On ne dira jamais assez que le rôle du père est prioritairement de couper le cordon ombilical en posant l'exigence, la loi, la règle, et en précisant la direction, la trajectoire.

La psychanalyse donne aussi un éclairage intéressant sur un concept familier de notre culture judéo-chrétienne, dont nous ne voyons pas spontanément l'intérêt en matière de management. Et pourtant, la phrase « Le verbe s'est fait chair » devrait retenir notre attention, sous un angle purement profane et culturel et sans aucune considération confessionnelle bien entendu. Il s'agit ici de la parole, de la loi qui prend corps dans la réalité pour donner un troisième élément qui va pouvoir voler de ses propres ailes, en toute autonomie. Un symbole d'autonomisation installé dans l'inconscient collectif, ancré dans notre culture, une invitation à cultiver l'autonomie.

Les travaux scientifiques les plus récents ont identifié et validé les différences fondamentales dans le fonctionnement neurocérébral et le psychisme féminins et masculins. Il y a peu, la simple évocation de ces différences aurait été taxée de sexiste.

Aujourd'hui, qui peut sérieusement contester que l'homme – le père – est fondamentalement plus orienté conquête, risque, concept, détachement… tandis que la femme – la mère – est fondamentalement plus orientée sécurité, relation, affect, lien, attachement… ?

N'oublions pas cependant que les deux pôles nous sont accessibles à tous, que nous soyons un homme ou une femme. Mais autant il est difficile pour une mère qui élève seule son enfant de jouer les deux rôles à la fois, autant c'est un exercice beaucoup plus facile pour un manager. La raison principale en est à l'évidence la différence de nature et de niveau affectif : dans le lien relationnel avec un enfant il s'agit d'amour, tandis que dans le lien relationnel avec un collaborateur, il s'agit d'estime, de considération, de reconnaissance.

La reconnaissance permet au manager de sécuriser sans toutefois tomber dans le paternalisme, tandis que l'exigence lui permet de responsabiliser et d'autonomiser.

MasterManager®

Reconnaissance et exigence sont les deux mamelles de l'autonomie !

La reconnaissance

En introduction au thème de la reconnaissance, nous allons parcourir une étude réalisée par Naomi Eisenberger et Matt Liebermann (UCLA, University of California Los Angeles).

Des volontaires sont invités à participer à un jeu de balles virtuel. Leur cerveau est relié à un dispositif IRMF (imagerie par résonance magnétique fonctionnelle). Au cours de la partie, des joueurs sont exclus du jeu par les autres joueurs. À l'enregistrement effectué par l'IRMF, les zones cérébrales concernées par cette exclusion sont les mêmes que celles qui concernent la douleur physique (cortex cingulaire antérieur et zone droite du cortex préfrontal ventral).

L'exclusion par le groupe, le fait d'être rejeté par les autres, a donc des effets analogues à un choc physique. Nous sommes ici en plein cœur de la reconnaissance, en l'occurrence de la reconnaissance négative.

N'est-ce pas ce type de choc qu'un élève ressent lorsque les efforts exceptionnels accomplis pour décrocher un examen ne sont pas valorisés ni même perçus par ses parents ? N'est-ce pas ce type de choc qu'un enfant ressent lorsque, rentrant à la maison après une longue journée d'école, personne ne remarque son arrivée ? N'est-ce pas ce type de choc qu'un client ressent lorsqu'il entre dans un magasin et que les vendeurs continuent à vaquer à leurs occupations comme s'il n'existait pas ? N'est-ce pas ce type de choc qu'un collaborateur ressent lorsqu'il est victime d'une injustice, qu'il n'est pas traité de façon équitable par son manager ?

La reconnaissance mérite d'être explorée parce que, comme beaucoup de ce qui nous est familier, elle recèle quelques zones d'ombre.

ENTRE PANNE SÈCHE ET TROP-PLEIN !

La reconnaissance est un véritable biocarburant pour l'être humain, et, dans ce domaine comme dans bien d'autres, les besoins sont différents selon les individus. Certains moteurs sont plus gourmands que d'autres, mais la quantité disponible dans nos réservoirs respectifs doit toujours se situer entre panne sèche et trop-plein. De plus, selon les périodes de notre vie et le contexte dans lequel nous évoluons, nous pouvons en consommer plus ou moins.

À l'âge adulte, l'être humain devrait avoir une capacité d'autoreconnaissance qui le mette à l'abri d'un besoin élevé de reconnaissance externe. Estime de soi, image de soi, confiance en soi devraient lui permettre de s'autoconsidérer, de s'autogratifier sans recours systématique à l'autre. Pourtant nombre d'adultes sont dépendants de la reconnaissance externe et en ont un besoin irrépressible. Celui-ci ne peut être assouvi que par des « piqûres » de reconnaissance au quotidien, des signes récurrents en provenance d'un parent, d'un conjoint, d'un ami, d'un manager…

Il n'est pourtant que trois périodes au cours desquelles le carburant de la reconnaissance est véritablement vital.

Chez le nourrisson : à la naissance, un bébé a besoin de se sentir reconnu pour accepter de se lancer dans l'aventure de la vie. Par analogie, dans l'entreprise, ce sont les premiers jours, la phase de décollage avec un niveau de risque élevé en matière d'intégration. Au cours de cette phase, le collaborateur est spécialement demandeur de reconnaissance.

Chez l'adolescent : une attention particulière doit lui être portée à ce moment important dans la construction de sa personnalité. Dans l'entreprise, c'est la phase de turbulences, de doutes, de remises en question, d'interrogations. Elle se produit en période d'ascension alors que le jeune professionnel n'a pas encore atteint son altitude et sa vitesse de croisière.

Chez le vieillard : il peut avoir le sentiment d'être oublié et un signe de reconnaissance aussi faible soit-il lui fait le plus grand bien. Dans l'entreprise, c'est la phase de l'altitude et de la vitesse de croisière. La phase dans laquelle le manager a tendance à délaisser le professionnel expérimenté, parce qu'il ne pose aucun problème.

Comme nous l'avons suggéré, un nourrisson qui a le sentiment de ne pas être reconnu et accepté, est dans une situation à risque qui peut le conduire à l'extrême jusqu'à l'anorexie mentale. Il est évident que ses parents, les personnes les plus importantes au monde pour lui, ont un rôle déterminant en matière de reconnaissance. Lorsqu'à sa naissance, et même pendant la grossesse, un enfant est accueilli avec attention, respect et affection, il se sent plus fort pour affronter le défi de la vie.

De la même manière, un collaborateur qui est accueilli avec attention, respect et considération se sent plus fort pour affronter le défi de l'entreprise. Le manager veillera donc à ce que le nouvel arrivant bénéficie d'un niveau élevé de reconnaissance.

Le nouveau collaborateur est particulièrement sensible à la qualité du dispositif d'accueil. Un manager absent le jour de son arrivée, un lieu de travail non préparé, une première journée d'attente interminable sont autant d'ingrédients qui nuisent à une bonne intégration dans l'entreprise.

Contrairement à ce que l'on voit trop souvent, un dispositif d'intégration n'est pas qu'une simple procédure technique. Il s'adresse à une personne et non à un objet. Il doit donc être considéré comme prioritaire et appliqué systématiquement avec rigueur et professionnalisme.

La reconnaissance concerne aussi le collaborateur qui est depuis quelques années dans l'entreprise. Son manager pense qu'il est bien intégré, que tout va bien. Il peut pourtant avoir des états d'âme, des doutes, traverser une période difficile – l'équivalent de l'adolescence – une période de turbulences plus ou moins fortes, un moment crucial. Le collaborateur ressent alors un besoin accru d'être rassuré, conforté, reconnu. Le manager doit y être attentif, l'assurer de sa confiance, le conforter dans sa trajectoire… lui donner de la reconnaissance.

Enfin, quel sort est réservé au collaborateur expérimenté qui « fait partie des meubles » ? Personne ne s'en occupe plus depuis bien longtemps, car il est tellement fiable ! Pourquoi devrait-on s'y intéresser alors qu'il y a tant à faire avec ses collègues qui commettent des erreurs à la pelle ? Si le manager n'investit pas un minimum de son temps pour confirmer à ce collaborateur la considération qu'il lui porte en tant que cheville ouvrière de l'entreprise, il y a fort à parier que ce professionnel expérimenté mettra la pédale douce. Il pourra aussi utiliser l'une des stratégies présentées plus loin pour rétablir une équité de traitement qui lui semble mise à mal.

DU BON USAGE DE LA RECONNAISSANCE

En interne, c'est un collaborateur qui reçoit des félicitations du président parce qu'il a brillamment réussi une mission, une poignée de main de son manager, du champagne pour avoir suggéré une amélioration, des primes au mérite…

En externe, c'est un cadeau au client, une lettre personnelle signée du président, l'inscription à un club VIP, une phrase d'accueil personnalisée à l'entrée du point de vente…

Ces signes de reconnaissance recommandés par les spécialistes du management ou du marketing sont souvent mis en œuvre de façon plus ou moins adroite.

• Une opératrice d'un centre d'appels raconte la même histoire cent fois par jour en citant votre nom toutes les dix secondes sur un ton tellement peu convaincant que vous avez l'impression qu'elle lit le journal…

• Un caissier de station d'autoroute égrène comme un automate : « Merci de vous être arrêté chez Total. » Cette phrase récurrente et lancinante sonne tellement faux qu'elle en devient irritante lorsque vous la subissez à chaque plein.

• Un contremaître sort d'un stage de management d'équipe et se met à féliciter à tout-va ses ouvriers, lui qui n'avait jamais de mots assez durs pour eux quelques jours avant. Les ouvriers peuvent légitimement se poser des questions sur la sincérité de ce nouveau comportement.

La reconnaissance est certes un carburant vital, mais elle perd ses propriétés lorsqu'elle n'est pas authentique, lorsqu'elle laisse un arrière-goût de « brosse à reluire », lorsqu'elle est utilisée dans un but manipulatoire. Les bénéficiaires étant rarement dupes, son effet est finalement contre-productif. Le manager doit en être conscient et n'utiliser la reconnaissance qu'avec sincérité et authenticité. Ce préalable étant posé, la reconnaissance ne s'exprime que par deux types de signes.

Les différents signes de reconnaissance

La reconnaissance ne s'exprime qu'au travers de deux types de signes, du moins en apparence :
– le type « positif » : l'amour. Dans l'entreprise il s'agira bien évidemment d'estime, de valorisation, de considération... ;
– le type « négatif » : la haine. Dans l'entreprise, il s'agira de recadrage, de remontrance, de reproche, de sanction...

Il est courant d'entendre que le contraire de l'amour est la haine. Il n'en est rien. Comme l'écrit Shakespeare dans *Roméo et Juliette*, l'amour et la haine sont les côtés pile et face d'un même sentiment : « Mon unique amour émane de mon unique haine. »

De plus, ces deux types de reconnaissance ne couvrent pas la totalité du champ de la reconnaissance, ce qui est traduit dans le langage populaire par : « Qui aime bien châtie bien. » Lorsqu'une personne est en effet encore capable de reprocher, de se disputer, de blâmer, le lien est encore présent. Chacun peut citer des exemples de couples qui durent malgré les accrochages quotidiens qui ne se comptent plus. De la même manière, dans la vie professionnelle, les exemples ne manquent pas de relations conflictuelles permanentes entre des managers et leurs subordonnés. Le lien relationnel n'existe alors qu'au travers des conflits, et même s'il est insatisfaisant, il a le mérite d'exister.

Le signe de reconnaissance opposé à l'amour n'est pas la haine, mais l'indifférence. Souvent oubliée ou négligée parce qu'elle est silencieuse comme la mort, en tout cas la mort relationnelle à laquelle elle conduit. Si l'indifférence peut être un signe de reconnaissance utile dans certains contextes, elle a en général un potentiel de nuisance très élevé.

La reconnaissance en laboratoire

Si nous ne sommes pas des rats, nos systèmes nerveux respectifs présentent néanmoins quelques similitudes. Les expériences en laboratoire montrent que les rats qui développent le plus de pathologies sont dans l'ordre :

1. ceux qui sont nourris en recevant des caresses ;

2. ceux qui sont nourris en recevant des punitions sous forme de décharges électriques ;

3. ceux qui sont nourris dans l'indifférence, sans aucun contact.

Quand on enrichit l'expérience n° 2 en ajoutant un rat dans la cage, on obtient le résultat suivant : lors des décharges électriques chaque rat décharge son agressivité sur l'autre. Les deux se maintiennent ainsi en bon état physique. Cela vous fait penser à une situation vécue ? Je vous rappelle qu'il ne s'agit que de vulgaires rats…

La reconnaissance et le management

Le manager dispose donc, comme tout le monde, d'une palette de trois types de signes de reconnaissance.

1. La reconnaissance positive qui favorise la santé relationnelle, au travers des félicitations, des encouragements, des compliments, des valorisations, des gratifications… ⇨ Le manager joue ici à « La chasse au trésor ».

2. La reconnaissance négative qui favorise les pathologies relationnelles, avec les reproches, les remontrances, les blâmes, les conflits…
⇨ Le manager joue ici à « Chercher l'erreur ».

3. L'indifférence, qui conduit inéluctablement à la mort relationnelle
⇨ Le manager joue ici à « Faire le mort ».

Une personne qui a le sentiment d'être victime de l'indifférence ne laisse pas le lien se rompre tout de suite. Elle tente de le rétablir. Elle commence par lancer à sa manière un ou plusieurs signaux de détresse. Pour ce faire, elle utilise prioritairement la voie du négatif. Il lui semble en effet que l'écart entre l'indifférence et la reconnaissance positive est tel qu'il lui sera beaucoup plus facile d'obtenir de la reconnaissance négative, perçue comme plus accessible.

Un enfant aura de mauvais résultats scolaires, fera preuve d'indiscipline, fera des bêtises de toutes sortes, jouera au mythomane… tout cela dans l'intention d'obtenir de la reconnaissance, même si elle est négative. Quand le couperet tombe, il est satisfait, il a gagné : la sanction est dans son esprit la seule reconnaissance qu'il pouvait espérer. Le SOS a fonctionné.

Le risque est que la relation reste bloquée sur un lien caractérisé par le négatif.

À l'opposé, quoique plus rare, le signal de détresse se manifeste par des résultats scolaires exceptionnels. Bien que peu d'éducateurs prennent en compte cet aspect de la question, des A+ partout peuvent traduire un mal-être et constituer de véritables appels au secours trop souvent sous-estimés. Si tel n'était pas le cas, le nombre de suicides de jeunes qui réussissent parfaitement leur cursus scolaire ne serait pas aussi élevé.

Reconnaître l'être, le faire ou l'avoir ?

Nombre d'enfants ont le sentiment de n'être reconnus que pour ce qu'ils font et non pour ce qu'ils sont. En d'autres termes, ils ont le sentiment que leur environnement n'apprécie que l'objet qu'ils produisent et non le sujet qu'ils sont. Ils ont le sentiment que pour obtenir de la reconnaissance il faut toujours « faire » ou « avoir », car « être » ne semble pas suffire. Nous abordons ici un point particulièrement important pour l'éducateur et le manager.

Aussi surprenant que cela puisse paraître, beaucoup de responsables adultes en sont restés à l'un des stades du développement du nourrisson : ils perçoivent et se représentent les autres – et sans doute eux-mêmes – au travers du prisme du célèbre « stade anal ».

Freud le décrit comme l'étape de développement psychologique au cours de laquelle le bébé confond sa personne et sa « production ». L'enfant est incapable à ce stade de faire la distinction entre qui il est et ce qu'il fait : il confond « l'être » et « le faire ». Si son développement se déroule normalement, l'enfant se libère progressivement de cette confusion ; il découvre que ce qu'il produit n'est pas assimilable à ce qu'il est ; il se révèle à lui-même et aux autres comme un individu unique avec une identité unique, donc incomparable. C'est d'ailleurs pourquoi il ne peut accepter d'être jugé ou comparé. Il ne s'attend légitimement à un jugement des autres que sur le faire ou l'avoir.

Convenons que chez un responsable adulte, ce stade devrait être dépassé depuis longtemps. Et pourtant… Qui ne s'est jamais traité d'idiot après avoir fait une simple erreur ? Qui n'a jamais traité un enfant de maladroit après qu'il eut commis une simple maladresse ?

Qui n'a jamais qualifié quelqu'un de nul après s'être tout simplement trompé ?

EXEMPLES DE CONFUSION ENTRE IDENTITÉ ET ACTION

Lors d'une visite dans une entreprise industrielle, un cadre me montrait fièrement l'étiquette qu'il avait apposée sur sa porte, sur les conseils d'un consultant avisé dont il vaut mieux taire le nom : « Si vous venez me voir avec un problème, le problème, c'est vous ! »

Dans la même veine, peut-être vous rappelez-vous le départ de Christophe Dechavanne de TF1, il y a quelques années. Alors qu'il était reproché à son émission un niveau d'audience insuffisant, c'est sa personne et non son émission qui a été qualifiée : « Christophe Dechavanne est un accident industriel. »

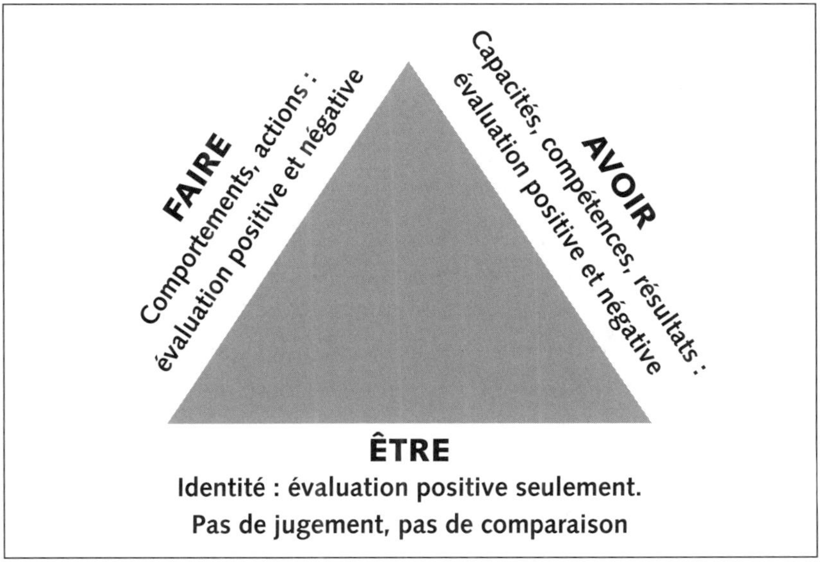

Faire la confusion entre l'être (l'identité de la personne), le faire (ses actions) et l'avoir (ses capacités, ses compétences, ses résultats), ce n'est pas une erreur, c'est une faute !

L'EFFET PYGMALION

Coller une étiquette inappropriée sur l'identité d'une personne peut avoir des conséquences insoupçonnées.

L'étude réalisée par les Drs Robert Rosenthal et Lenore Jacobson, publiée en 1968 sous le titre *Pygmalion in the classroom,* est à cet égard révélatrice. Bien qu'elle ait été menée en milieu scolaire, le manager pourra en tirer un enseignement utile. Je vous fais grâce du contenu exhaustif de l'étude qui serait un peu fastidieux. Je préfère vous en présenter l'un des aspects sous la forme d'une photo instantanée. Vous en retiendrez ainsi l'essentiel.

Un psychotechnicien rend visite à des enseignants en leur demandant si, dans le cadre d'une étude au niveau de l'État, ils accepteraient d'effectuer des tests auprès de leurs élèves dans le but de mesurer leur quotient intellectuel. Les enseignants acceptent. Les élèves se soumettent donc aux tests de QI et, à l'issue de la séance, le psychotechnicien jette un coup d'œil rapide et confie à l'enseignant : « Le petit Peter devrait vous étonner cette année, car il a un QI exceptionnel. En revanche, le petit Paul devrait vous poser quelques problèmes… mais nous en reparlerons à la fin de l'année si vous le voulez bien, car je souhaite vous remettre en main propre les résultats d'ensemble. » Cette procédure est systématiquement appliquée dans toutes les classes.

À la fin de l'année scolaire, le psychotechnicien revient, et l'ensemble des enseignants lui disent à peu près ceci : « Étonnants, ces tests psychotechniques ! Le petit Peter que je pensais être un élève moyen s'est totalement révélé cette année, alors que le petit Paul dont on m'avait vanté les aptitudes a eu beaucoup de difficultés. » Jusque-là, rien de surprenant. Sauf que le psychotechnicien avait inversé les résultats des tests : Peter avait en fait le QI le plus faible et Paul le QI le plus élevé ! L'enseignant a été influencé par l'avis du psychotechnicien et son attitude envers ses deux élèves en a été affectée tout au long de l'année.

La puissance de l'effet Pygmalion se vérifie de la même manière en entreprise. Selon l'idée que le manager se fait d'un collaborateur, il l'aidera consciemment et/ou inconsciemment à échouer ou à progresser.

Le collaborateur irrécupérable, que l'on se « refile » de service en service, arrive avec une telle étiquette collée sur son identité qu'il est bien entendu placé dans des conditions idéales pour valider son « irrécupérabilité » ! S'il était vraiment irrécupérable, comment expliquer que dans une autre entreprise, dans une autre ville, où personne ne le connaît, où personne ne l'a « catalogué », il puisse se faire reconnaître comme une personne de valeur et un professionnel compétent, et qu'il puisse s'épanouir professionnellement et réussir ?

Les étapes de la reconnaissance managériale

En matière de reconnaissance, le préalable est que le manager se libère de ses *a priori*, qu'il fasse preuve de sincérité et d'authenticité dans l'usage des signes de reconnaissance. Pour un résultat optimal, il lui sera utile de respecter un processus en cinq étapes. Prenons l'exemple d'un entretien intermédiaire.

1. Tout d'abord, le manager valorisera son collaborateur en tant que personne.

2. Il mettra ensuite l'accent sur l'énergie, le temps et les efforts investis.

3. La troisième étape consistera à mettre en lumière les points positifs et les progrès réalisés.

4. Le manager abordera ensuite les points négatifs en demandant au collaborateur de proposer des actions correctives.

5. Enfin, il exprimera à nouveau sa confiance en son subordonné, confirmera son soutien pour l'accompagner et rappellera son exigence de réussite pour le projet.

D'une manière générale, le manager s'attachera à ce que son collaborateur le quitte avec un état émotionnel plus positif et un niveau de motivation plus élevé qu'au début de l'entretien. Il le sécurisera et renforcera sa confiance en soi et en ses capacités. De plus, il sera attentif à une égalité de traitement de tous les membres de son équipe et veillera donc à les manager de manière équitable.

OPTEZ POUR UN MANAGEMENT ÉQUITABLE !

Toute personne est sensible à l'équité de traitement. L'équité est donc une forme de reconnaissance particulièrement appréciée. Lorsque l'équité est violée, les enfants l'expriment par un « C'est pas juste » rageur ou éploré. Les adultes ont aussi leur palette de réponses à la violation de l'équité, qui vont de la passivité à la violence en passant par la stratégie de la « peau de banane ». La rétribution étant la somme de la reconnaissance financière et de la reconnaissance non financière, la formule de l'équité managériale est donc :

$$\frac{\text{Reconnaissance financière + non financière (rétribution)}}{\text{Contribution}}$$

Le collaborateur évalue l'équité *via* deux questions simples qu'il se pose un jour ou l'autre :
– « Est-ce que ma contribution dans la fonction que j'occupe reçoit une juste rétribution ? »
– « La reconnaissance que je reçois est-elle de même niveau que celle que reçoit mon collègue de travail ? »

Lorsque la réponse à la première question est positive, il se pose la deuxième. Si la réponse à celle-ci lui montre que le rapport entre sa rétribution et sa contribution est plus ou moins identique au rapport rétribution/contribution de l'autre, le collaborateur considère la situation acceptable.

$$\frac{\text{R moi}}{\text{C moi}} \approx \frac{\text{R autre}}{\text{C autre}}$$

En revanche, lorsque le rapport entre sa rétribution et sa contribution est inférieur au rapport rétribution/contribution de l'autre, le collaborateur considère la situation injuste.

$$\frac{\text{R moi}}{\text{C moi}} < \frac{\text{R autre}}{\text{C autre}}$$

Le collaborateur met alors en œuvre consciemment et/ou inconsciemment, l'une des quatre stratégies suivantes pour tenter de rétablir la situation.

1. R moi : il demande une rétribution supérieure.

2. C moi : il réduit sa contribution.

3. R autre : il agit pour faire baisser la rétribution de l'autre.

4. C autre : il agit pour faire augmenter la contribution de l'autre.

Il est à noter que certaines personnes ne peuvent exprimer leur demande de reconnaissance qu'à travers l'argent. Cette façon de faire est très souvent un indicateur de sous-dosage de reconnaissance non financière. Comme l'argent est une manière simple d'exprimer son manque, c'est vers la demande de reconnaissance financière que se tournent ces personnes.

Est-ce à dire que la reconnaissance financière n'a pas d'importance ? C'est un aspect important certes mais, comme nous l'avons vu, ce n'est pas le seul et ce n'est pas le plus déterminant. C'est tellement vrai que chacun pourrait trouver un travail mieux rémunéré dès demain matin. Si une personne reste à son poste, c'est parfois par obligation alimentaire, et c'est bien dommage. Ce peut aussi être, et c'est heureux, parce qu'elle y trouve un intérêt au-delà de la seule rémunération. Sinon, elle serait prête à se vendre au plus offrant et pourrait, à l'extrême, devenir mercenaire, ce qui n'est sans doute pas le meilleur moyen pour se sentir bien et être performant.

MasterManager®

Veillez à votre équité managériale ! Elle agit directement sur le niveau de contribution de vos collaborateurs.

La maturité de vos collaborateurs

Le manager doit pouvoir mettre en œuvre le style de management le plus adapté au niveau de maturité de ses collaborateurs. Plus ils sont nombreux, plus il doit faire preuve de flexibilité et d'agilité comportementale.

La méthode du management contextuel, ou Leadership situationnel®, peut l'aider à développer cette compétence. Ainsi entraîné à adopter un comportement approprié, le manager améliore la qualité de sa relation avec ses collaborateurs et contribue davantage à leur réussite au quotidien. Il accordera autant d'importance au comportement d'orientation, aux actions et aux résultats de la personne, qu'au comportement d'encouragement qui concerne la personne elle-même.

Le comportement d'orientation

Quand le manager est centré sur la tâche, sur le travail à accomplir, sur les résultats, c'est le comportement d'orientation. Le manager indique en détail au subordonné ce qu'il doit faire, comment, quand, où, avec qui… Le comportement centré sur la tâche porte avant tout sur le travail à accomplir et sur l'atteinte des objectifs. La communication est à sens unique manager-managé.

Le comportement d'encouragement

Quand le manager est centré sur la personne, les échanges, la relation, c'est le comportement d'encouragement. Le manager s'engage alors dans une démarche relationnelle, il est proche de son collaborateur, lui facilite le travail, écoute, clarifie, rassure, accompagne.

Les niveaux de maturité

Selon Hersey et Blanchard, la maturité d'un collaborateur se mesure en considérant deux critères. Le premier est la compétence, le « savoir-agir », la capacité, l'expérience… qui conduit à la maturité professionnelle. Le deuxième est la motivation, le « vouloir-agir », la responsabilité, l'autonomie… qui conduit à la maturité psychologique. L'intersection entre ces deux critères, compétence et motivation, donne quatre niveaux de maturité :

1. le collaborateur est non compétent et non motivé ;

2. le collaborateur est non compétent et motivé ;

3. le collaborateur est compétent et non motivé ;

4. le collaborateur est compétent et motivé.

Styles de management

Selon le niveau de maturité de son collaborateur et le contexte, le manager choisit le style de management le plus approprié parmi les quatre styles qui sont à sa disposition, les deux premiers étant autocratiques et les deux derniers participatifs.

1. Si le collaborateur est au niveau de maturité 1 (non compétent et non motivé), le manager adopte le style « directivité ». Le collaborateur travaille au niveau de compétence 1. Le manager décide, dit au collaborateur ce qu'il doit faire, comment il doit le faire dans le détail, avec quels moyens, quand, où, avec qui, etc. Le contrôle, le *feed-back* (gratification, recadrage ou sanction) sont immédiats.

Ce style structurant est fortement centré sur l'orientation.

2. Si le collaborateur est au niveau de maturité 2 (non compétent et motivé), le manager adopte le style « conviction ». La communication est encore essentiellement dans le sens manager-managé. Celui-ci n'a peut-être pas encore toute la formation nécessaire, mais il est motivé et disposé à effectuer le travail. Le manager explique donc en détail le travail au collaborateur avec une stratégie de conviction. Il lui donne des renseignements, lui offre la possibilité de poser des questions et d'échanger. Il le rassure.

Ce style mobilisateur est autant centré sur l'orientation que sur l'encouragement.

3. Si le collaborateur est au niveau de maturité 3 (compétent et non motivé), le manager adopte alors le style « concertation ». Le manager est surtout centré sur les relations et le partage de la responsabilité avec le collaborateur. Celui-ci a l'expérience, les compétences et les connaissances nécessaires pour effectuer le travail, même s'il a quand même besoin du manager pour pouvoir l'exécuter selon les normes établies. Le manager et le collaborateur souhaitent tous les deux que le travail soit fait dans les meilleures conditions. La décision fondamentale revient encore au manager, mais il ne la prend qu'après avoir consulté le collaborateur.

Ce style collaboratif prépare le collaborateur à l'ultime étape, celle de la prise en charge pleine et entière de son champ de responsabilité.

4. Si le collaborateur est au niveau de maturité 4 (compétent et motivé), le manager adopte le style « délégation ». Le manager indique au collaborateur le travail à faire, avec un minimum de directives et d'engagement personnel. Il est peu centré sur l'orientation et l'encouragement. La décision est prise par le collaborateur. Le manager garde cependant à l'esprit que la responsabilité finale lui incombe toujours, et ceci quel que soit le résultat produit par le collaborateur.

Ce style, que tout manager doit viser et maîtriser, lui permet d'engager, d'autonomiser et de responsabiliser au maximum. C'est l'une des compétences majeures du responsable.

MasterManager®

Cultivez votre agilité ! C'est au manager de s'adapter à son collaborateur et non l'inverse.

Responsable ou coupable ?

Dans responsabilité, il y a « *response* » (réponse) et « *ability* » (aptitude). Le responsable est effectivement celui qui a l'aptitude à répondre. Répondre de ses décisions, de ses actes, en assumer les conséquences. C'est celui qui est également capable de donner des réponses, si possible de bonnes réponses.

Entrez dans un magasin et demandez : « Qui est responsable de l'agencement de la vitrine ? » La personne concernée se mettra instantanément dans un état de tension, d'inquiétude, voire de défensive. Dites-lui alors : « Je tiens à vous féliciter pour la qualité de votre agencement ! » Sous le choc, elle restera figée, incapable d'apprécier votre compliment !

« Soyez responsables », « Prenez des responsabilités », « Responsabilisez vos collaborateurs ». Omniprésente dans l'entreprise, la notion de responsabilité est ambiguë. On attend d'un responsable qu'il prenne ses responsabilités, certes, mais il arrive qu'il soit désigné comme coupable et qu'il soit jeté dans la fosse aux lions. Le statut de responsable est alors perçu comme un piège. Les candidats à la responsabilité ne se bousculent donc pas au portillon.

La responsabilité est en effet difficile à assumer quand on est déclaré responsable d'une faute que l'on n'a pas commise. Un manager peut ainsi se retrouver devant un tribunal alors qu'il n'a strictement rien à se reprocher. La fameuse déclaration de Georgina Dufoix : « Responsable, mais pas coupable » a fait couler beaucoup d'encre surtout parce qu'elle était inopportune dans le dramatique contexte du sang contaminé. Dans un autre contexte, cette phrase n'aurait sans doute pas été relevée, car elle ne fait que traduire une réalité : un responsable subit les conséquences de fautes commises par ses subordonnés. Il en assume la responsabilité sans pour autant en être coupable.

RESPONSABILITÉ ET DÉLÉGATION

Nicolas, chef de service, reçoit de son manager une délégation qui lui confère la responsabilité d'un chantier, en tout cas en théorie. Lorsqu'une demande de quelque nature que ce soit concerne ce chantier, elle doit être adressée à Nicolas.

Or, pour gagner du temps ou pour toute autre bonne raison, le manager peut être tenté d'intervenir directement auprès des ouvriers. Avec ce court-circuit hiérarchique, il vole la responsabilité de Nicolas. Cette situation fréquemment rencontrée dans l'entreprise, est la conséquence de l'ambiguïté du lien entre responsabilité et délégation.

Lorsque l'on pose la question : « Qui est responsable de ce chantier ? », la réponse qui vient automatiquement est « Nicolas ». Or, comme Nicolas n'a reçu qu'une délégation pour diriger ce chantier, il n'en est pas le véritable responsable. Il en a la responsabilité opérationnelle. La responsabilité finale ne lui incombe pas. C'est en effet le manager qui porte la responsabilité finale du chantier. Et ceci quelle qu'en soit l'issue, positive ou négative.

La notion de responsabilité dans la délégation demande, on le voit bien, à être clarifiée, sous peine de graves problèmes dans la relation managériale.

Principes de la responsabilité

En tant que responsable, le manager est tenu d'accepter les règles du jeu de son statut et la responsabilité qui y est attachée. Sinon, il risque de perdre sa crédibilité et de créer un modèle de fuite qui peut faire tache d'huile et polluer la culture globale de l'entreprise. L'exemplarité n'est pas un vain mot. Le manager qui assume ses responsabilités peut s'attendre à ce que ses collaborateurs assument les leurs.

Pour un manager, assumer ses responsabilités exige souvent un certain courage, en particulier dans les périodes difficiles. C'est dans les tempêtes que la responsabilité du capitaine est mise à l'épreuve. Il doit remplir sa mission et faire en sorte de ramener son navire à bon port.

De même, le manager doit remplir sa mission en assurant la pérennité de l'entreprise. En tant que responsable, il a un certain nombre d'exigences légitimes à l'égard de ses collaborateurs. Il doit savoir leur fixer le cap, c'est-à-dire les cadrer, puis les recadrer en cas d'erreur, les recadrer encore en cas de renouvellement de l'erreur. Il doit aussi, et ce n'est pas le plus facile, être capable de sanctionner, voire de couper la relation en cas de faute, surtout si la sécurité du navire est menacée.

Le manager qui est trop sensible à ce que les autres pensent aura des difficultés à assumer ses décisions et leurs conséquences, donc à assumer ses responsabilités. Craindre le jugement des autres peut amener le manager à renoncer à une décision nécessaire, ce qui revient à transférer sa responsabilité sur les autres. Craindre le jugement des autres, c'est violer l'un des sept principes de la responsabilité.

1. Être autonome (ce qui ne veut pas dire indépendant).

2. Décider et ne pas craindre le jugement des autres (tout en sachant les entendre).

3. Être compétent dans son domaine de délégation (ce qui ne signifie pas être le meilleur expert du domaine).

4. Être conscient de ses limites (ce qui signifie savoir prendre des risques mesurés).

5. Avoir une vision claire et réaliste de sa mission (ce qui ne veut pas dire sans ambition).

6. S'engager pleinement dans l'action (ce qui est bien davantage que la simple implication).

7. Accepter les règles du jeu avec les principes du droit à l'erreur et de la sanction (c'est-à-dire fair-play et réalisme opérationnel).

Ces principes appliqués au quotidien contribuent de façon significative à la performance. Cela se vérifie en particulier dans l'exercice de la délégation.

MasterManager®

Répondre est par définition la fonction du responsable !

Déléguer n'est pas léguer !

Lorsqu'une délégation est bien construite, elle facilite considérablement la performance. Quand elle est approximative, elle conduit inéluctablement à des dysfonctionnements de tous ordres et de tous niveaux, parfois mineurs, parfois majeurs.

Que nous soyons un manager-délégateur ou un managé-délégataire, nous devrions respecter l'hygiène managériale qui consiste à passer systématiquement et régulièrement en revue tous les critères d'une délégation réussie.

Petite histoire de la délégation

La délégation est le contrat qui devrait régir toutes les relations managériales dans l'entreprise. Ce contrat est le résultat d'une évolution présentée ci-après sous une forme volontairement schématique :

Jusqu'aux années 1960. C'est l'ère de l'autocratie. Le manager de droit divin règne en maître. La dictature managériale a droit de cité. Le style de management est directif et l'encadrement a pour fonction principale de faire exécuter ce qui a été conçu à des niveaux hiérarchiques supérieurs par des esprits, eux aussi, nécessairement supérieurs !

Les années 1970. C'est l'ère de la démagogie. La société, comme si elle voulait se faire pardonner la rigueur passée, plonge dans le laisser-faire et l'illusion de la liberté. C'est l'époque de la libération des mœurs, du « *Peace and Love* », du « Tout le monde il est beau, tout le monde il est gentil ». Dans le domaine éducatif, c'est l'époque des expériences comme celle de l'école de Summerhill en Grande-Bretagne, où les élèves sont libres d'assister aux cours selon leur bon vouloir. Les référentiels traditionnels explosent. De nouveaux référentiels émergent. Les gourous et sectes de tout poil prolifèrent. Dans ce contexte, managers et managés sont quelque peu désorientés. On le serait à moins.

Les années 1980. C'est l'ère de la compétition. Les métaphores et le vocabulaire du sport abondent et envahissent l'entreprise : terrain de jeu, règles du jeu, carton jaune, carton rouge, arbitrer, respecter ou écraser l'adversaire, créer la cohésion d'équipe, gagner des médailles, siffler la fin du match… Les gagnants fascinent et sont adulés. Les perdants sont voués aux flammes de l'enfer. Pour réussir, tout est permis. La fin justifie trop souvent les moyens.

Les années 1990. Bien que l'entreprise ne soit pas une démocratie – surtout pas ! –, elle en adopte certains principes. Le management participatif commence à produire des effets. On redécouvre que les collaborateurs ont des idées et qu'ils peuvent contribuer à la réflexion… il était temps de s'en rendre compte. La société et les entreprises comprennent qu'après l'ersatz de liberté des années 1970 et après les excès des années 1980, la véritable liberté exige un cadre rigoureux avec des règles précises. On redécouvre pour le management ce qu'affirmait naguère Igor Stravinsky pour la musique : « Plus l'art est contrôlé, limité, travaillé, plus il est libre. » On prend davantage conscience des conditions qui régissent les interactions entre les personnes. Elles peuvent s'engager dans l'action au sein d'un cadre précis qui leur assure davantage de sécurité et d'autonomie. Le contrat managérial prend forme.

Les années 2000. Le contrat managérial se popularise aussi bien dans les relations hiérarchiques que dans les relations fonctionnelles. Les métaphores musicales remplacent progressivement les métaphores sportives. Un manager est dorénavant perçu comme un chef d'orchestre qui, une fois la partition écrite, s'attache à donner de l'autonomie à ses musiciens pour leur permettre d'exprimer leurs talents. Il sait coordonner les chorus de chacun en faisant en sorte que la grille harmonique soit respectée. Au final, la musique produite est harmonieuse et le concert est un succès. La musique de jazz, mariage de la rigueur, de l'autonomie et de la créativité, devient la meilleure analogie de l'art managérial, comme l'a montré de façon fort pertinente John Kao dans son livre *Organiser la créativité. L'esprit du jazz.*

Ce que la délégation n'est pas

La délégation n'est pas une poubelle dans laquelle le manager jetterait ce dont il ne veut pas. Le collaborateur n'est en effet pas destiné à ne traiter que les déchets de son manager. Recevoir des missions nobles sera pour lui non seulement un signe de reconnaissance, mais un moyen de progresser pour devenir un appui de plus en plus fiable et utile pour son manager.

La délégation n'est pas une « peau de banane ». Le collaborateur doit au contraire être placé dans les meilleures conditions pour optimiser ses chances de réussite. Une délégation « peau de banane » est contreproductive, car non seulement le résultat de ladite délégation est insatisfaisant, mais le manager risque de perdre définitivement la confiance de son collaborateur pour des missions ultérieures.

La délégation inversée n'est pas une délégation. À la première difficulté rencontrée, à la moindre demande de son collaborateur, le manager prend en charge tout ou partie de la mission qu'il avait déléguée. Il devient alors le managé, et ceci avec la meilleure intention du monde : aider le collaborateur ! L'enfer est, dit-on, pavé de bonnes intentions. Avec la délégation inversée, le manager se dirige en effet tout droit vers les affres de l'enfer managérial. Non seulement il doit mener à bien son propre travail, mais il doit de surcroît prendre en charge celui de son collaborateur. Pire, il lui vole sa responsabilité, l'empêchant ainsi de s'assumer et de grandir dans l'exécution de sa mission.

Les parents qui font les devoirs de leur enfant, ça vous rappelle quelque chose ? Est-ce le meilleur moyen d'autonomiser et de responsabiliser ?

Lorsque le manager est victime d'une tentative de délégation inversée, il doit, dans son intérêt et dans celui de son subordonné, opposer un refus poli mais ferme. Au lieu d'accepter d'importer le problème de son collaborateur, le manager lui reprécise que ce n'est pas son rôle. Il est à ce poste non pour faire à sa place, mais pour l'aider à faire lui-même. Une condition doit être posée en préalable : que le collaborateur propose au moins trois solutions au problème auquel il est confronté.

Pourquoi trois solutions ? Parce qu'avec une seule solution, le manager serait face à un non-choix, ce qu'il doit refuser. De même, il s'interdit de se pencher sur deux solutions. En effet, si elles se valent, il devra aider son collaborateur à sortir d'un dilemme. Le minimum requis par le manager est donc trois solutions. D'ailleurs le choix ne commence-t-il pas à trois ?

Quand le collaborateur est amené à réfléchir à trois solutions avant d'obtenir l'aide de son manager, il réussit curieusement à résoudre bien plus de problèmes par lui-même ! Le refus systématique de toute délégation inversée serait-il facteur d'autonomie, de responsabilité et de performance ?

Ce qu'est la délégation

La délégation est un contrat gagnant-gagnant qui exige un rapport de confiance mutuelle. Déléguer c'est essentiellement accorder sa confiance. Or, pour donner sa confiance, encore faut-il en avoir. Nombre de managers qui ont des problèmes de délégation ont en réalité des problèmes de confiance en soi. Et comme on ne peut donner que ce que l'on a, ils sont dans l'incapacité de donner leur confiance, de faire confiance, donc de déléguer.

Déléguer, c'est transférer du pouvoir à un collaborateur. Il doit s'agir d'un réel transfert de pouvoir qui permet au collaborateur d'être le véritable maître à bord, d'être le responsable opérationnel d'une mission, c'est-à-dire d'être capable de répondre de ses décisions sans devoir en référer toutes les cinq minutes à son manager.

Déléguer, c'est conserver la responsabilité de la mission jusqu'à son achèvement. Déléguer et léguer ne sont pas synonymes. Le manager nomme le responsable d'une mission et conserve la responsabilité de ladite mission ! Paradoxe et ambiguïté du langage ! C'est pourquoi il est utile de distinguer la responsabilité opérationnelle et la responsabilité finale.

Lorsque le collaborateur aura réussi, le manager en tirera bien entendu lui aussi les bénéfices, mais il mettra en valeur son collaborateur auprès de la direction générale. En revanche, lorsqu'il aura échoué, le manager en portera toute la responsabilité devant sa hiérarchie.

Si, en cas de succès, le manager tire la couverture à lui pour recevoir les lauriers en solitaire, et qu'en cas d'échec il se désolidarise de son collaborateur et le laisse assumer seul les conséquences, il a peut-être le statut de manager mais certainement pas la trempe d'un responsable !

LE CADRE DE LA DÉLÉGATION

Examinons le cadre dans lequel s'exerce une délégation de qualité, le détail du contrat managérial entre le manager et son collaborateur.

1. Fixer l'objectif. Il convient tout d'abord de donner au collaborateur une perception claire du résultat à atteindre et de ses conséquences.

2. Déterminer les ressources nécessaires à la mission. Commençons par le temps, parce qu'il s'agit d'une ressource particulière. Elle est précieuse parce qu'éphémère et irremplaçable. Le temps est en effet la seule ressource pour laquelle il n'existe aucune possibilité de substitution. On peut remplacer une personne ou une machine, on ne peut pas remplacer le temps. D'où sa valeur inestimable, malheureusement souvent sous-estimée.

Temps	→ quantitatif (exemple : six mois selon tel échéancier).
	→ qualitatif (exemple : rotation en « deux-huit », équipe de nuit-équipe de jour).
Ressources humaines	→ quantitatives (exemple : 10 personnes).
	→ qualitatives (exemple : compétences spécifiques).
Ressources matérielles	→ quantitatives (exemple : 5 machines).
	→ qualitatives (exemple : type, caractéristiques techniques).

Ressources financières → quantitatives (exemple : 100 000 €).
→ qualitatives (exemple : cash, leasing, crédit de campagne).

Système d'information → quantitatif (exemple : accès à 3 sources d'information).
→ qualitatif (exemple : base de gestion des connaissances, réseau de branche professionnelle, réseau interne).

3. Échanger sur le plan d'action, l'objectif étant fixé et les ressources déterminées. Le manager prend soin de laisser l'initiative de la trajectoire à son collaborateur. Si celui-ci le lui demande – et seulement dans ce cas – il peut suggérer un ou plusieurs itinéraires possibles, mais à titre purement indicatif. Pour lui éviter de tomber dans un piège en cours de mission et pour le sécuriser au maximum, le manager précise les dangers potentiels, les voies sans issues et les sens interdits. Enfin, il n'omet pas d'indiquer aux autres membres de l'équipe, ainsi qu'à toute personne ou service en lien avec cette mission, que c'est ce collaborateur qui en est le responsable opérationnel à compter de telle date.

4. Se mettre d'accord sur un dispositif de suivi et de contrôle. Il s'agit d'organiser la responsabilisation et l'autonomisation progressives du collaborateur en fonction de son niveau de compétence, de son expérience, de sa maturité.

a. Action accompagnée

b. Délégation partielle avec un compte rendu immédiat.

c. Délégation maximale avec un compte rendu selon les échéances fixées.

Les paramètres incontournables de la délégation

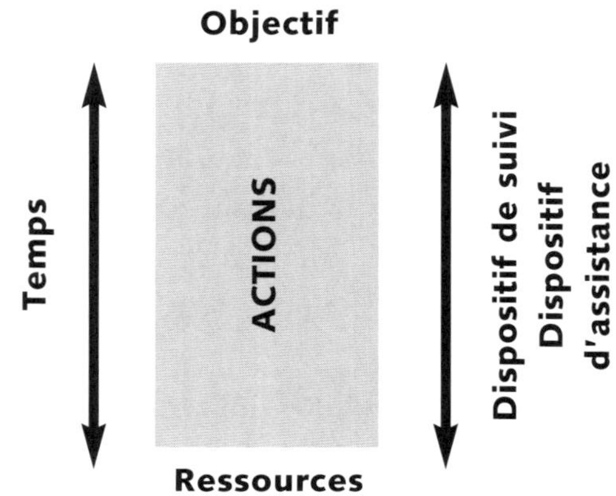

Objectif, ressources, plan d'action, dispositif d'assistance, dispositif de suivi sont les paramètres incontournables

Pour chaque étape intermédiaire du suivi, il est décidé d'utiliser des indicateurs qui permettront d'évaluer l'avancement de la mission et de décider d'éventuelles mesures correctives. Lors de la dernière étape, il est prévu une évaluation finale, un dispositif de révision ou de reconduction et une action de gratification en cas de succès.

5. Prévoir enfin un dispositif d'assistance. En cas de problème grave, dont les critères sont à définir avec précision, le collaborateur a obligation d'actionner un signal d'alarme. À réception de ce signal d'alarme, le manager a obligation d'intervenir. Et il ne peut prétexter être injoignable pendant une semaine. En cas d'absence, il doit affecter une personne à la fonction de secours. Si le collaborateur est en danger et qu'il ne peut obtenir ce service de secours, ce n'est pas une erreur de la part du manager, c'est une faute !

• **Assistance ne signifie pas assistanat.** Un dispositif d'assistance n'est évidemment pas destiné à être utilisé pour n'importe quel événement mineur. Si tel est le cas, si le collaborateur appelle au secours à la moindre difficulté, il convient de revoir avec lui les critères d'évaluation du danger. De son côté, tant qu'il ne reçoit pas de signal d'alarme, le manager s'interdit d'intervenir entre les étapes qui ont été planifiées pour le suivi, sauf dans deux cas :

– une situation de danger extrême que le collaborateur n'aurait pas perçue ;
– une violation caractérisée du contrat de délégation, c'est-à-dire une faute qui appelle une sanction immédiate.

Ces deux exceptions sont fort heureusement assez rares. Ce qui l'est moins, c'est le manque de confiance qui taraude le manager et qui l'amène à violer en permanence le périmètre de délégation du collaborateur. Parce ce qu'il voit son collaborateur patauger dans les problèmes le vendredi après-midi, il peut être tenté d'intervenir tout de suite sans attendre la prochaine réunion de suivi prévue lundi matin. Ce serait une erreur.

Si le manager veut développer l'autonomie de son collaborateur, s'il veut le faire progresser, s'il veut le faire grandir, il doit attendre patiemment de recevoir son signal d'alarme. S'il n'est pas activé, c'est que le collaborateur a de bonnes raisons de ne pas le faire et il s'en expliquera lundi matin pendant la séance de débriefing. Il faut que le manager fasse preuve de sang-froid pour patienter jusque-là et s'obliger à ne pas aller trop vite…

MasterManager®

L'aptitude à déléguer est proportionnelle au niveau de confiance en soi du manager !

PARTIE 6

Les facteurs externes

Les facteurs externes ont un effet direct sur la performance. La complexité, le changement ou la vitesse par exemple sont des générateurs de stress auxquels le manager doit donner des réponses adaptées. Il doit pour cela disposer de l'équipement nécessaire, d'une palette d'outils efficaces, d'un profil spécifique, d'une formation adéquate.

Sommaire

Ne pas confondre vitesse et précipitation !

« La vitesse devient un élément fondamental. »
Henri Lachmann, Président du Conseil de Surveillance de Schneider Electric

La culture ambiante a une caractéristique nouvelle : la vitesse. Nous sommes tous soumis à une exigence accrue de vitesse. C'est l'une des composantes visibles du changement. Dans l'entreprise, nous nous éloignons de plus en plus du temps différé pour nous approcher du temps réel : flux tendu, service 24 heures sur 24, livraisons express.

La technologie contribue considérablement à ce mouvement : il est aujourd'hui possible d'obtenir des informations précises en temps réel sur ce qui se passe à l'autre bout du monde, de se déplacer d'une ville à une autre en un temps record, de communiquer instantanément avec une personne située aux antipodes, de changer de programme de télévision en une seconde…

Dans le même temps, cette technologie a façonné nos mentalités et nos comportements, au point de créer une nuée d'« *Homo zappens* » atteints de versatilité chronique. Ceux-ci exigent des réponses en temps réel, parfois même avant que la demande ait été exprimée ! La tendance est à l'impatience, le zéro délai a imprégné notre société. Et lorsque la demande n'est pas immédiatement satisfaite, le zapping se déclenche automatiquement tel un airbag, sans que nous ayons le temps de réagir.

Pour le manager, la tentation est grande de se conformer à cette mouvance, surtout quand de grands dirigeants comme Jack Welch, l'ex-président de General Electric l'y invitent : « J'ai appris par l'expérience, de multiples façons, que si je regrettais rarement de passer à l'action, je regrettais souvent de ne pas le faire assez vite. »

LE BON RYTHME

« On oublie que tout le monde ne peut pas courir au même rythme. »
Jean-Frédéric Bernard, ex-DG Parfums Van Cleef & Arpels

Si l'entreprise doit apprendre à agir vite, elle doit aussi apprendre à le faire avec un niveau de sécurité acceptable. Il convient en particulier de vérifier si toutes les composantes sont capables de supporter le rythme qui a été décidé, car celui-ci peut mettre en péril l'ensemble d'un projet.

La vitesse globale d'un système ne peut en effet excéder celle de l'élément le plus lent. Les amateurs d'escalade le savent bien : en cordée, la progression du groupe est conditionnée par le maillon le plus « faible ». Il ne pourrait d'ailleurs en être autrement.

La performance exige donc d'identifier les capacités de chacun des maillons, de prendre en compte les interactions entre eux, et de respecter le subtil équilibre de l'ensemble. Lorsque le responsable décide de mettre le groupe en mouvement, il imprime le léger déséquilibre qui lui permet de commencer à avancer. C'est le principe de la marche : d'abord un déséquilibre pour transférer le poids du corps, puis une recherche d'équilibre, ensuite un nouveau déséquilibre, puis à nouveau l'équilibre, et ainsi de suite... : coordination du corps, superbe alchimie du mouvement... grâce, fluidité, simplicité, aisance...

Ce mouvement exige de se sentir en sécurité, conforté par un manager rassurant et encourageant. Il exige aussi un rythme adapté pour éviter de frustrer l'ensemble des autres membres de l'équipe, et bien entendu pour éviter la mise en péril du projet. Le manager doit se poser « très vite » les deux questions suivantes :
– Les progrès du maillon le plus faible permettent-ils d'espérer un rythme acceptable par tous ?
– Est-il préférable de transférer ce maillon dans une autre équipe moins exigeante (dans la perspective éventuelle de le rapatrier dès que les progrès seront réalisés) ?

N'est-ce pas les mêmes questions auxquelles un enseignant doit répondre face à la cohabitation d'enfants d'un niveau standard avec un enfant en difficulté ? Il peut décider de mener sa classe au rythme de l'enfant en difficulté, au risque de frustrer, faire souffrir voire condamner les autres. Il peut aussi choisir de le laisser au bord de la route, ce qui serait inacceptable. Il peut enfin le transférer dans une autre classe plus adaptée à son niveau. Cette décision doit être bien réfléchie, car elle a des conséquences importantes sur la performance de la classe dans son ensemble.

Dans l'entreprise, il en est de même. Donner des réponses à ces questions permet au manager de décider. Reporter la décision ne résout évidemment rien et ouvre la porte vers la contre-performance et l'échec. Une mauvaise décision est toujours préférable à une indécision ou un report *sine die*. Le changement qui suit une décision sera de toute façon salutaire pour la personne, pour l'équipe et pour l'entreprise.

Le manager doit donc savoir mettre en œuvre cette compétence à décider et à initier le changement. Encore faut-il qu'il perçoive l'importance du changement dans la dynamique de performance.

MasterManager®

Vitesse à l'extérieur de l'entreprise n'implique surtout pas précipitation à l'intérieur!

Répondre au changement

« Rien n'est permanent sauf le changement. »
Héraclite

Le changement a toujours existé. Toutefois, les individus et les organisations lui donnent une réponse plus ou moins appropriée selon qu'ils en sont conscients ou non, et selon leur niveau d'équipement pour y faire face. Si nous ne sommes pas tous capables de répondre de façon parfaite au changement, nous ne pouvons pas en tout cas l'ignorer, ce que l'humoriste Francis Blanche traduisait de façon pertinente par sa fameuse contrepèterie : « Face au monde qui change, il vaut mieux penser le changement que changer le pansement. »

Pour donner une réponse pertinente au changement et éviter d'agir sur un mode exclusivement réactif, il faut en effet réfléchir, prendre du recul, analyser et, bien entendu, anticiper.

Par exemple, la plupart des spécialistes estiment qu'à l'horizon 2060, nous risquons de ne plus disposer d'une seule goutte de pétrole, car les réserves mondiales seront à cette époque épuisées. Cette situation peut être considérée comme catastrophique. En fait, c'est une chance extraordinaire de savoir si longtemps à l'avance qu'un facteur déterminant de survie, à savoir l'approvisionnement, est appelé à disparaître.

Que font aujourd'hui les entreprises pétrolières face à cette menace ? Elles attendent patiemment la catastrophe annoncée ? Elles s'agitent fébrilement pour trouver des approvisionnements de substitution ?

Elles réfléchissent calmement à une alternative innovante ? Selon leur capacité à faire face à ce changement majeur, selon l'attitude qu'elles adopteront, ces entreprises survivront ou disparaîtront. Il est prévisible que leur métier changera radicalement. L'une des hypothèses évoquées est que les stocks de pétrole restants seront réservés à la production de kérosène pour l'aéronautique, car à ce jour, malgré quelques tentatives prometteuses, il est difficile de faire voler un avion ou une fusée avec un autre carburant.

Les entreprises pétrolières devraient se transformer en producteurs d'énergies de substitution. Les traditionnelles stations-service devraient rapidement évoluer vers des stations de distribution de carburants alternatifs comme l'hydrogène.

LE CHANGEMENT EST PARFOIS SOUDAIN

Si les entreprises pétrolières ont la chance de connaître un paramètre essentiel qui influencera leur destin à long terme, il n'en est pas de même pour toutes les entreprises. Il suffit de constater les dégâts occasionnés par l'arrivée soudaine sur le marché de nouvelles technologies, aujourd'hui accessibles à tous, ou par l'irruption de nouveaux acteurs venus d'autres pays.

Les outils Internet. Ils ont fait évoluer brutalement les comportements d'achat de musique et de films. Ce mouvement planétaire a véritablement aspiré le chiffre d'affaires des « majors » comme Universal, Sony, EMI, Warner, BMG à un point tel qu'ils ont été contraints de s'allier pour survivre.

La photo numérique. On disait encore il y a peu qu'elle ne parviendrait jamais à la qualité de définition de la photo argentique qui resterait « indétrônable ». Aujourd'hui, nombre de professionnels sont encore tout groggy de la rapidité avec laquelle la photo numérique a atteint un niveau de qualité remarquable et a littéralement fait exploser le marché.

Les technologies agroalimentaires. On pensait qu'elles étaient l'apanage de certains pays, dont le nôtre. Elles sont aujourd'hui accessibles à des pays comme le Chili, l'Afrique du Sud, la Pologne pour n'en citer que quelques-uns. Leur niveau de qualité ne peut même plus prêter à sourire, car leurs productions vinicoles ou avicoles, leur aquaculture, leurs produits conditionnés en conserves, sous vide ou surgelés, peuvent souvent rivaliser avec les nôtres.

L'Europe à 27, l'ouverture de la Chine, le développement de l'Inde, le réveil de l'Amérique du Sud et des pays de l'ex-URSS... pour ne citer que quelques exemples. Cette nouvelle redistribution des cartes, cette nouvelle répartition géographique des lieux de production et de consommation change considérablement la donne. La qualité de la production tchèque dans le domaine de la construction mécanique est aujourd'hui avérée, celle de la Chine pour les produits de grande consommation aussi. Et que dire du boom de l'Inde dans les domaines de l'informatique, des télécoms et des centres d'appels ?

De nouveaux concurrents apparaissent, c'est un risque. Et en même temps de nouveaux clients voient le jour, c'est une opportunité !

Danger et opportunité

Tous ces changements sont en effet à la fois source de contraintes, de risques, mais aussi d'opportunités, ce dernier aspect étant souvent sous-évalué. Il est intéressant de noter qu'en chinois il faut deux idéogrammes pour écrire le mot « crise » : le premier signifie « danger », le second « opportunité ». Et s'il est vrai qu'une crise est un changement qui représente un danger, c'est aussi, et nous y sommes souvent moins sensibles, une ou plusieurs opportunités, des ouvertures vers d'autres possibles, vers d'autres défis.

Voici deux questions utiles à se poser lorsqu'un changement se produit :
– Quelle représentation nous faisons-nous dudit changement : plutôt « danger » ou plutôt « opportunité » ?
– Quelle est la meilleure attitude face à ce changement ?

La nature ne se pose sans doute pas ces questions. Elle nous donne cependant de nombreux exemples d'adaptation au changement qui devraient inspirer le manager et l'entreprise.

Le cœlacanthe, poisson hybride apte à vivre dans l'univers marin et équipé de quatre ébauches de pattes qui annoncent l'évolution vers les animaux terrestres.

Les blattes qui ont traversé les pires époques subies par notre planète, en particulier celle qui a décimé les dinosaures.

Les bactéries qui survivent en s'adaptant, en trouvant en permanence des parades aux plus puissants antibiotiques.

La nature nous fournit aussi quelques remarquables contre-exemples, comme le fameux dodo, cet oiseau découvert en 1599 dans les îles de l'océan Indien et qui a été la victime consentante d'une extinction totale. En 1693, soit quatre-vingt-quatorze ans après sa découverte, il n'en existait plus un seul à la surface du globe. Comment en est-il arrivé là ? Très simplement : alors que l'environnement avait changé, alors que de nouveaux prédateurs s'étaient manifestés, il n'a pas jugé utile de modifier ses habitudes.

Bien que la résistance au changement soit dans la nature des choses, ne faisons pas comme le dodo. Gardons à l'esprit que la dynamique du changement est inscrite dans la dynamique de la vie. Et comme les organismes vivants sont par définition équipés pour la vie, ils le sont aussi pour le changement, et ceci quels que soient leur niveau de sophistication et la complexité de leur environnement.

MasterManager®

Anticipez, provoquez, accompagnez, pilotez le changement. Sinon vous risquez de le subir!

Stress, état émotionnel et performance

L'adaptation au changement d'un organisme vivant a une conséquence visible qui a été nommée stress – ou syndrome général d'adaptation – par le Dr Hans Selye, médecin canadien d'origine autrichienne.

L'homme moderne a hérité un système biologique de type animal construit pour l'homme primitif qui devait réagir – lutter ou fuir – pour assurer sa survie. Alors que nous n'en n'avons plus vraiment besoin, nous disposons encore de ce même système de défense aujourd'hui surdimensionné. Nous continuons à bénéficier d'un puissant mécanisme de production d'hormones plutôt destinées à la chasse d'animaux sauvages qu'à la conduite d'une réunion d'équipe. Cette situation nous oblige à utiliser des moyens comme le sport pour consommer notre surplus énergétique. À défaut, le trop-plein est éliminé sous diverses formes dont l'agressivité envers les autres, par exemple.

Le stress et la performance

Le stress peut être dynamisant ; on parle alors communément de stress « positif ». À l'occasion d'un événement important, il est utilisé comme facteur de concentration et de succès.

LES TROIS PHASES DU STRESS

SELON HANS SELYE, le stress comporte trois phases :

- **Première phase (phase d'alerte) :** l'organisme identifie le changement, puis se prépare à l'action (combattre ou fuir) en produisant en particulier le cortisol, l'adrénaline et la noradrénaline nécessaires.
- **Deuxième phase (phase de résistance) :** l'organisme s'adapte à un changement persistant.
- **Troisième phase :** soit l'organisme lance l'action, utilisant ainsi les hormones destinées à cet effet, soit il maintient l'alerte sans agir (inhibition de l'action) et passe à la phase d'épuisement. L'organisme étant incapable de produire durablement les hormones nécessaires à l'action sans passer à l'acte, les conséquences sur le rythme cardiaque et respiratoire, sur la production de glycémie, sur la vasoconstriction (diminution du diamètre des vaisseaux sanguins) conduisent alors inéluctablement à un état pathogène.

Le stress peut aussi fragiliser, détériorer, tarauder, et même détruire. On parle alors de stress « négatif ». Il est vécu, par exemple, à l'occasion d'une échéance décisive dans laquelle on perd ses moyens, ou lorsqu'une situation insupportable perdure et ne débouche sur aucun espoir de solution.

Le stress n'est en fait ni positif ni négatif; il s'agit d'un seul et unique mécanisme biologique dont l'impact varie selon la capacité de l'organisme à produire une réponse pertinente à un changement, à une agression.

À un même facteur stressant, tel individu, telle organisation, telle entreprise, donneront une réponse très différente. Par exemple, un

COMMENT MAÎTRISER LE STRESS

DEUX TYPES DE MÉTHODES sont à notre disposition pour maîtriser le stress : les méthodes de surface et les méthodes en profondeur.

- **Les méthodes de surface consistent à traiter les conséquences du stress : relaxation passive (sophrologie, yoga, visualisation, massage…), relaxation active (contractions musculaires, étirements, respiration profonde, automassage…), activités sportives, activités artistiques…**
- **Les méthodes en profondeur consistent à rechercher les causes du stress et à mener des actions en conséquence. Par exemple, agir pour retrouver une cohérence entre ce que l'on fait et ce que l'on souhaite faire permet d'obtenir un niveau de stress acceptable.**

De plus en plus d'entreprises, conscientes des effets du stress, investissent dans des cours de relaxation, de taï-chi chuan, des équipements sportifs, des salles de détente…

Cependant, les actions les plus efficaces sont celles qui s'intéressent aux causes. Ces actions concernent directement le manager : savoir placer les collaborateurs au meilleur poste possible, à l'endroit où ils se sentent bien, dans une mission et une fonction qui leur conviennent.

À noter que la maîtrise du stress réside en grande partie dans la concentration des actions au sein du « cadre stratégique de la performance » présenté page 149.

changement d'orientation stratégique produira chez certains de l'intérêt, de la curiosité et du dynamisme, tandis qu'il plongera d'autres dans l'inquiétude, la tension, voire l'angoisse.

Dans un rapport de 1993, le BIT (Bureau international du travail) faisait état du coût du stress lié à l'absentéisme, aux pertes de productivité, aux frais médicaux, aux indemnités de Sécurité sociale, au *turn-over*, aux décès prématurés... Ce coût était estimé à 200 milliards de dollars par an pour les États-Unis, et à 10 % du PNB pour le Royaume-Uni. Si nous appliquions ce pourcentage à la France, nous devrions ajouter un indicateur aggravant : le record du monde de consommation d'anxiolytiques.

La maîtrise du stress représente donc un important gisement de performance. Le manager le prend en compte, sauf s'il s'accroche au fameux management par le stress encore préconisé par ceux qui n'ont pas pris conscience de la dimension durable du management.

L'ÉTAT ÉMOTIONNEL ET LA PERFORMANCE

Tout organisme vivant cherche à maintenir sa structure biologique. Il est équipé à cet effet d'un système de survie. Dès qu'un manque est repéré au niveau des fonctions vitales, l'organisme agit pour rétablir l'équilibre du système. Il s'agit de ce que Cannon a nommé l'homéostasie.

En réalité, toute action est destinée à maintenir l'organisme dans un certain déséquilibre qui soit à la fois supportable et facteur de dynamisme. Ceci s'opère grâce à une formidable capacité d'adaptation aux contraintes internes et externes. C'est ce mouvement d'équilibriste qui nourrit l'évolution et la créativité. Un baromètre biologique indique en permanence si ce numéro d'équilibriste est supportable ou s'il est hors limite : c'est l'état émotionnel.

Notre état émotionnel initial conditionne le résultat de nos actions à venir. Le fait de se sentir bien au départ augmente considérablement les chances de réussir. L'état émotionnel au cours de l'action conditionne aussi la qualité de l'action, donc le résultat, donc l'état émotionnel final, donc la qualité de la prochaine action, etc. Un véritable cercle vertueux. Si l'état émotionnel obtenu est satisfaisant, l'organisme revient volontiers à l'action qui a généré cet état, car le « faisceau de la récompense » du système nerveux a été alimenté. Au contraire, s'il est insatisfaisant, l'organisme mémorise l'état *via* le « faisceau de la punition » et fera tout pour éviter de revivre cette situation par la suite. Ce « processus de renforcement », qu'il soit positif ou négatif, est d'une remarquable efficacité.

À noter que l'indicateur d'une émotion est le mouvement. Il ne peut en effet y avoir « d'é-motion » sans « motion », c'est-à-dire sans mouvement. Notre corps, ou une partie de notre corps bouge, et ce, de façon perceptible ou imperceptible, interne ou externe : production d'hormones, modification du flux sanguin, du rythme respiratoire, changement d'expression, de posture...

Un événement extérieur peut générer une émotion. Une explosion provoque la surprise ou la peur. La « motion » est alors automatique, activée par un dispositif réflexe. À l'opposé, tout mouvement, toute action volontaire, a également une incidence immédiate sur notre état émotionnel. Ranger son bureau, résoudre une crise, créer un conflit, rendre visite à un client, changer d'activité, boire un verre d'eau, mais aussi faire du sport, écouter de la musique, danser, jouer, courir, chanter, respirer profondément, partir en voyage, téléphoner à un ami... autant d'actions qui ont pour conséquence le changement de notre état émotionnel.

Et si le but ultime de nos actions n'était que le changement de notre état émotionnel ? Et si les raisons, les motifs, le sens de nos actions n'étaient finalement que des moyens pour changer notre état émotionnel ? Changer de fonction pour mieux valoriser une compétence, faire du shopping pour faire plaisir à nos enfants, voyager pour découvrir d'autres cultures, fumer pour avoir un sentiment d'appartenance à un groupe…

L'ENTHOUSIASME PLUTÔT QUE LA PASSION

Dans l'entreprise, le manager doit savoir enclencher le mouvement qui influencera l'état émotionnel d'un collaborateur, qui améliorera l'ambiance d'une équipe. Il sait créer les conditions pour que l'état émotionnel se situe toujours dans une fourchette 50 - 80 sur une échelle de 0 à 100, c'est-à-dire entre intérêt, motivation et enthousiasme. Il sait que les extrémités de l'échelle (0 : apathie et 100 : passion) nuisent à une performance durable.

Lorsque certains managers – ou pire certains consultants – considèrent que la passion doit avoir droit de cité dans l'entreprise, ils oublient, comme son étymologie l'indique – *passio* en latin –, qu'elle est liée à la souffrance et que la fin est en général tragique. L'histoire, la littérature et l'actualité regorgent d'exemples de tragédies liées à la passion. Affirmons avec force que celle-ci n'a rien à faire dans l'entreprise, parce qu'elle est éphémère et pathogène.

À l'opposé, l'apathie n'est pas un état émotionnel plus souhaitable, car il ne crée pas les conditions d'un quelconque engagement. Il incite à la routine, la torpeur, la passivité, l'inhibition de l'action… toutes attitudes qui ne sont pas véritablement des facteurs de performance !

Le manager préférera donc l'enthousiasme, état dynamisant et durable comme l'indique son étymologie : *theos* (dieu) – *enthousiasmos* (transport divin). Il l'adoptera également pour lui-même et sera attentif à ce que son état émotionnel soit le plus constant possible et le plus prévisible possible. C'est parfois difficile, mais c'est un facteur crucial de crédibilité pour lui et de sécurité pour ses collaborateurs.

L'ÉCHELLE DES NIVEAUX ÉMOTIONNELS

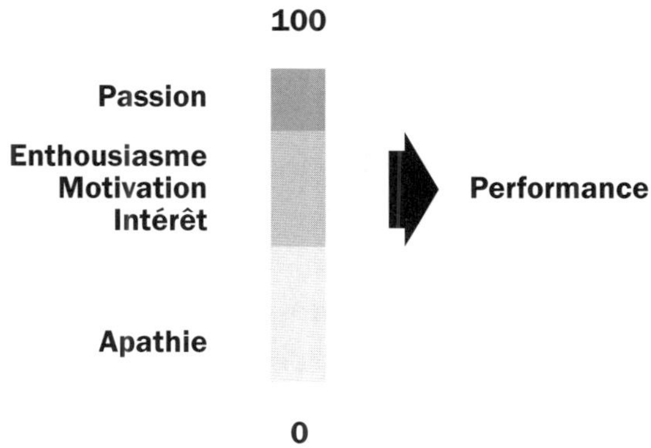

La performance durable exige un état émotionnel situé dans une fourchette entre 50 et 80. Le manager doit prêter attention à cet indicateur pour évaluer le potentiel de succès avant l'action, et apprécier le niveau de performance pendant et à l'issue de l'action.

L'état émotionnel permet donc au manager de savoir où il en est, où en est l'autre, où en sont les autres, l'équipe, l'entreprise, le groupe. Appliqué à une équipe, un service, à l'entreprise tout entière, c'est un remarquable outil de mesure du niveau de stress et du climat social.

ÉTAT ÉMOTIONNEL, HORMONES ET PERFORMANCE

Un changement génère un stress et déclenche une production d'hormones dont découle l'état émotionnel. Selon Friedrich Schneider, les hormones affectent presque tous les aspects des fonctions organiques et augmentent la capacité de l'organisme à supporter les stress physiques et psychiques. Le système endocrinien joue donc un rôle important dans la régulation du métabolisme, du bien-être et de la performance. Les neuromédiateurs, que l'on appelle aussi neurotransmetteurs, sont des molécules hormonales qui assurent la transmission de l'influx nerveux.

Les principaux neurotransmetteurs :

La noradrénaline et l'adrénaline : ce sont les hormones de la réactivité. Leurs principaux effets sont une diminution du diamètre des vaisseaux sanguins (vasoconstriction) et une augmentation de la tension artérielle. L'adrénaline stimule le cœur, augmente la puissance du myocarde, la fréquence des pulsations cardiaques et libère du glucose, source d'énergie des cellules musculaires. On observe une production plus élevée de ces deux hormones surtout après des activités intenses comme dans le sport de haut niveau, l'entraînement permettant d'en diminuer la production. Le manager étant confronté à de nombreuses situations de stress qui sont de nature à développer la production de ces hormones, il peut entraîner son corps et son mental à la limiter (voir l'encadré de la page 249).

⇨ Dans l'entreprise, produire de l'adrénaline et de la noradrénaline, c'est changer, lancer de nouveaux défis, prendre des risques, rechercher des résultats à court terme. Réduire l'adrénaline et la noradrénaline, c'est accorder des moments de respiration et de détente pour réfléchir, prendre du recul et recaler la trajectoire.

La sérotonine : c'est l'hormone du bien-être. Elle intervient dans le contrôle du sommeil, de la douleur, de la température du corps, de l'agressivité. Elle a également une fonction de vasoconstriction, mais, contrairement à la noradrénaline et à l'adrénaline, elle aide au calme et au bien-être. Des activités comme le rire, le chant, la danse, les activités plastiques ou musicales... permettent de produire de la sérotonine. Il existe même une thérapie fondée sur le rire : la gélothérapie. Ces activités sont utiles au manager qui recherche un état émotionnel favorable à la performance.

⇨ Dans l'entreprise, produire de la sérotonine, c'est favoriser la convivialité et la bonne humeur, organiser des activités en commun, créer les conditions d'un bon climat social.

La dopamine : c'est l'hormone de la maîtrise du mouvement. Elle joue un rôle essentiel dans le contrôle des mouvements volontaires, un manque de dopamine provoquant des tremblements comme dans la maladie de Parkinson. Contrairement aux trois autres neuromédiateurs précités, la dopamine augmente le diamètre des vaisseaux sanguins (vasodilatation). Les mouvements lents sont connus pour augmenter la production de dopamine et aider à la maîtrise des mouvements nécessaires à la communication non verbale : contrôle du rythme, de l'espace, de la dynamique d'expression du corps, du geste et de l'expression faciale. Une activité comme le tai-chi-chuan (gymnastique chinoise fondée sur le mouvement lent) peut aider le manager à produire de la dopamine et à améliorer son niveau d'énergie pour être plus performant.

⇨ Dans l'entreprise, produire de la dopamine, c'est favoriser les répétitions, les entraînements à vitesse réduite, dans le but d'assurer et de renforcer la maîtrise de l'activité.

Les endorphines : ce sont les hormones du calme. Ce sont des opiacés de structure moléculaire identique à celle de la morphine. De nombreux effets leur sont attribués comme un meilleur contrôle de l'appétit, et surtout une augmentation de la tolérance à la douleur et l'euphorie de l'effort bien connue des sportifs pour leur effet calmant, « planant » qui peut même conduire à la dépendance. Les études montrent que les concentrations d'endorphines s'élèvent à la suite d'exercices physiques d'endurance avec un rythme soutenu comme le cyclisme, la course à pied (marathon), le triathlon, la natation longue distance, ou le ski de fond. Ces activités peuvent aider le manager à trouver un état émotionnel adapté à son bien-être et à sa performance.

➩ Dans l'entreprise, produire des endorphines, c'est exiger de l'endurance : des efforts réguliers et constants, de la ténacité, de la persévérance pour faire aboutir des projets à moyen et long termes.

Les hormones de la relation durable

Depuis les années 1980, la recherche a mis au jour des hormones dont on ne soupçonnait même pas l'existence. Elle a aussi mis en évidence des effets inconnus d'hormones classiques. Prenons l'exemple des neuropeptides, neuromédiateurs d'un type particulier produits par l'ensemble des cellules du corps et non par un organe spécifique.

L'une d'entre elles, **l'ocytocine**, est, selon Lucy Vincent, docteur en neurobiologie, ce que nous appellerons l'hormone de la relation durable. Elle affirme que l'être humain est biologiquement conçu pour que sa relation de couple dure environ trois ans, c'est-à-dire une période permettant la procréation et un accompagnement minimal de sa progéniture. Pendant ces trois ans, les zones cérébrales concernées par le sens critique sont désactivées. À l'issue de cette période se produit une baisse de dopamine et d'endorphines rapidement compensées par l'ocytocine. Cette hormone connue pour aider aux contractions et à la lactation lors d'une naissance a aussi une fonction essentielle dans l'attachement émotionnel et joue donc un rôle majeur dans la durée d'une relation. La production en est favorisée par la qualité et la fréquence des interactions et des contacts. Le dicton « Loin des yeux, loin du cœur » trouverait-il ainsi une justification scientifique ?

Du côté masculin, si l'on en croit une étude réalisée sur les campagnols, il semble que **la vasopressine** joue un rôle comparable à l'ocytocine. Le campagnol des vallées bénéficie d'une production de vasopressine bien plus importante que celle de son homonyme des montagnes. Or, ce dernier se caractérise par son côté volage tandis que le premier se comporte en bon père de famille.

Les prochaines études sur ce sujet apporteront très probablement des précisions, mais nous pouvons déjà en tirer quelques enseignements.

⇨ Transférées au niveau de l'entreprise, ces recherches nous donnent une nouvelle raison de vanter les vertus de la proximité, de l'écoute, de la communication, de la reconnaissance et de la fidélisation… des valeurs qui renforcent l'interne face au changement et aux agressions externes.

Pour passer à l'acte, il convient maintenant de choisir un profil comportemental adapté.

MasterManager®

Mesurez régulièrement votre état émotionnel et celui de vos collaborateurs. C'est un indicateur de performance durable.

Le profil comportemental du manager

« Le changement est là. On a le choix entre subir ou initier.
Je les encourage à être plutôt proactifs que réactifs. »
Henri Lachmann, Président du Conseil de Surveillance de Schneider Electric

Comme nous l'avons vu, le stress d'un individu ou d'une organisation est plus ou moins élevé selon la qualité de leur réponse au changement. Ajoutons que celle-ci est liée à leur profil comportemental.

A. Le profil réactif : c'est l'univers de la lutte, de la fuite, des réflexes, des émotions… On se bat, on se débat, on débat, on conteste, on gesticule… Le risque est d'agir trop vite, sans réflexion, sans stratégie.

B. Le profil passif : c'est l'univers de l'inhibition de l'action, du *statu quo*… On se fige, on courbe l'échine, on laisse passer l'orage, on attend… Le risque est de subir et de laisser passer des opportunités.

C. Le profil proactif : c'est l'univers de la conscience, du projet, du pilotage, de la tempérance, de la maîtrise… On imagine, on résout, on anticipe, on construit, on avance, on améliore… On reste cependant capable d'être réactif ou passif si cela s'avère nécessaire.

D'une manière générale, lorsqu'un changement est annoncé, les décisions sont plutôt lapidaires pour le profil A, plutôt longues et parfois inexistantes pour le profil B, et réfléchies, tempérées, assertives pour le profil C.

Que ce soit au niveau individuel ou collectif, un changement déclenche souvent un mécanisme de résistance ; l'acceptation spontanée et le « lâcher prise » sont rarissimes. Et tant que ce mécanisme est actif, la situation est figée et la réponse au changement ne peut se mettre en œuvre. Que faire alors pour avancer ? La solution la plus simple et la plus efficace n'est pas nécessairement la plus rapide. Elle consiste à piloter la situation en respectant six étapes.

Quand un changement se produit, nous avons tous besoin de franchir ces paliers naturels pour parvenir à le « digérer », à le « métaboliser ». Ces six étapes sont universelles, applicables à toute situation de changement personnel ou professionnel, individuel ou collectif, que ce soient une réorientation stratégique, un déménagement, un deuil, une nouvelle mission ou un nouveau métier. Sur ce terrain, nous ne sommes pas tous égaux. Certains franchissent les étapes beaucoup plus vite que d'autres.

Au niveau de l'entreprise, il en est de même, selon son profil, celui du manager et du personnel, selon le contexte, la nature et l'ampleur du changement.

Les six étapes du changement

Étape 1 : le rejet. Il se traduit par un sentiment de perte, un déni, un refus de voir les choses en face. On n'a plus de pouvoir sur une situation antérieure familière, sécurisante que l'on maîtrisait bien. On n'accepte pas le changement, on le minimise ; quelquefois même on le fuit.

Étape 2 : la résistance. On est ici dans l'univers du doute, de la rancune, de la colère. On regrette les avantages du passé. On a la nostalgie de la situation antérieure.

Étape 3 : l'inconfort. C'est le palier de l'inquiétude, voire de l'anxiété. On vit un état émotionnel difficile. On reste souvent longtemps bloqué à cet endroit, incapable de franchir le cap qui ouvrira la voie vers des horizons nouveaux.

Étape 4 : l'ouverture. C'est la découverte de nouveaux possibles ou d'une alternative. On a franchi le cap et on envisage l'avenir. On commence à l'explorer et à voir poindre un espoir de solution.

Étape 5 : la compréhension. Elle se traduit par de la confiance, du dynamisme. On est sécurisé par les nouvelles orientations. On est prêt à s'engager.

Étape 6 : l'engagement. L'énergie est focalisée et toutes les ressources mobilisées. On a confiance en la réussite du changement à opérer. On est alors orienté vers l'avenir et pleinement engagé dans l'action.

Lorsqu'un manager annonce un changement, il y a lui-même longuement réfléchi ; pour lui il n'y a aucune surprise. Il est confiant, il se sent prêt à s'engager dans l'action. Il est sur ses starting-blocks. Il est déjà parvenu à l'étape 6, celle de l'engagement. En revanche, son collaborateur, qui vient de découvrir le changement en question, accuse le coup, résiste, s'inquiète, puis accepte d'envisager le changement, commence à le comprendre, puis l'assimile pour finalement l'accepter et s'engager. Il doit franchir les six étapes et cela peut prendre du temps, souvent au grand dam du manager qui voudrait bien accélérer le mouvement.

L'erreur à éviter est alors de céder à la précipitation, car c'est un facteur supplémentaire de résistance, donc de perte de temps et d'inefficacité.

Comme le suggérait Henri Bergson : « Si je veux me préparer un verre d'eau sucrée, j'ai beau faire, je dois attendre que le sucre fonde. »

Le manager doit savoir identifier où en est son collaborateur. C'est ainsi qu'il pourra se mettre à son niveau et l'aider à franchir les étapes une à une. Selon le type et l'importance du changement, cela peut prendre des heures, des jours, des semaines ou même des mois, une période de gestation nécessaire à l'éclosion d'une nouvelle dynamique.

MasterManager®

Face au changement, ne soyez ni passif ni réactif. Soyez proactif !

Renaissance et performance

Tout être humain, toute organisation humaine suit pour se développer un cycle récurrent qui permet de s'enrichir et de renaître en permanence grâce aux autres et avec les autres. Ce cycle comporte quatre étapes : la naissance, la « co-naissance », la « re-connaissance » et la « re-naissance ». Considérant que la naissance a eu lieu et que nous n'avons aucune influence sur elle, intéressons-nous aux autres étapes.

La « co-naissance ». Le préfixe co – avec – indique que pour accéder à une naissance véritable, l'être social qu'est l'être humain a besoin de co-naître, c'est-à-dire de naître avec quelqu'un. L'éducation, la formation initiale, l'apprentissage nécessitent la présence d'une ou plusieurs autres personnes. L'enfant sauvage n'a jamais pu « co-naître » parce que dépourvu d'interactions avec ses semblables. Il était incapable d'utiliser ses talents, parce qu'ils ne lui avaient pas été révélés par quelqu'un. D'où l'importance d'un parent, d'un mentor, d'un coach, d'un tuteur… d'un manager.

La « re-connaissance ». Il s'agit ici de re-connaître, c'est-à-dire de revoir, de revisiter ses connaissances, de se remettre en question. C'est en particulier le rôle du dispositif de formation dans l'entreprise. C'est aussi celui du manager qui, lors de réunions, d'entretiens d'évaluation, saisira toute occasion pour revisiter, réévaluer, suggérer, conseiller… dans une démarche d'amélioration continue.

La « re-naissance ». On s'est posé, on a fait l'inventaire, le tri et on a fixé les priorités. Après s'être enrichi des deux étapes précédentes, on

EXEMPLES DE RENAISSANCES RÉUSSIES

LES EXEMPLES DE RENAISSANCES réussies ne manquent pas. C'est toujours l'étape de la re-connaissance, qui en est le pivot.

- **Porsche, qui, quelque dix ans après la crise qui avait ébranlé le groupe, produit des résultats technologiques et financiers jamais atteints dans le secteur automobile.**
- **Embraer, fabricant brésilien d'avions régionaux, qui en six ans ravit la place de troisième constructeur mondial.**
- **Thomson Multimédia qui, après avoir frôlé la disparition et avoir échappé à une reprise par Daewoo, s'est trouvé deux ans plus tard leader sur son marché.**
- **Les télécommunications françaises qui, du temps des PTT, ridiculisaient notre pays par leur pauvreté technologique – rappelez-vous le sketch de Fernand Raynaud *Le 22 à Asnières*. Combien de cycles et de re-naissances avant de faire de France Télécom l'entreprise internationalement reconnue qu'elle est aujourd'hui ?**

Bienfait des crises, sans doute. Bienfait de l'étape de re-connaissance certainement, sans oublier son élément central : la formation.

renaît. On peut maintenant s'appuyer sur de nouvelles forces pour mieux repartir. On a en effet un sentiment de renaissance quand on a appris quelque chose d'utile au cours d'une réunion bien conduite ou pendant une formation de qualité. C'est véritablement une nouvelle personne qui s'investit dans l'action, avec une vision différente, des ressources supplémentaires, des méthodes innovantes, et logiquement avec de meilleurs résultats à la clé.

Ensuite, ce cycle continue son mouvement perpétuel, qui, dans la perspective du développement durable, est un puissant facteur de pérennité. Si l'étape de la « re-connaissance » n'est pas respectée, il en va tout autrement. Pas de remise en cause, pas de formation, pas de démarche d'amélioration continue. Le processus s'accélère, pas la renaissance ; on se dirige inéluctablement vers la fin, c'est-à-dire la disparition de l'individu dans l'entreprise ou la disparition de l'entreprise tout entière.

MasterManager®

Renaître exige de « re-connaître », encore, encore, et encore !

Former pour « performer » !

« Une personne arrive au travail avec son vélo, mais sans monter dessus. Au bout d'un an, on lui demande pourquoi elle ne monte pas dessus. Elle répond : Je n'ai pas eu le temps d'apprendre à faire du vélo. »

Patrick Lelorieux, président d'Avaya

Cette histoire illustre une réalité souvent rencontrée dans l'entreprise. Plutôt que de s'arrêter une heure pour apprendre une procédure, on préfère improviser, tâtonner, reproduire des habitudes inefficaces. La formation, si elle est pertinente, a un rôle primordial dans l'entreprise qui souhaite développer sa performance.

La formation doit répondre à un besoin

Intéressons-nous quelques instants à la pertinence de la formation à la française façon fin de XXe siècle, telle que nous la connaissons encore. Elle a remarquablement contribué au développement de notre pays, en particulier grâce à la loi de 1971. Aujourd'hui, l'extension de l'accès à la formation *via* le DIF (droit individuel à la formation) constitue un nouveau progrès du dispositif de formation continue.

Dans ce contexte positif, une question reste néanmoins en suspens : les quelque 21 milliards d'euros annuels (référence 2001) investis dans la formation sont-ils vraiment optimisés ? Beaucoup d'entreprises ne

PETITE HISTOIRE DE LA FORMATION

L'ANTIQUITÉ privilégie la formation à l'art de la guerre. Se défendre est vital pour la survie des individus et des groupes sociaux.

LE MOYEN ÂGE met l'accent sur la formation morale et religieuse. Il s'agit de préciser à tous, y compris aux populations asservies, le cadre du bien et du mal qui est supposé aider à sortir de la barbarie.

LA RENAISSANCE ouvre les esprits à la culture, à la science et crée les fondements de l'économie moderne.

LE XVIIIe SIÈCLE, le siècle des Lumières, c'est la formation rationnelle et humaniste. L'intelligence au sens large est valorisée.

AU XIXe SIÈCLE, la formation citoyenne, gratuite, laïque et obligatoire, voit le jour. Elle accompagne l'avènement de l'ère industrielle.

LE XXe SIÈCLE privilégie la formation générale, polytechnique, universelle, accessible à tous.

LE XXIe SIÈCLE amorce un virage décisif : la connaissance est considérée comme un capital stratégique. La formation permanente est chargée de la maintenance de ce capital, avec ses conséquences sur l'employabilité de chacun et la compétitivité de tous.

semblent pas préoccupées par ce sujet alors qu'il s'agit d'un budget équivalent au budget 2004 du ministère de l'Équipement, des Transports, du Logement, du Tourisme et de la Mer ! À noter que le montant investi dans la formation professionnelle était en 2007 d'environ 24 milliards d'euros…

Ces entreprises n'ont pas forcément conscience qu'il est possible d'obtenir beaucoup plus avec les mêmes ressources, ou au minimum d'obtenir les mêmes résultats en réalisant de substantielles économies. Encore faut-il qu'elles acceptent de repenser leurs plans de formation, car un plan de formation n'est plus destiné à ne répondre qu'à des demandes, comme auparavant. Il doit au moins répondre à des besoins. Un plan performant doit même aller bien au-delà. Il doit être conçu comme un véritable outil stratégique. Il offre, propose et va jusqu'à imposer certaines formations.

L'exemple du marketing

Le marketing a vécu cette évolution dans les années 1990. Jusqu'à cette époque, le lancement d'un produit était largement fondé sur la demande. Des études de toutes sortes assorties de batteries de prétests étaient supposées garantir l'adéquation du produit ou du service avec son marché. Les chances de lancement devaient donc être optimales. L'expérience a montré qu'il n'en n'était pas toujours ainsi.

Aujourd'hui, nombre d'entreprises font l'économie de tout ou partie de ces études et prétests, coûteux et souvent peu fiables. Elles privilégient le principe de l'offre : après des études préalables considérablement réduites, elles lancent leur produit ou service en réel sur le marché. Elles disposent ainsi d'un test « grandeur nature » qui leur fait gagner en fiabilité, en efficacité, en temps, en énergie, en budget… donc en performance.

La formation à deux niveaux

De la même manière, cette révolution culturelle atteint aujourd'hui la formation : les plans de formation performants sont de plus en plus orientés « offre ». Ils vont jusqu'à imposer une formation jugée stratégique par la direction, même si aucune demande n'a été exprimée. En effet, ce n'est pas parce que le collaborateur n'exprime pas une demande que son besoin n'existe pas. Il peut ne pas en être conscient pour de multiples raisons. Les trois suivantes l'empêchent d'identifier ce dont il a vraiment besoin.

LA FORMATION DANS LE SPORT

L'ENTREPRISE N'EST PAS LA SEULE ORGANISATION concernée par la formation à deux niveaux. Dans le sport aussi l'amélioration du geste technique seul est inefficace sur la durée tant qu'une culture de performance n'est pas installée. C'est la thèse que j'ai défendue en 2000 auprès d'un célèbre entraîneur qui perdait manifestement son temps et son énergie avec une équipe de football qui avait adopté une véritable culture de contre-performance : egos hypertrophiés, compétition interne au lieu de cohésion, jouer pour ne pas perdre au lieu de jouer pour gagner, attitudes et propos xénophobes, pour ne citer que quelques éléments. Avec une telle culture, cette équipe était condamnée à la médiocrité.

VOICI CE QUE J'ÉCRIVAIS à cet entraîneur le 25 juillet 2000 :

«... Quelle est la première étape vers la performance?

« Yves Coppens, le célèbre paléoanthropologue, affirme que l'évolution de l'humanité se caractérise par une constante : "la culture est toujours en avance sur le comportement". Appliquée au coaching, cette phrase signifie que l'on ne peut espérer faire évoluer les comportements tant que la culture n'a pas évolué.

« Vu l'état d'esprit qui régnait la saison dernière dans l'équipe, il ne fallait pas être devin pour imaginer les difficultés auxquelles vous avez été confronté. Si un changement de culture n'intervient pas cette saison, je crains que les mêmes causes ne produisent les mêmes effets, et cela quels que soient l'argent investi, les talents mis en œuvre et les efforts déployés. »

Les mêmes causes ont produit les mêmes effets : les résultats ont été médiocres. Cet entraîneur a alors quitté son club pour aller investir son temps, son énergie et ses talents ailleurs. Il a enseigné les mêmes gestes techniques, les mêmes tactiques, mais cette fois dans un club imprégné d'une culture de performance. Même si d'autres facteurs ont pu intervenir, les résultats ont « comme par hasard » été au rendez-vous : plusieurs titres de champion de France!

Félicitations à l'Olympique lyonnais et à Paul Le Guen, son talentueux entraîneur qui, par la suite, au PSG, a dû méditer sur ce principe fondamental : D'abord une culture, ensuite des techniques.

• Sa subjectivité, son manque de lucidité sur ses compétences réelles.

• Une évaluation imparfaite des compétences qu'il doit acquérir.

• Une méconnaissance de l'offre de formation, en particulier de ce que l'on peut appeler les « sucres lents » et les « sucres rapides » :
– les « sucres lents » destinés à assurer une performance à moyen et à long terme : les savoirs fondamentaux, les savoir-faire incontournables du métier, les compétences comportementales ;
– les « sucres rapides » destinés à produire des résultats à court terme : les compétences techniques « pointues » qui permettent de répondre au plus vite à une problématique spécifique.

Les avantages de cette approche sont divers : installation et partage d'une culture commune, amélioration du niveau global de compétence, performance à long et court terme, optimisation considérable du retour sur investissement. Le reproche qui peut lui être fait est qu'elle est trop simple. Il est vrai qu'elle ne peut être appliquée que dans les entreprises qui ne sont pas fascinées par le compliqué, celles qui ont compris que le compliqué n'est pas la meilleure réponse à la complexité.

MasterManager®

La performance en formation, c'est d'abord des sucres lents et ensuite des sucres rapides !

La réponse au complexe n'est pas le compliqué

Un homme rend visite à un génie pour lui demander de réaliser trois vœux. Celui-ci est pressé parce qu'il doit déjeuner avec son épouse dans la demi-heure qui suit. Aussi propose-t-il à son visiteur de ne réaliser qu'un seul vœu, les deux autres pouvant l'être plus tard.

L'homme accepte et lui fait part de son souhait : un pont entre Paris et Rio de Janeiro. Il rêve depuis toujours de visiter le Brésil et comme il a le mal de mer et une peur panique de l'avion, le seul moyen pour lui de réaliser son rêve est d'emprunter un pont. Le génie réfléchit un instant et réalise qu'il n'a pas le temps matériel de le construire avant le déjeuner. Il demande donc à l'homme de formuler un vœu plus simple. L'homme qui en avait préparé trois lui en propose spontanément un second : « J'ai quatre enfants, je dirige une PME de 50 personnes et je suis président d'une association sportive. Je passe donc ma vie à manager des gens. J'aimerais connaître le secret du fonctionnement des êtres humains ! » Pressé par le temps et réalisant la complexité de la réponse, le génie lui répond aussitôt : « Votre pont, vous le voulez comment ? suspendu ? avec combien de voies ? avec combien de réverbères ?.. »

Si un pont, c'est compliqué, un être humain, c'est complexe. Ajoutons que l'environnement dans lequel il baigne n'arrange rien. En effet, il n'y a pas si longtemps tout paraissait plus simple, plus lisible, plus prévisible, plus compréhensible, plus rassurant, alors que le monde dans lequel nous vivons aujourd'hui est de plus en plus complexe, tant par le nombre que par la qualité des paramètres en interaction. Nous avons même le sentiment d'une accélération de cette complexité et de son caractère incertain, imprévisible et aléatoire. Ceci aboutit à une vision sans doute plus réaliste, mais aussi à une représentation inquiétante et anxiogène du présent et de l'avenir. Dans ces conditions, on peut comprendre que certaines personnes aient une difficulté insurmontable à s'engager. Le manager peut, lui aussi, avoir des états d'âme, avec par moments un sentiment d'incapacité et la tentation de baisser les bras face à une mission perçue comme impossible.

L'entreprise, quant à elle, n'a pas le choix : elle doit s'engager. Et cette exigence appelle des compétences nouvelles.

UTILISER L'INTELLIGENCE SPÉCIFIQUE DE L'ENTREPRISE

Comme l'ont montré les travaux de nombreux scientifiques, dont ceux du Santa Fe Institute, l'entreprise est un SAC (système adaptatif complexe) qui a sa propre intelligence. Celle-ci se traduit en particulier par ses capacités d'auto-adaptation et d'auto-organisation. Entre l'entropie, le principe du désordre ou plutôt du « non-ordre », et la néguentropie qui est celui de l'ordre, l'entreprise a la capacité de s'adapter et de répondre au mieux à tout changement qui se produirait dans sa biosphère. Si elle est trop orientée « ordre », elle fera preuve d'une rigidité qui nuira à sa performance, et si elle est trop focalisée sur le « non-ordre », elle développera des comportements chaotiques. C'est entre ces deux pôles, dans l'univers du complexe, qu'elle trouvera une solution pour se développer et perdurer.

L'AUTO-ORGANISATION DANS L'ENTREPRISE

L'auto-organisation est un facteur de performance dont on commence à peine à entrevoir la puissance. C'est elle qui fait qu'à l'intérieur d'un groupe, chacun joue sa partition tout en se référant à un jeu collectif. Ce phénomène est perceptible dans un orchestre philharmonique, un groupe de rock, une équipe de basket, une équipe commerciale ou une ligne de production.

Le pouvoir n'est plus centralisé exclusivement entre les mains du responsable. Celui-ci développe davantage son rôle de coordinateur et autonomise au maximum chaque membre du groupe. Cette évolution est difficile à accepter par certains managers qui ont l'impression de perdre le pouvoir. Ils doivent apprendre que, dans un système complexe, le pouvoir doit être distribué à tous les acteurs, partagé par chacun, pour être finalement maximisé par tous.

LE MANAGER ET L'AUTO-ORGANISATION

Tout manager expérimente un jour ou l'autre la puissance de l'auto-organisation d'un système complexe, par exemple lorsque l'équipe dont il a la responsabilité est confrontée à une crise. Après avoir tenté à plusieurs reprises de trouver des solutions qui n'ont pas été acceptées ou mises en œuvre ou qui n'ont pas produit le résultat escompté, il passe la main au dispositif d'auto-organisation de l'équipe. Après lui avoir fourni toutes les informations utiles, le manager la laisse rechercher elle-même la solution. Il précise le cadre dans lequel celle-ci doit émerger et il laisse l'intelligence du groupe opérer. Celui-ci fait alors souvent preuve d'une étonnante capacité de créativité et d'innovation.

C'est dans une telle circonstance que le manager peut vraiment prendre conscience des limites de la traditionnelle organisation pyramidale descendante. Elle n'est pas la structure la plus propice à la recherche de solutions en situation complexe, parce qu'elle est rigide dans son corset de contraintes, linéaire dans ses interactions et dans sa communication. Ou alors, elle nécessite une importante mobilisation de moyens, violant ainsi un principe fondamental : le principe d'économie.

RESPECTER LE PRINCIPE D'ÉCONOMIE

Le principe d'économie est inhérent aux systèmes complexes, en particulier aux systèmes vivants auxquels nous appartenons. Quel que soit l'angle sous lequel nous les considérons, angle social, technique, politique, économique… le principe d'économie est présent. Un système vivant est en effet capable de n'utiliser qu'un minimum de ressources pour maintenir sa structure et se développer.

Le monde économique a paradoxalement tendance à oublier le principe d'économie. Faisant la part belle aux activités de production, de distribution et de consommation, voire de surconsommation, il délaisse trop souvent ce facteur pourtant capital pour une performance durable. L'économie gagnerait certes à redécouvrir le principe d'économie, mais cela peut s'appliquer aussi à des pans entiers de notre société.

UNE APPLICATION : LE SPORT DE HAUT NIVEAU

Le sport de haut niveau. Combien de personnes courent en gaspillant leur énergie, en l'investissant dans des mouvements vers le haut, vers le bas, sur les côtés, autant de gestes nuisibles à la performance ? Il suffit pourtant d'observer et de reproduire la façon dont les athlètes de haut niveau courent. Les jeux Olympiques sont à cet égard un lieu de magistrales démonstrations : les mouvements sont si bien coordonnés que le sommet du crâne dessine une ligne droite parfaitement parallèle au sol. L'énergie est optimisée, le geste maîtrisé, la mécanique du mouvement entièrement dédiée à l'atteinte de l'objectif. Quelle magnifique expression d'un système complexe nommé être humain !

Pour respecter le principe d'économie, nous attendons trop souvent d'y être contraints. On s'y intéresse lorsqu'un sinistre survient, lorsqu'une catastrophe se produit. On se pose alors tardivement les questions qui devraient être l'obsession des managers : comment optimiser au quotidien le fonctionnement de l'entreprise dans une perspective de pérennité ? Comment faire la guerre aux gaspillages de toutes sortes ? Comment faire en sorte que l'entreprise ait le maximum de muscle et le minimum de graisse ?

Répondre à ces questions permet de développer la productivité et la rentabilité, avec leur incidence sur le caractère durable de l'entreprise. Répondre à ces questions oblige aussi tout le monde, quel que soit le niveau hiérarchique, à prendre en compte le principe d'économie dans les moindres actions quotidiennes, et à appréhender la recherche de productivité et de rentabilité sous un autre angle. Comme elle renforce considérablement la résistance et la pérennité de l'entreprise, elle n'est plus perçue comme profitant exclusivement à la direction et aux actionnaires et devient un sérieux axe de motivation pour tous. Dans ces conditions, une restructuration par exemple, sera accueillie favorablement, même si elle est douloureuse à court terme.

Et si le seul principe d'économie avait été respecté chez Enron, Vivendi ou Parmalat, abstraction faite d'autres paramètres plus ou moins influents, ces affaires auraient-elles fait la une des journaux ?

S'il était respecté dans la fonction publique, la Cour des comptes aurait-elle autant de contrôles « fructueux » chaque année ?

S'il était appliqué systématiquement, ne permettrait-il pas de dégager des richesses supplémentaires qui pourraient être investies dans le développement durable ?

Et si le principe d'économie était mis en œuvre dès demain dans votre entreprise ? Comme dans le sport de haut niveau, il améliorerait la coordination des mouvements de tous les membres, et aussi de tous les départements et services. Il donnerait l'occasion d'affûter l'organisation interne et de réaliser des gains substantiels. Il serait un moyen simple et efficace pour optimiser les chances de victoire sur les terrains de la compétition économique. Il autoriserait les ressources juste nécessaires et suffisantes et contribuerait ainsi au développement durable. Les choses ne seraient-elles pas finalement remises en ordre, avec l'économie au sens littéral du terme – administration de la maison – au service de l'économie au sens large ?

FAIRE COHABITER LE SIMPLE ET LE COMPLEXE

Au fur et à mesure qu'un système évolue et se complexifie, les principes d'organisation se redéfinissent automatiquement et se reconfigurent à un niveau supérieur. Ces paliers successifs confèrent à l'entreprise un niveau de complexité plus élevé. Ainsi équipée, elle dispose d'une capacité supérieure pour répondre aux changements de son environnement. Elle est donc mieux armée que ses concurrents.

Cette évolution par paliers successifs se déroule selon un schéma organisateur, invisible au premier abord, qui assure la structuration, la « vertébration » du système, et qui lui donne sa cohérence. S'il est inutile, voire dangereux, de communiquer à l'extérieur la force vitale de l'entreprise qu'est sa complexité interne, il est déterminant que les collaborateurs puissent avoir l'idée la plus claire possible de ce qu'est le schéma organisateur de leur entreprise.

En management des hommes, la réponse la plus pertinente au complexe n'est pas le compliqué, mais le simple. Si les managers présentent le schéma organisateur de façon à ce qu'il soit accessible et compréhensible par tous, la dynamique interne et le niveau de performance des collaborateurs seront considérablement améliorés.

Nombre d'entreprises négligent cet aspect pourtant fondamental. Certaines font même pire : elles se rendent plus lisibles et compréhensibles par l'externe que par l'interne. En d'autres termes, leurs concurrents sont mieux informés que leurs collaborateurs ! Elles se fragilisent ainsi simultanément par l'extérieur et l'intérieur et deviennent des proies faciles. Ces entreprises s'ingénient à développer pour leurs collaborateurs des solutions compliquées, des formulations alambiquées, qui ne sont souvent comprises que par un petit nombre de privilégiés.

Les « usines à gaz », fruits d'une intelligence supérieure, donnent généralement des résultats inférieurs, parce qu'elles sont incompréhensibles pour la majorité des acteurs de l'entreprise, énergivores, chronophages, inhibitrices et inefficaces.

Face au complexe, le manager doit au contraire s'attacher à alléger les concepts, les méthodes, les discours. Plus une solution est simple, mieux elle est comprise, adoptée, transmise, mise en œuvre. Enfin, mieux elle contribue à la performance. Le « *Keep it simple !* » cher aux Anglo-Saxons n'a-t-il pas plus d'une fois fait la preuve de son efficacité ?

Ce n'est pas d'aujourd'hui que notre culture est réfractaire au simple. Au XVIIIe siècle, par exemple, Turgot soulignait la difficulté du simple souvent confondu avec le simplisme : « Les hommes grossiers ne font rien de simple. Il faut des hommes perfectionnés pour y arriver. » Plus récemment, Henri Bergson suggérait : « Il faudrait que l'humanité entreprît de simplifier son existence avec autant de frénésie qu'elle en mit à la compliquer. »

Et pour entreprendre de simplifier, nous avons un allié de poids : le cerveau.

UTILISER SES DEUX HÉMISPHÈRES CÉRÉBRAUX

Pour faire simple, un cerveau est divisé en deux parties : l'hémisphère cérébral gauche et l'hémisphère cérébral droit.

Le premier est à l'aise avec le compliqué. C'est l'hémisphère cartésien, rationnel, logique, conceptuel, analytique, verbal, classificateur, manichéiste. Il privilégie le « ou » : pour lui c'est blanc ou c'est noir. Il traite le compliqué en le réduisant à une succession de petits problèmes faciles à résoudre.

Notre hémisphère cérébral gauche nous joue souvent des tours, car nous lui demandons de résoudre des problématiques complexes avec des raisonnements et des concepts adaptés au compliqué. L'hémisphère cérébral droit joue un rôle différent et complémentaire : il entre en scène pour le non-verbal, l'analogie, la métaphore, la créativité, la synthèse, l'appréhension globale des choses. Il a la capacité de traiter le nombre incommensurable de paramètres qui caractérise la complexité. Il privilégie le « et » : il peut accepter à la fois le blanc et le noir.

QUAND L'HÉMISPHÈRE GAUCHE IGNORE LE DROIT

HANS-LUDWIG GRÜSCHOW, MEMBRE du directoire du groupe Hertie, illustra ainsi lors d'un congrès sur la nutrition à Berlin, les dangers de la planification.

« Un membre du directoire d'une grande entreprise reçoit des billets pour la *Symphonie inachevée* de Schubert. Comme il ne peut se rendre lui-même au concert, il offre les billets à son expert en études du temps de travail et de la planification du personnel. Le lendemain, il demande à son collaborateur si le concert lui a plu. Au lieu de lui faire une réponse globale, l'expert en études du temps de travail et planification du personnel lui présente un mémorandum dans lequel il est détaillé ce qui suit.

- Durant un temps considérable, les quatre hautboïstes n'ont rien eu à faire. Il conviendrait donc d'en réduire le nombre et de répartir leur travail sur l'ensemble de l'orchestre.

- Les 12 violonistes jouaient tous les mêmes notes. On peut donc en réduire considérablement le nombre. Si on a vraiment besoin d'un important volume sonore, on peut obtenir le même effet avec des amplificateurs électroniques.

- L'orchestre jouait de nombreuses triples croches. C'est un raffinement inutile. Il conviendrait d'arrondir toutes les notes. Il serait ainsi possible d'avoir recours à des stagiaires ou des collaborateurs de niveau inférieur.

- Il est inutile de faire reprendre par les cors des passages déjà joués par les instruments à cordes.

- Si tous les passages superflus étaient éliminés, on pourrait réduire le concert de vingt-cinq à quatre minutes.

- Si Schubert avait pris garde à ces éléments, il aurait vraisemblablement été en mesure d'achever sa symphonie ! »

Combien de décisions sont inadaptées parce l'hémisphère gauche est à l'œuvre tandis que font défaut l'intelligence de l'hémisphère droit, et surtout l'interaction entre ces deux parties du cerveau. Le monde de la technocratie nous en donne tous les jours de succulents exemples.

Rationalisation et concentration

Quand l'hémisphère cérébral gauche est seul en action, il peut conduire à supprimer des pans entiers d'activité dans un souci aveugle de rationalisation. Combien de coupes claires ont été pratiquées dans des organisations sans qu'une réflexion approfondie ait été menée sur l'ensemble des conséquences ? La vente au franc symbolique de Thomson Multimédia au groupe sud-coréen Daewoo en 1996 en est une parfaite illustration. Après que la transaction a fort heureusement été mise en échec, Thierry Breton et ses équipes ont réussi l'exploit de faire en quelques années de cette entreprise considérée sans intérêt, l'un des fleurons de notre économie. Saura-t-elle le rester ? Ceci est une autre affaire.

On peut s'interroger sur les raisons pour lesquelles un groupe comme Mitsubishi conserve une activité « exotique » comme des machines à coudre, à côté de la banque, de l'assurance, de l'automobile et de l'électronique grand public. Notre esprit cartésien peut avoir quelque difficulté à saisir l'intérêt de cette microactivité dans un océan de divisions beaucoup plus rentables. En fait, toutes les activités de ce groupe interagissent de telle manière que les grandes divisions permettent aux petites d'exister, et vice-versa. En périodes de crise, la multitude des activités périphériques, dont il aurait peut-être été tentant de se débarrasser, a souvent aidé à stabiliser le navire et à traverser la tempête.

Le groupe Saint-Gobain est, dans une moindre mesure, dans une situation comparable. Bien que le produit – les matériaux – en soit le fil rouge, qui peut vraiment saisir la complexité du groupe avec ses centaines de sociétés à travers le monde, qui vont du pare-brise au parquet flottant en passant par la vitrocéramique et les parpaings ? Pierre-André de Chalendar et ses équipes qui conduisent leur groupe avec brio, naviguent avec agilité dans les méandres de Saint-Gobain, entre ses macroactivités enviées par ses concurrents et ses microactivités que des technocrates condamneraient sans appel. Il faut préciser qu'ils sont bien aidés dans leur gestion par la technologie informatique SAP qui leur permet d'être informés avec précision sur ce qui se passe dans toutes les entités du groupe au niveau planétaire.

La concentration sur son cœur de métier n'est donc pas nécessairement la panacée à laquelle beaucoup ont cru dans les années 1990. C'est un choix stratégique parfois nécessaire pour s'alléger, se renforcer, mobiliser davantage d'énergie dans une seule direction. Il est difficile de juger de l'extérieur. Il faut avoir toutes les cartes en mains pour savoir si une telle décision est fondée et pertinente pour l'entreprise. Elle ne l'est pas toujours.

La concentration sur son cœur de métier est un concept, donc une production de l'hémisphère cérébral gauche. Elle a ses avantages, ses inconvénients et ses limites. Imaginons Mitsubishi, touché par la crise monétaire et immobilière au Japon, décrétant que son cœur de métier serait dorénavant l'automobile et se séparant de ses autres divisions. Cette décision typique de l'hémisphère gauche n'aurait-elle pas considérablement fragilisé le groupe ? La tentation technocratique et le simplisme guettent tous les managers. Ils doivent donc rester vigilants.

Considérer le système dans son ensemble

Comme nous venons de le voir dans ces exemples, l'hémisphère cérébral gauche a des difficultés à appréhender les interactions entre les divers éléments d'un système. Lorsqu'un élément d'un système dysfonctionne, la solution cerveau gauche est binaire : soigner uniquement cet élément ou l'éliminer purement et simplement.

Il en est ainsi lorsqu'un enfant a des problèmes de comportement. La famille le confie à un psychothérapeute avec pour mission de le soigner. Quand le psychothérapeute est un spécialiste rompu à la thérapie familiale, il insiste pour que ce soit toute la famille qui suive une thérapie et pas seulement l'enfant. Il se heurte alors au cerveau gauche individuel et collectif des parents pour lesquels quand un problème survient dans un élément, c'est l'élément malade qu'il faut soigner ! Le thérapeute insiste et réussit à faire admettre aux parents que lorsqu'un élément dysfonctionne, c'est tout le système qu'il faut soigner, en l'occurrence toute la famille. Lorsqu'il a pu faire admettre cela aux parents, c'est que leur cerveau droit individuel et collectif a fait son œuvre.

C'est l'interaction entre les deux hémisphères cérébraux qui fait que l'on peut appréhender au mieux une situation complexe dans toutes ses composantes. Elle permet aussi de mieux capter les signaux faibles et les paradoxes, ces indicateurs émergés de la complexité.

Percevoir les signaux faibles

Les systèmes complexes émettent des indicateurs peu perceptibles appelés « signaux faibles ». Par exemple, les sismologues sont en permanence à l'affût de signes annonciateurs de séismes imperceptibles pour un non-initié. Lorsqu'ils sont correctement interprétés, ils peuvent être décisifs.

Il en est de même pour l'entreprise : l'un de ses avantages compétitifs réside en cette compétence qui demande une réelle acuité sensorielle et un entraînement de tous les instants.

Le manager, dans sa pratique quotidienne, doit se sensibiliser à ces signaux faibles, qu'ils viennent de l'externe – en particulier du marché – ou de l'interne – en particulier des collaborateurs.

Combien de managers se sont lamentés de n'avoir pas vu venir l'impact d'une évolution technologique ? Imaginez un constructeur de téléphones qui aurait ignoré la voix sur IP (Internet Protocole), c'est-à-dire la téléphonie *via* Internet. Les signaux faibles de cette évolution majeure étaient pourtant déjà perceptibles dans les années 1990. Les constructeurs qui les ont captés ont pu réorienter leur stratégie et prendre leurs concurrents de vitesse.

Autre exemple. Quand un client, fidèle depuis des décennies, commence à exprimer de légères insatisfactions, ce sont des signaux faibles, des indicateurs d'une prochaine brise, voire d'une prochaine tempête. Ne pas les prendre au sérieux, se contenter de colmater quelques brèches, aboutira tôt ou tard à une crise et/ou à une rupture.

Ou encore, vous avez remarqué que dans votre chambre d'hôtel, la préparation de la salle de bains est différente d'un jour à l'autre. Un jour vous avez une savonnette, le lendemain deux, un autre jour trois serviettes et le lendemain quatre. Ces détails qui peuvent être considérés comme de simples erreurs sont en fait des signaux faibles, des éléments émergés d'un iceberg de dysfonctionnements probablement plus importants et inquiétants qu'il n'y paraît.

Les spécialistes de l'audit comptable et les contrôleurs fiscaux ont l'habitude de dire que « le diable est dans les détails ». Lorsqu'ils contrôlent les comptes, ils s'intéressent donc aux petites choses qui peuvent paraître insignifiantes. Pour eux, ce sont autant de signaux faibles, d'indicateurs, de fils d'Ariane qu'il suffit de suivre pour découvrir « le diable ».

Les signaux faibles au quotidien

Le manager traverse l'atelier dix fois dans la semaine. Cinq fois il observe Luc bayant aux corneilles au lieu d'être attentif au bon fonctionnement de sa machine. C'est un signal faible. Que signifie-t-il ?

Le manager appelle dix fois Julie dans la semaine sur son poste. Alors qu'elle a une fonction sédentaire, elle n'a répondu que six fois. C'est un signal faible. Que signifie-t-il ?

Une absence, une erreur, une procédure non appliquée, un retard, une vis manquante dans une livraison, un standard qui ne répond pas à 9 heures, un rendez-vous oublié… sont autant de signaux faibles que le manager doit apprendre à identifier et à interpréter. Lorsqu'ils émergent, ils lui demandent une attention et un traitement adaptés. Laisser-faire, ne pas chercher à comprendre les raisons, ne pas recadrer, c'est ouvrir la voie à une multiplication du nombre et une amplification du volume desdits signaux. Ignorés ou sous-estimés, ils laissent les dysfonctionnements opérer, ils laissent le champ libre à la contre-performance. Ils se transforment peu à peu en signaux forts. Ils sont cette fois-ci perceptibles par tous, mais il est souvent trop tard pour agir ; c'est la crise, le crash, la rupture.

Les signaux faibles appellent l'action

Comment les autorités new-yorkaises ont-elles pris les choses en mains pour faire des lieux publics des endroits fréquentables ? Les signaux faibles étaient les carreaux cassés, les graffitis, les tags. Le métro de New York était un modèle en la matière : plus les années passaient, plus la situation empirait. Personne ne réagissait jusqu'au jour où le maire décida d'appliquer une nouvelle politique : remplacer immédiatement tout carreau cassé, restaurer dans l'heure toute surface taguée, nettoyer aussitôt toute pollution, etc. Le résultat ne s'est pas fait attendre, New York a changé de visage en un temps record.

Et si, dans votre entreprise, les signaux faibles, au lieu d'être ignorés, conduisaient à une action corrective systématique ?

ACCEPTER LA RÉALITÉ DES PARADOXES

Sans toujours en être conscients, nous côtoyons au quotidien les paradoxes, ces parties émergées de la complexité. Nous acceptons ainsi la cohabitation de principes contradictoires dont les effets sont plus ou moins positifs. Prenons quelques exemples en vrac.

Croissance et pérennité. En économie, la croissance est souvent invoquée comme remède à tous nos maux, comme véritable élixir de pérennité. Or, comme nous l'avons déjà évoqué dans le chapitre sur les valeurs, toute croissance d'un être adulte du genre animal ou humain peut conduire à l'apparition d'un corps parasite, une « excroissance », c'est-à-dire une pathologie. On voit ici que, contrairement aux apparences, croissance et pérennité forment un paradoxe à surveiller de près.

Vitesse et temps. Nous n'avons jamais eu les moyens de réaliser nos tâches aussi vite qu'aujourd'hui, et pourtant nous courons toujours, comme si nous n'avions jamais eu moins de temps !

Informatique et zéro papier. Les ordinateurs devaient ouvrir l'ère du zéro papier. En réalité, nous n'en n'avons jamais consommé autant. Dans les cinq années qui ont suivi la déferlante des micro-ordinateurs, la consommation de papier a explosé de plus de 60 %. Et que dire aujourd'hui plus de vingt ans après ?

Pérennité et changement. Pour assurer la pérennité, il faut changer et s'adapter, donc cultiver l'éphémère ! Ce paradoxe passe mal auprès de ceux qui – individus ou organisations – s'accrochent à leurs acquis et à leurs habitudes. Faute d'intégrer ce paradoxe, ils se dirigent vers des lendemains qui déchantent.

Moyens de communication et solitude. Jamais les pays développés n'ont eu à leur disposition autant de moyens de communication : routes, téléphones, télécopieurs, e-mail, moyens de transport de toutes sortes… Dans le même temps, jamais le sentiment de solitude n'a été aussi fort.

Menace et danger. La fonction d'une menace est d'annoncer un danger. Par définition, elle n'est pas destinée à être mise à exécution. D'autre part, une exécution automatique est le meilleur moyen de dissuasion et la menace a, dans ce cas, moins de chances d'être mise à exécution. Le paradoxe est donc que plus une menace a des chances d'être exécutée, moins elle a des chances de l'être !

Développement et écologie. Acheter du jus d'orange du commerce équitable à Cuba ou aller en vacances au Sénégal sont des gestes positifs pour l'économie de ces pays en développement. Parallèlement, le transport aérien lié à ces échanges amplifie considérablement l'effet de serre. Trois heures d'avion produisent une empreinte écologique équivalente à la consommation de pétrole d'une voiture pendant un an. Les habitants de la planète, y compris ceux que l'on veut aider, sont ainsi mis en danger.

Économie et consommation. Le processus économique, c'est la production de biens et de services, leur distribution et finalement leur consommation, c'est-à-dire leur destruction. Dans une autre acception, « économie » signifie réduction des dépenses, épargne, ce qui est en totale contradiction avec les attentes de l'économie, c'est-à-dire, la consommation ! Comment peut-on en effet économiser et consommer le même bien ou le même service ?

Un mot qui revêt deux significations opposées, est-ce une simple bizarrerie de la langue ou un symptôme de la complexité ? « Un bâton a toujours deux bouts », dit un proverbe soufi qui signifie que tout peut être considéré sous deux angles différents. Alors pourquoi les paradoxes ne cohabiteraient-ils pas ? Ceci ne nous empêche pas d'être vigilants et conscients de leurs risques.

Dans des situations paradoxales, il peut être difficile de faire un choix, d'arbitrer entre deux solutions, de prendre de décisions. Or, savoir décider est une compétence vitale dans le monde de la complexité et du changement. C'est une compétence qui exige de savoir manier à la fois le « & » et le « ou ».

MasterManager®

« Un bâton a toujours deux bouts. » (proverbe soufi)

Les logiques du « ou » et du « & »

« Savoir déplacer les curseurs entre logique et analogique. Être capable d'être hyperlogique à certains moments et à d'autres moments d'avoir la "truffe". »

Bernard Angot, ex-P-DG de Kenwood et ex-DG de Lacroix

Certains ont la fâcheuse tendance à considérer que l'on ne peut être que dans un camp ou dans un autre. Rappelons-nous la fameuse phrase de George W. Bush avant la guerre contre l'Irak : « Les pays qui ne sont pas avec nous sont contre nous. » La culture des pays développés en général est imprégnée par cette logique de « l'exclusion », la logique du « ou ». On ne peut qu'avoir raison ou tort, on doit nécessairement trouver une solution à tout problème, ce qui par définition exclut toutes les autres, etc. Cette approche binaire, manichéenne, a produit des résultats indéniables dans le passé. Aujourd'hui il en est autrement. Dans un monde où la complexité s'impose, les solutions binaires paraissent simplistes et inadaptées.

Nous commençons d'ailleurs à en percevoir les limites et les méfaits. C'est la culture du « ou » qui a généré des maux comme le colonialisme, avec une monoculture dominante imposée par un pays tout puissant. C'est aussi le « ou » qui fait le lit des sectarismes et dogmatismes de tout poil. C'est le « ou » qui désigne la consommation comme alternative au bonheur.

Lorsque la pensée dominante fait des gens plus heureux, qui peut s'en plaindre ? Lorsque la pensée dominante, binaire, exclusive, laisse les trois quarts de l'humanité sur la touche, peut-être y a-t-il lieu de s'interroger. Malgré les extraordinaires progrès de toutes sortes, les hommes ne semblent en effet pas plus heureux aujourd'hui qu'hier. Et pourtant, la seule performance qui vaille n'est-elle pas celle qui rend les hommes plus heureux ?

Sujet éternel, n'est-ce pas ? Depuis la nuit des temps, l'homme a disserté sur le bonheur. Nous ne savons pas si le XXIe siècle sera marqué par un bonheur accru des êtres humains, mais l'une des voies qui peut permettre d'y accéder est très certainement d'introduire davantage de logique d'inclusion, la logique du « & ».

Sortir de la logique « exclusivement exclusive », c'est voir les deux bouts du « bâton », c'est-à-dire s'éloigner de cette démarche qui sépare, qui compartimente, qui homogénéise, pour adopter une logique qui inclut (qui inclut même l'exclusion !), qui tolère, qui mélange, qui brasse, qui hétérogénéise et qui, finalement, enrichit davantage encore, et ceci sur tous les plans.

L'ensemble des responsables est concerné par cette question, et en tout premier lieu, les managers politiques, bien évidemment. Ne les laissons pas s'enferrer dans l'illusion que la solution des plus grands, des plus puissants est la meilleure et qu'il n'existe qu'une seule voie, la leur.

À l'école, faisons en sorte que nos enfants puissent développer une vision du monde « inclusive ».

➪ Dans l'entreprise, idem. Le manager doit mettre en évidence les limites du « ou » et promouvoir le « et » à tous les niveaux :
• faire cohabiter la rigueur des process **et** le jaillissement de la créativité ;
• faire coproduire les services commerciaux **et** les services techniques ;

• développer une stratégie mondiale **et** continuer à valoriser l'action locale ;
• continuer les investissements en robotique **et** favoriser l'épanouissement des hommes ;
• promouvoir la réussite individuelle **et** la réussite collective, etc.

Pour y parvenir, le manager doit solliciter son hémisphère cérébral droit, qui, contrairement à l'hémisphère gauche, est capable d'appréhender en même temps le blanc et le noir. Comme nous l'avons déjà indiqué, savoir activer et utiliser l'interaction entre ses deux hémisphères cérébraux est l'une des compétences déterminantes pour manager en environnement complexe. Cette compétence sera également utile pour créer les liens nécessaires à la performance.

MasterManager®

Soyez à la fois « & » et « ou ». C'est fondamental pour une performance durable.

PARTIE 7

Manager c'est communiquer

Que ce soit pour fixer les objectifs, mobiliser, expliquer, sécuriser, résoudre un conflit, négocier, arbitrer, convaincre, sanctionner, conduire un entretien ou présenter un projet... le manager est appelé à communiquer en permanence.

La communication est donc pour le manager un outil de travail essentiel au quotidien. De la qualité de l'utilisation de cet outil dépend une grande partie de sa performance, de celle de ses collaborateurs et de son entreprise.

Cette compétence incontournable passe par la compréhension de ce qui fait une communication de qualité, la maîtrise des mots, du questionnement, de l'intonation, de la gestuelle, des axes de communication qui sont autant de liens, de ponts entre les personnes et les organisations.

Sommaire

Communiquer c'est construire des ponts

Tandis que l'individualisme a tendance à gagner du terrain, nous vivons paradoxalement un extraordinaire développement des relations entre les êtres humains, dans la droite ligne de ce que nous vivons depuis la chute du mur de Berlin, une véritable révolution, « la révolution de 1989 ! ». En effet, alors que depuis le début de l'humanité nous avons toujours construit plus de murs que de ponts, nous sommes en train de vivre un spectaculaire renversement de tendance : nous ne cessons de détruire des murs et de construire des ponts de toutes natures. Ignorer cette tendance lourde, c'est nager à contre-courant. Les murs construits entre Israël et la Palestine et entre les États-Unis et le Mexique sont à cet égard des contresens historiques, ceci quelles que soient les raisons invoquées.
Si le tunnel sous la Manche et l'Internet marquent les esprits, les ponts entre les hommes ne s'arrêtent pas à ces exemples.

1. Entre les métiers, les sciences, les arts, il existe aujourd'hui des confrontations qui permettent une créativité sans pareille. Une méthode performante dans un domaine est ainsi utilisée avec succès dans un autre complètement différent : applications de l'informatique dans la médecine, de la biologie dans la psychologie… La fertilisation croisée fait son chemin.

2. Entre les pays, les régions, les villes, il se crée chaque jour de nouvelles relations sous forme de plans de coopération, de projets communs, de jumelages, etc., autant de ponts qui permettent un brassage de cultures, une compréhension et un enrichissement mutuels.

3. Entre les individus, des relations se nouent dans le cadre d'associations de toutes natures, de cercles de réflexion, de groupes d'influence. Et ceci dans une multitude de domaines : professionnel, humanitaire, ethnique, philosophique, sportif, confessionnel, artistique, politique, éducatif.

4. Entre les entreprises, il se crée des partenariats (recherche de complémentarités), des réseaux (alliance avec des homologues), des groupes d'influence (lobbying), sans oublier les rapprochements et les fusions-acquisitions.

Tous ces exemples sont de nature à inspirer le manager dans sa pratique quotidienne de bâtisseur de ponts, c'est-à-dire de communicateur. Il utilise à cet effet un certain nombre d'outils dont le plus inattendu est sans aucun doute le silence.

LE SILENCE, PUISSANT VECTEUR DE COMMUNICATION

Nous communiquons en permanence, même lorsque nous sommes silencieux. Ne rien dire, ce n'est pas rien dire, c'est dire quelque chose autrement ! Le silence est un puissant outil de communication souvent préférable aux mots : « Si le mot que tu vas prononcer n'est pas plus riche que le silence, tais-toi », dit un proverbe soufi.

Le silence est un temps précieux pour prendre du recul, pour réfléchir, pour accueillir la parole de l'autre. La communication ne peut s'établir que si le silence s'installe. Si deux personnes continuent à exprimer sans qu'aucune d'elle ne s'arrête un instant pour « s'imprimer » de ce que l'autre dit, ce sont deux monologues chronophages et stériles.

Le bâton de parole

Dans certaines sociétés dites primitives, on utilise un banal bout de bois appelé « bâton de parole ». Cet instrument de haute technologie relationnelle est destiné à créer le silence et à autoriser la parole de l'autre.

Dans une réunion, un temps de parole est affecté à chaque participant. Au temps de parole est associé le bâton de parole. La personne qui a le bâton de parole peut alors s'exprimer sans être interrompue. Lorsqu'elle a terminé, l'animateur de la réunion donne le bâton de parole à une autre personne, et ainsi de suite. Un simple outil comme celui-là est de nature à changer radicalement l'ambiance et la productivité de beaucoup de réunions stériles, qui n'en finissent plus, dans lesquelles la parole est soit ignorée, soit violée, et dans lesquelles les personnes concernées viennent de plus en plus à reculons.

À noter que la société moderne a inventé un nouveau bâton de parole sous la forme du micro H.F. Chacun peut en vérifier l'efficacité lors d'une assemblée, par exemple : quand le micro est confié à une personne dans l'assistance, le silence s'installe tout naturellement pour accueillir sa parole.

Le silence n'empêche pas le langage non verbal de continuer à exprimer. Notre corps parle au travers de notre posture, de notre gestuelle, de nos expressions faciales. Et lorsque nous nous exprimons par les mots, non seulement le verbal est activé, mais aussi le paraverbal, c'est-à-dire l'intonation.

Au quotidien, ces trois canaux de communication – verbal, paraverbal, non-verbal – coopèrent pour exprimer nos perceptions, nos représentations, nos pensées, nos émotions… Et lorsque les trois canaux sont utilisés simultanément, l'efficacité de la communication est optimisée.

MasterManager®

« Il faut deux ans pour apprendre à parler, toute sa vie pour apprendre à se taire. » (Marcel Aymé)

Communication verbale

Explorons la communication en commençant par le canal verbal. Ce vecteur du langage permet à la parole et aux échanges d'exister. Grâce à lui, les personnes peuvent s'exprimer et se faire comprendre, alos que sans lui, leur capacité de communication est limitée.

La castration de la parole

L'histoire et l'actualité montrent que la castration, l'ablation de la parole, est souvent à l'origine de situations d'incompréhensions, de dysfonctionnements, de conflits, de mal-être, de drames, de malheur… La castration de la parole est en tout cas le premier pas vers la dictature.

En 1982, Topor a réalisé pour Amnesty International une affiche qui montre mieux qu'un long discours ce qu'est la castration de la parole. Une personne a la tête dirigée vers le haut ; un marteau s'abat sur sa mâchoire et l'enfonce dans sa gorge, l'empêchant bien évidemment de parler. Cette affiche devrait trôner dans les salles de classe, dans les familles, dans les collectivités, dans les entreprises… partout où peut être rappelée l'importance de la parole.

Dans l'entreprise, la castration de la parole est l'une des armes du management autocratique. En revanche, la libération de la parole est un acte fondamental de l'hygiène relationnelle utilisée dans le management de qualité.

Attentif à une relation de partenariat et de confiance mutuelle, le manager veille à libérer la parole. Il sait créer les conditions de cette « libération » : il sécurise ses collaborateurs, il organise des périodes d'échanges avec eux, il accueille leurs suggestions d'amélioration (même et surtout si elles le concernent personnellement), il favorise les interactions au sein de l'équipe, il sait exprimer et faire exprimer aussi bien ce qui va que ce qui ne va pas, il stimule l'initiative et la créativité...

Savoir nommer les choses

« Mal nommer les choses, c'est ajouter au malheur du monde. »
Albert Camus

Savoir nommer les choses, ça s'apprend. Surtout lorsque l'on a des responsabilités.

Un comité britannique pour la défense du parler vrai a décerné à Donald Rumsfeld, le secrétaire américain à la Défense, la palme d'or du parler pour ne rien dire pour des propos abscons tenus à des journalistes en février 2002 à propos des armes de destruction massive introuvables en Irak :

« Les informations qui annoncent que quelque chose n'a pas eu lieu m'intéressent toujours pour la bonne raison que, comme vous le savez, ce sont des nouvelles connues. Il y a des choses dont nous savons que nous les savons. Nous savons qu'il y a aussi des choses inconnues. Ce qui revient à dire que nous savons qu'il y a des choses dont nous ne savons rien. Mais il existe aussi des nouvelles inexistantes que nous ne connaissons pas. Ce sont celles dont nous ignorons si nous les connaissons. »

Savoureux, surréaliste, pas vraiment facteur de crédibilité, n'est-ce pas ? Imaginez la tête de vos collaborateurs si vous vous exprimiez de cette manière.

Savoir nommer les choses exige de vous une véritable compétence en communication qui privilégie l'authenticité et le respect des faits et des personnes. Les mots peuvent manipuler, même s'ils se cachent derrière l'humour. Et la manipulation est tentante parce qu'elle est efficace ! Certains ne se privent d'ailleurs pas de l'utiliser pour influencer le grand public :
– « 100 % des gagnants ont tenté leur chance » (publicité du Loto) ;
– « Si vous mettez les armes hors la loi, seuls les hors-la-loi auront des armes ! » (Lobby des armes, États-Unis).

La formulation négative

Utiliser à l'excès le négatif ou les doubles négations est l'un des moyens les plus sûrs pour communiquer de façon incompréhensible : « Ce n'est pas inintéressant », « Pas mal », « Cette machine ne peut pas ne pas donner de bons résultats », « Ce n'est pas dans votre fonction de faire cela, mais vous n'êtes pas libre de ne pas le faire », « Attention de ne pas tomber dans ce piège ».

La difficulté vient du fait que notre cerveau ne décode pas spontanément le négatif. Il doit d'abord se représenter le positif et ensuite inverser la représentation obtenue. Cette gymnastique mentale, que peu de gens pratiquent bien, est à l'origine d'erreurs, d'incompréhensions, de dysfonctionnements et de conflits.

Je me souviens avoir passé un repas entier à expliquer à un client japonais ce que signifiait l'expression « Pas mal ». S'appuyant sur le fait que deux négations valent une affirmation, il considérait que « Pas mal » signifiait « Bien ». Je tentais de lui faire comprendre que dans notre langue « Pas mal » veut dire « Presque bien ». J'avais beau insister, rien n'y faisait, il ne pouvait légitimement pas accepter l'équation paradoxale suivante : « pas mal = pas bien » !

Bien que « C'est intéressant » soit plus facile à dire et à comprendre que « Ce n'est pas inintéressant », nombre de personnes continuent à utiliser cette dernière formulation. Serait-ce parce qu'il serait au-dessus de leurs forces d'oublier la connotation négative que l'on sent poindre dans leur propos, la petite pique, la désapprobation sous-jacente qui leur donne l'illusion d'un certain pouvoir ?

Un langage inaccessible est en effet un moyen de montrer son pouvoir. C'est ainsi que le jargon professionnel donne souvent l'impression d'une science inaccessible au commun des mortels, le sentiment d'un pouvoir magique dont seul l'expert aurait la maîtrise ! Les médecins et les notaires d'antan, pour ne citer que ces deux professions, utilisaient à la perfection cette méthode. Ils lui ajoutaient même, pour faire bonne mesure, une écriture indéchiffrable qui donnait à leur prose un caractère kabbalistique.

La puissance des analogies

Est-ce par hasard ou par simple souci esthétique que depuis toujours les contes, les fables, les paraboles, les métaphores, les analogies ont envahi la littérature ? C'est tout simplement parce que ces formes d'expression sont de puissants outils de communication.

Comme nous l'avons indiqué à propos de la vision, l'inconscient ne fait pas la distinction entre l'imaginaire et le réel. Une histoire imaginaire qui véhicule le sens du message que l'on veut transmettre aura donc un impact réel. Bien mieux que de longs discours, la fable *Le Chêne et le roseau* a convaincu des millions de personnes de l'importance de la flexibilité. *Le Corbeau et le renard* en a fait de même sur le danger des flatteurs.

Communiquer par analogies fait gagner en efficacité

Le manager qui veut gagner en temps et en efficacité dans sa communication a lui aussi intérêt à construire des analogies, ou au minimum à imaginer des exemples « parlants », comme celui-ci.

Après les secousses qui ont ébranlé le monde des entreprises à l'époque de l'affaire Elf, il est question d'un projet de loi destiné à lever la prescription de dix ans sur les abus de biens sociaux. Une émission de radio traite de ce thème. Les intervenants se noient dans des débats d'experts aussi ennuyeux que stériles. Les auditeurs, dont je suis, subissent en direct l'émission qui s'englue dans des échanges sans fin, quand un avocat prend la parole.

« Les auditeurs ne doivent pas comprendre grand-chose à cette affaire, constate-t-il. Je souhaite vous démontrer très rapidement l'ineptie de ce projet de loi. Imaginez un chef d'entreprise qui dirige une tréfilerie et qui subtilise dans l'entrepôt un rouleau de fil d'acier. Il s'agit là d'un abus de bien social, vous êtes d'accord ? » Ayant obtenu l'approbation des autres intervenants, il poursuit. « Ce même chef d'entreprise coupe un mètre de fil d'acier dans le rouleau et l'utilise pour étrangler sa secrétaire. Eh bien, si nous laissons ce projet de loi aller à son terme, le chef d'entreprise pourra être poursuivi, dix ans après les faits, pour abus de biens sociaux parce qu'il a volé un rouleau de fil d'acier à l'entreprise, mais il ne pourra plus être poursuivi pour avoir étranglé sa secrétaire ! Vous voyez bien la stupidité de ce projet de loi. »

Le silence qui a suivi cette intervention parlait de lui-même : tout était dit. L'animateur de l'émission a clos le débat pour passer à un autre sujet... Magie d'une communication pertinente.

SAVOIR NOMMER LE RÊVE

Dans l'ouvrage de Jacques Salomé *T'es toi quand tu parles,* une illustration montre un enfant en train de jouer avec des cubes. Une bulle reliée à sa tête montre un château, sans doute le château de ses rêves, qu'il tente maladroitement de reproduire à l'aide de ses cubes. Sa mère arrive alors dans la salle de jeux et, voyant un tas de cubes désordonnés s'écrie : « Tu vas ranger ce désordre ! » Même si ces mots partent d'une bonne intention, ils sont inadaptés à la situation et « ajoutent au malheur du monde ».

Il existe des mots assez toniques pour dynamiser. Il en est d'autres assez toxiques pour tuer, en l'occurrence tuer le rêve de quelqu'un. Si cette maladresse verbale, cette agression, est récurrente dans la vie familiale, elle aura pour conséquences de conduire d'abord l'enfant, puis l'adulte, à se méfier de son imagination ou à fuir ses rêves.

Jeanne rêve d'être médecin. Son père, frustré d'avoir échoué dans ses études de notariat, rêve de son côté d'avoir une fille notaire. De guerre lasse, Jeanne cède aux pressions paternelles, renonce aux études de médecine et se lance après son bac à la conquête du diplôme de notaire. Elle parvient au dernier examen qui lui donnera son diplôme. Cet examen est décisif parce qu'elle ne pourra pas le repasser en cas d'échec… Et elle échoue ! L'inconscient aurait-il des raisons que la raison veut ignorer ? Je me souviens encore de Jeanne dans mon bureau, en larmes, ressassant ces mots : « Que dira mon père quand il apprendra mon échec ? »

Quand elle reprend ses esprits, je lui propose de s'interroger.

• Quel était votre rêve professionnel ? Quelles études vouliez-vous vraiment suivre ?

• Qui de vous ou de votre père était le plus qualifié pour définir, nommer et choisir votre rêve ?

• Être notaire, était-ce le rêve de votre père ou le vôtre ? N'y a-t-il pas eu substitution de rêve ?

• N'est-ce pas légitime que votre inconscient ait saboté un projet qui n'était pas le vôtre ? N'est-ce pas légitime que toute votre énergie, tout votre talent, toutes vos ressources ne se soient pas mobilisées pour satisfaire le rêve de quelqu'un d'autre ?

Jeanne prend conscience du fait qu'elle a été victime d'un rêve par procuration. Voulant tellement faire plaisir à son père, elle lui a volé la responsabilité de le réaliser lui-même. Elle a failli gâcher sa vie en s'engouffrant dans un métier qui ne correspond pas à ce qu'elle désire. Elle réalise avec satisfaction que l'échec à l'examen final est une chance qui lui permet de se repositionner dans un projet plus adapté à ses aspirations.

Mal nommer les choses, mal qualifier un rêve – le sien ou celui de quelqu'un d'autre – éloigne de la performance ou conduit purement et simplement à l'échec.

L'IMPORTANCE DES MOTS

« La connaissance des mots conduit à la connaissance des choses. »
Platon

Paul et Marie ont respectivement 5 et 7 ans. Ils se disputent et en viennent aux mains. Si ces enfants ont la chance d'avoir des parents-managers, ils entendent une proposition calmement exprimée comme : « Je comprends que tu ne sois pas content que Marie t'ait pris ton jouet. Plutôt que de la frapper, comment pourrais-tu exprimer à ta sœur ce que tu ressens, simplement avec des mots ? » Et l'enfant entre ainsi dans un processus d'apprentissage du langage, dans l'appropriation d'un outil relationnel, en l'occurrence un outil de résolution de conflits.

Tout le monde n'a pas la chance d'avoir un tel environnement familial. Ceux à qui on n'a pas appris l'importance des mots n'ont souvent que le geste ou le cri comme moyen de se faire comprendre. Les éducateurs en charge de personnes dites « à problèmes » sont confrontés à cette difficulté au quotidien. Faute d'avoir un vocabulaire suffisant pour pouvoir s'exprimer verbalement, elles le font autrement :
– positivement, par l'intermédiaire du jeu, du sport, de la musique, de la peinture, de la danse… ;
– négativement, par la colère, les dégradations, l'agression, la violence… voire pire.

⇨ Dans l'entreprise, un collaborateur qui n'a pas un vocabulaire assez riche pour s'exprimer le fera par tous les moyens à sa disposition :
– positivement, ce sera une qualité de travail irréprochable, une efficacité de tous les instants, une créativité permanente, une compétence manuelle exceptionnelle… ;

– négativement, ce sera les dégradations, le sabotage, les malversations, les agressions physiques…

Donnons-nous les moyens de maîtriser les mots. Plus nous savons « jouer avec les mots », plus nous savons nous exprimer « juste », à notre satisfaction et à celle de nos interlocuteurs. Plus nous savons décoder ce que l'autre veut dire, plutôt que d'entendre simplement ce qu'il dit, plus nous avons accès, non seulement à la connaissance des choses, mais aussi à la connaissance des hommes.

LES MOTS, DES NUTRIMENTS FONDAMENTAUX

Nous sommes un système biologique qui n'assimile et ne métabolise que ce qui lui est donné. De ce point de vue, nous sommes un peu comme un ordinateur dont la production est en grande partie liée à la qualité des informations qui lui sont fournies. Pourtant nous sous-estimons trop souvent l'effet des mots sur notre état émotionnel, nos pensées, nos comportements.

Les mots que nous employons proviennent du « conditionnement » qui nous a façonnés depuis notre enfance, de la culture dans laquelle nous avons baigné jusqu'à ce jour. Ce sont de véritables nutriments dont dépend en partie notre bien-être, donc notre performance. À noter que nous sommes davantage conscients de l'incidence des nutriments alimentaires que de celle des nutriments linguistiques que sont les mots. C'est sans doute pourquoi nous ne sommes pas toujours attentifs aux mots que nous décidons de lire ou d'entendre.

Or, mieux contrôler les entrées *(Input)* de notre système, les lectures, les films, les conférences, les relations… a des conséquences visibles en termes d'enrichissement, de bien-être, de performance. De même, mieux contrôler les sorties *(Output)* de notre système, la qualité des mots que nous utilisons pour communiquer est un facteur de mieux-être, de qualité relationnelle, de performance.

Pour vous convaincre, amusez-vous à faire l'expérience suivante : dans vos prochains entretiens, remplacez des mots qui ont une connotation plutôt négative et prenez conscience de l'incidence de ces changements sur votre état émotionnel. Par exemple, arrangez-vous pour remplacer « avoir peur » par « être surpris », « détester » par « préférer », « mauvais » par « perfectible », etc.

LE LANGAGE, TRADUCTION DE NOS EXPÉRIENCES

Chaque fois que nous racontons telle expérience que nous avons vécue, les mots viennent tout seuls et notre auditoire est suspendu à nos lèvres. Nous sommes satisfaits d'avoir pu nous exprimer comme nous le souhaitions et notre auditoire a apprécié notre histoire… Le langage ne traduit pourtant pas toujours aussi bien la réalité. L'émetteur n'exprime pas les mots justes et le récepteur perçoit confusément un manque. À moins qu'il ne perçoive rien du tout et qu'il boive les mots de l'émetteur comme on avale des couleuvres.

Nous mesurons dans un cas la puissance des mots à exprimer notre pensée, et dans l'autre cas son impuissance. Pourquoi ?

La communication verbale permet de s'exprimer par des codes : les mots. C'est pourquoi elle est aussi appelée communication digitale, par opposition à la communication analogique qui est la communication non verbale.

Le mot-code, déconnecté d'un vécu est un simple concept, un contenant sans contenu, sans impact. Il ne permet pas encore de communiquer. C'est grâce au vécu que nous relions au mot, que celui-ci prend corps, prend du sens et prend vie. Le mot « crampillon » n'aura sans doute aucun impact sur vous avant que vous ne receviez de quoi vous en créer une représentation. Dès que vous aurez entendu la définition « clou recourbé en forme de U, synonyme de cavalier », le mot-concept, le mot-code sera décodé. Vous pourrez alors vous le représenter et il signifiera quelque chose pour vous…

LES TROIS PROCESSUS QUI DÉFORMENT LA RÉALITÉ

Le langage tente de représenter la réalité le plus précisément possible. C'est un exercice difficile, car un gouffre peut séparer la phrase que nous sommes capables d'émettre et ce que nous exprimons. Trois processus interviennent dans ce phénomène.

L'effaceur. Nous disposons d'une « ardoise magique » qui nous permet d'éliminer un certain nombre d'informations. Sans cet effaceur nous serions en situation de surcharge. Malheureusement, ce processus n'est pas toujours pertinent. Parce que nous supposons que notre interlocuteur est intelligent et qu'il comprend à demi-mot, nous nous risquons à supprimer des éléments d'une phrase : « Il est cher. » « Cher par rapport à quoi ? », s'interroge alors l'interlocuteur qui pendant quelques secondes tente de trouver une situation comparable dans son référentiel, dans sa base de données personnelle.

Le duplicateur. Nous usons et parfois abusons de la généralisation. Parce que nous avons manié un interrupteur un certain nombre de fois et que nous avons observé les conséquences sur l'éclairage d'une pièce, nous généralisons cette expérience à tous les interrupteurs. Cette compétence nous est fort utile, mais... Parce que nous avons vu trois fois quelqu'un de mauvaise humeur, nous sommes tentés de généraliser : « Il est toujours de mauvaise humeur. » Et lorsqu'une généralisation est tenace, elle peut installer une conviction à jamais, en l'occurrence sur la mauvaise humeur de cette personne qui ne l'a peut-être exprimée que trois fois dans sa vie !

Le prisme déformant. Nous avons la capacité de distordre la réalité. Cette faculté de notre cerveau est très utile quand il s'agit d'imaginer une superbe fermette face à une ruine sans forme, par exemple. Dans certaines situations, cette compétence peut pourtant générer des incompréhensions. « Je vois bien que vous n'êtes pas d'accord » peut être lancé à quelqu'un qui, interloqué, se demande bien ce qui peut motiver une telle phrase. L'émetteur a utilisé son prisme déformant pour interpréter à l'excès, pour distordre une réalité. Il a voulu lire dans le cerveau de l'autre, ce qui est un exercice périlleux. Observez la réaction d'une personne dont l'interlocuteur tente de deviner ce qu'elle veut dire et qui ne cesse de terminer les phrases à sa place...

LES QUESTIONS ANTIBROUILLARD

Les processus de suppression, de généralisation et de distorsion modifient considérablement le message que nous émettons ou que nous recevons. Nous sommes tous naturellement attirés par les raccourcis. Or ces raccourcis ne nous permettent pas d'exprimer ou d'entendre la réalité au plus près. Nous nous contentons trop souvent d'une communication superficielle qui nous prive d'aller au fond des choses. Pourtant, il existe un niveau de communication plus profond, plus riche, qui nous est facilement accessible grâce aux questions antibrouillard.

Processus	Formulation initiale	Questions directes	Questions indirectes (invitations)	Exemples de nouvelle formulation
A. Effaceur (idéal pour déclencher une mimique interrogative !)				
1. Effaceur simple	J'ai un problème de personnel.	Quel problème précisément ?	Si tu m'en disais davantage sur ton problème.	J'ai un problème, un de mes collaborateurs est absent et je ne sais pas comment le remplacer.
	Je crains la journée de demain.	Que craignez-vous exactement ?	Parlez-moi de votre journée de demain et dites-moi ce que vous craignez…	Demain, je dois rencontrer M. Durand et je crains de ne pas savoir justifier nos retards de livraison.
	Paul m'agace.	En quoi ? À quel sujet ? À propos de quoi ?	Expliquez-moi ce qui vous agace chez Paul…	Je suis agacé par les remarques désobligeantes de Paul sur les autres membres de l'équipe.
2. Manque de référentiel	Ce n'est pas simple.	Quoi spécifiquement ? Par rapport à quoi ?	Expliquez-moi ce qui n'est pas simple et en quoi ce n'est pas simple…	Mettre en place ce processus en une semaine me semble difficile, parce que…
	Il est plus cher.	Qu'est-ce qui est plus cher ? Plus cher que quoi ? Par rapport à quoi ?	Dites-moi ce qui est plus cher… Expliquez-moi par rapport à quoi il est plus cher…	L'ordinateur X est plus cher que l'ordinateur Y qui a des caractéristiques comparables.
3. Verbe non sensoriel	Je sais que…	Comment savez-vous que… ?	Je suis curieux de savoir comment vous savez cela…	Pour avoir lu de nombreuses études sur le sujet et avoir moi-même expérimenté cela plusieurs fois, je sais que…
	J'ai décidé de…	Comment avez-vous fait pour décider de… ?	Dites-moi comment avez-vous fait pour décider de…	Après avoir lu les différentes solutions proposées, en avoir discuté avec mes collègues, les avoir analysées une à une, j'ai décidé de…
B. Duplicateur				
4. Absolu (idéal pour générer des oppositions !)	On est tous d'accord.	Vraiment tous ? Sans exception ?	Racontez-moi comment vous avez réussi à obtenir l'accord de tout le monde…	La majorité est d'accord. Reste à convaincre deux collaborateurs.

Processus	Formulation initiale	Questions directes	Questions indirectes (invitations)	Exemples de nouvelle formulation
B. DUPLICATEUR				
4. Absolu (idéal pour générer des oppositions !)	Tout ce qu'il fait est nul, il n'y a rien à en tirer.	Tout est-il vraiment nul ? N'y a-t-il pas une exception ? Qu'y a-t-il de positif dans ce qu'il fait ?	Racontez-moi comment il s'y prend pour ne faire que des travaux nuls... et dans quelles circonstances il fait un travail correct...	Lorsque (telles conditions) sont réunies, il travaille correctement.
	C'est la plus belle voiture du monde !	Vraiment ? N'y a-t-il pas une voiture comparable ? N'a-t-elle pas quelques points perfectibles ?	Dites-moi ce qui vous fait dire que c'est la plus belle... Je comprends que sur (tels points) vous la trouviez incomparable... Dites-moi ce que vous en pensez sur (tels autres points)...	À mon avis, cette voiture a le plus beau design que je connaisse. C'est bien sûr un avis personnel. Et vous, qu'en pensez-vous ?
	Cette voiture est toujours en panne.	Vraiment toujours ? Arrive-t-il qu'elle fonctionne quand même de temps en temps ?	Expliquez-moi comment il se fait que cette voiture tombe toujours en panne... Et à quels moments elle fonctionne quand même...	Je suis très ennuyé avec cette voiture parce que je dois l'emmener au garage au moins une fois par mois.
	Il a toujours été, il est et il sera toujours un imbécile.	Qu'est-ce qui vous fait dire cela ? N'y a-t-il pas un cas où il a fait preuve d'intelligence ? Qu'est-ce qui vous fait penser qu'il ne pourra jamais s'améliorer ?	Je suis curieux de savoir ce qui vous fait dire ça. Dites-moi s'il n'y a pas un cas où il a fait preuve d'intelligence, si le qualificatif d'imbécile concerne son travail ou sa personne.	Je suis très mécontent du travail qu'il m'a fourni, parce que...
	Cette affaire ne m'a attiré que des ennuis.	Que des ennuis vraiment ? Pas une seule satisfaction ?	J'aimerais que vous me parliez des ennuis que vous a attirés cette affaire, de ce que vous avez appris, des enseignements que vous avez tirés...	Cette affaire m'a attiré ebaucoup d'ennuis (énumération), mais j'ai finalement tiré de cette expérience les enseignements suivants...

Processus	Formulation initiale	Questions directes	Questions indirectes (invitations)	Exemples de nouvelle formulation
B. Duplicateur				
5. Nominalisation d'un verbe (idéale pour la langue de bois !)	La communication est une chose importante pour moi.	En quoi communiquer est-il important pour vous ? Comment communiquez-vous généralement ? Sur quoi ? Avec qui ?	Dites-moi ce qui fait que communiquer est important pour vous. Comment vous faites pour communiquer... Ce que vous aimez communiquer, avec qui ?	À mon avis, communiquer est une chose importante, parce que... Pour moi, communiquer, c'est...
	Pour réussir dans ce dossier, il faut de l'innovation.	Qu'est-ce qu'innover selon vous ? Comment faire pour innover ?	Merci de me dire ce qu'est innover pour vous... les méthodes possibles pour innover.	Pour réussir dans ce dossier, il faut innover. Voici comment je vois les choses...
6. Nécessité (idéale pour générer le stress !)	Il faut que je fasse ce travail pour 18 heures.	Et si vous ne le faisiez pas, qu'adviendrait-il ? Est-ce que vous êtes obligé ou est-ce que vous décidez de faire ce travail pour 18 h ?	Dites-moi en quoi il est absolument nécessaire que ce travail soit fait pour 18 h... et quelles seraient les conséquences si vous ne le faisiez pas.	J'ai décidé de faire ce travail pour 18 h (ou pour 19 h si les conséquences sont acceptables), parce que...
	Je dois rendre visite à Pierre.	Et si vous ne le faisiez pas, que se passerait-il ? Est-ce une obligation ou un choix de votre part ? Si vous n'y alliez pas.	Voulez-vous m'expliquer en quoi rendre visite à Pierre est indispensable... Et quelles seraient les conséquences.	J'ai choisi d'aller rendre visite à Pierre vendredi prochain, parce que..., dans le but de...
7. Impossibilité (idéale pour la fuite !)	Je ne peux pas le faire pour lundi.	Qu'est-ce qui vous en empêche ? Si vous pouviez le faire, comment vous y prendriez-vous ?	J'aimerais savoir ce qui fait que lundi vous paraît impossible... ce qui vous empêche de le faire pour lundi... ce que vous feriez si vous pouviez le faire pour lundi.	Je le ferai pour lundi, à condition que je puisse travailler sans interruption vendredi. Je prends donc les dispositions pour...

Processus	Formulation initiale	Questions directes	Questions indirectes (invitations)	Exemples de nouvelle formulation
B. Duplicateur				
8. Source inconnue (idéale pour la rumeur !)	Les montres X sont réputées les meilleures.	Qui affirme cela ? Qu'est-ce qui vous fait dire qu'elles sont les meilleures ?	Racontez-moi comment vous en êtes arrivé à cette conclusion, d'où vous tenez ces informations ?	D'après les études publiées récemment par cinq associations européennes de consommateurs, les montres X ont le meilleur rapport qualité-prix dans leur catégorie.
	On dit que…	Quand vous dites « on », de qui s'agit-il spécifiquement ?	Je suis curieux de savoir comment vous avez obtenu cette information… De qui vous la tenez…	Jean m'a rapporté que dans son service…
C. Prisme déformant				
9. TVA (Télépathie-Voyance-Anticipation) (idéales pour frustrer et agacer)	Je vois bien que vous n'êtes pas d'accord.	Comment savez-vous cela ? Qu'est-ce qui vous fait dire cela ?	Ça m'intéresse de savoir comment vous savez cela… Ce qui vous fait dire cela…	J'ai le sentiment que vous ne partagez pas mon point de vue sur cette question. J'aimerais savoir ce que vous en pensez…
	Il ne m'apprécie pas.	Comment savez-vous cela ? Qu'est-ce qui vous permet d'affirmer cela ?	Je suis curieux de savoir ce qui vous fait dire cela…	Vu les remarques désagréables qu'il me fait à chaque réunion de service, j'ai le sentiment qu'il ne m'apprécie pas.
10. Lien de cause à effet	Lorsque j'entends Jacques, je suis tendu.	En quoi le fait de l'entendre provoque une tension ? Êtes-vous tendu chaque fois que vous l'entendez ?	Racontez-moi ce qui se passe lorsque vous entendez Jacques…	Lorsque j'entends Jacques, je suis tendu parce que chaque fois qu'il arrive dans le service il agresse quelqu'un…
11. Signification multiple	J'aime les entreprises.	Quel type d'entreprise ? Quelle taille ? Quelle activité ?	Parlez-moi des entreprises que vous aimez…	J'aime les entreprises artisanales qui fabriquent des meubles à l'unité.

Processus	Formulation initiale	Questions directes	Questions indirectes (invitations)	Exemples de nouvelle formulation
C. Prisme déformant				
12. Présupposition	J'ai une nouvelle mission (présuppose que j'en avais déjà une).	Quelle différence avec l'ancienne ? Quels avantages ? Quels inconvénients ?	Je suis curieux de savoir en quoi consiste votre nouvelle mission… Les avantages, les inconvénients par rapport à l'ancienne…	J'ai une nouvelle mission. Mon ancienne était… avait… Ma nouvelle est… a…
	Il va encore refuser (présuppose qu'il a déjà refusé).	Qu'est-ce qui vous fait dire qu'il va refuser ? Qu'est-ce qui diffère cette fois ? Qu'est-ce qui peut faire qu'il accepte ? Quel est le meilleur moyen de le faire accepter ?	Dites-moi ce qui vous fait dire qu'il va refuser… En quoi c'est différent cette fois… Ce qui peut le faire accepter… Le meilleur moyen pour le faire accepter..	Quand il aura accepté, je serai soulagé (présuppose qu'il acceptera).
	Si j'y arrivais, je serais comblé (présuppose que je doute du succès).	Si vous pouviez y arriver, comment vous y prendriez-vous ? Qu'est-ce qui peut vous permettre d'y arriver, qui vous en empêche ? Quel est le meilleur moyen d'y arriver ?	Dites-moi comment vous vous y prendriez si vous pouviez y arriver. Ce qui peut vous permettre d'y arriver, vous en empêcher… Le meilleur moyen d'y arriver…	Quand j'y arriverai, je serai comblé (présuppose que j'y arriverai).
	Je vais essayer de finir ce soir (présuppose que je doute du succès).	Qu'est-ce qui peut vous permettre de finir ce soir ? Que vous faut-il faire pour que ce soit fini ce soir ?	Discutons ensemble de ce qui peut vous permettre de finir ce soir… de ce qu'il faut mettre en œuvre pour pour que ce soit fini ce soir.	Je finirai ce travail ce soir. Pour cela, j'ai négocié avec M. X un report de livraison de 24 heures.
	Les chèques ne sont plus acceptés (présuppose qu'ils l'étaient auparavant).	Quelle différence avec avant ? Quels avantages, quels inconvénients ? Qu'est-ce qui empêche de les accepter ?	Dites-moi ce qui vous permettait d'accepter les chèques avant… Les avantages, Les inconvénients… Ce qui vous empêche de les accepter aujourd'hui…	Nous vous prions de régler exclusivement par carte bancaire ou en espèces. Merci de votre compréhension.

Un « Comment ça va ? » matinal suivi d'un « Ça va » laconique est un exemple courant de communication superficielle. Celui qui accepte cette réponse comme la réalité de l'autre « avale une couleuvre ». Il peut se réjouir que l'autre aille bien, en faire part à une tierce personne qui transmettra la bonne nouvelle sans vérification, sans validation, et ainsi de suite jusqu'à ce qu'une rumeur infondée se propage. Combien de malentendus prennent leur source dans cette communication superficielle ?

Les questions antibrouillard présentées auparavant sont des questions d'élucidation. Elles sont comme des projecteurs et ont pour fonction de vérifier par exemple si « Ça va » correspond à une réalité ou à un comportement social de circonstance. Elles permettent d'interroger de façon pertinente la surface des choses pour éclairer, clarifier notre langage ainsi que celui des autres. Elles permettent ensuite de formuler et de faire dire plus justement, car plus une personne est consciente de la manière dont elle s'exprime, plus elle verbalise juste et communique juste.

Les questions antibrouillard sont de précieux outils pour bien communiquer. Selon le contexte, le niveau d'intimité, le niveau de risque, on pourra choisir les questions directes ou les questions indirectes. Les premières, plus incisives, sont à consommer avec plus de modération que les secondes, plus feutrées.

Utilisées sans égards, sans élégance, les questions directes sont comme de puissants projecteurs braqués sur les yeux de notre interlocuteur. Et chacun sait qu'une communication de type interrogatoire peut nuire à la qualité d'une relation. Bien communiquer exige de clarifier certes, mais dans le respect de l'autre, en prenant le temps nécessaire. C'est la qualité de notre perception qui nous permet de doser, d'évaluer jusqu'où ne pas aller trop loin dans le questionnement. À défaut de percevoir cette limite, nous prenons le risque d'une inhibition, d'une paralysie, d'une fuite ou d'un conflit. Le tableau ci-avant (pages 310-315) montre l'alternative questions directes/questions indirectes avec des exemples qui s'y rapportent. À noter que ces questions peuvent s'appliquer aussi bien à nous-mêmes qu'à nos interlocuteurs.

Le pouvoir des questions

Nous nous posons en permanence des questions et nous ne sommes pas toujours conscients de leur pouvoir. Par exemple, une question comme : « Qu'est-ce que Pierre va encore me faire comme erreur aujourd'hui ? » aura pour conséquence de mettre le manager dans un état émotionnel négatif pour entrer en relation avec Pierre. Alors qu'une question comme : « Que puis-je faire pour que les choses se passent bien pour Pierre aujourd'hui ? » met évidemment le manager dans une disposition nettement plus favorable lorsqu'il entrera dans son bureau.

Savoir maîtriser le questionnement est utile dans la relation à soi-même : « Comment vais-je m'y prendre pour y arriver ? » sera préféré à « Vais-je y arriver ? » Cette compétence est également utile dans la relation aux autres : « Quelles solutions envisagez-vous pour résoudre cette situation ? » remplacera avantageusement « Comment se fait-il que vous rencontriez encore ce problème ? »

Avec les premières questions, le manager aura immédiatement enclenché pour lui-même et son collaborateur une dynamique de résolution de problème. C'est toute la magie des bonnes questions…

Il est un questionnement auquel nous devons être particulièrement attentifs, c'est celui qui est produit par ce que l'on pourrait appeler un « générateur automatique de questions ». Lorsqu'elles sont émises, elles passent immédiatement au travers du filtre de notre base de données personnelle – notre personnalité, notre culture, notre patrimoine d'expériences, nos valeurs, nos convictions… – pour finir par produire une image sur un véritable écran de télévision interne. Si cette représentation est positive, nous sommes automatiquement dans un état émotionnel positif et dans une prédisposition au succès. Si elle est négative, nous plongeons instantanément dans un état émotionnel négatif et dans une prédisposition à l'échec.

Le manager qui se pose des questions pertinentes et qui sait aussi en poser à ses collaborateurs crée donc des conditions favorables à la performance.

MasterManager®

« Il ne suffit pas de parler, il faut parler juste. » (Shakespeare)

Communication non verbale

De nombreux spécialistes en communication, comme Edward Hall, se sont consacrés à l'étude du non-verbal et ont montré le rôle essentiel de ce langage silencieux.

En fait, c'est surtout l'interaction cohérente entre le verbal (les mots), le paraverbal (l'intonation) et le non-verbal (la gestuelle), c'est-à-dire la congruence, qui joue un rôle majeur. Par exemple, féliciter un collaborateur avec des mots positifs et une voix d'outre-tombe, une tête d'enterrement et un corps avachi n'aura probablement pas l'effet escompté. Pas plus qu'un recadrage consécutif à une faute, effectué avec un large sourire, sur un ton guilleret, avec une posture désinvolte !

Le corps parle et doit être en phase avec l'intention de la communication. Une position de face à face, en chiens de faïence, est décodée inconsciemment comme une posture d'agression. L'un des interlocuteurs peut interpréter que l'autre veut en découdre, veut lui tenir tête, même s'il n'en est rien. Les bras croisés peuvent être perçus comme un signe de fermeture à la communication, le corps de travers comme une envie de fuir, le regard vers le bas comme une volonté de dissimuler, etc.

Être le « bras droit » de quelqu'un exige une position physique en relation avec le statut de n-1. Si le subordonné est à la gauche de son n-1, cela « sonne faux ». Cette position peut être décodée comme un abandon de pouvoir de la part du manager ou une volonté de prise de pouvoir de la part du subordonné.

Combien de réunions sont, dès le départ, vouées à l'échec parce que la position physique des participants n'est pas prise en compte. Exemple : le directeur général à la gauche du président et le personnel gréviste en face. Si l'on y ajoute un ton agressif et un regard foudroyant, les chances d'obtenir une réunion productive sont bien minces.

LA SYNCHRONISATION

Dans nos interactions quotidiennes, nous recherchons inconsciemment notre « double » et quand nous l'avons trouvé, nous nous sentons bien. L'effet miroir s'est produit ; nous sommes avec quelqu'un qui nous ressemble, en qui nous nous reconnaissons, qui vibre au même rythme que nous. Nous sommes synchronisés.

Nous vivons des quantités de situations dans lesquelles nous sommes synchronisés sur les autres : quand nous partageons un repas, dans un stade pendant la Ola, autour d'une table de réunion, dans un spectacle lorsque nous partageons la même émotion, au cours d'une activité sportive, sur une piste de danse ou lors d'une promenade lorsque nous sommes tous au même rythme… Ce mimétisme naturel aboutit à un phénomène intéressant à observer en matière de communication : les cœurs s'ouvrent, la parole se libère, les interactions sont facilitées. On a un sentiment d'appartenance, on se sent en phase avec les autres. Le phénomène peut aller jusqu'à l'empathie, état dans lequel on vit ce que vivent les autres, on ressent ce qu'ils ressentent, on est en résonance avec eux.

Le manager veille à créer les conditions pour que ce phénomène se produise : repas en commun, activité sportive ou culturelle en commun, travail d'équipe. C'est l'outil principal des actions de construction d'équipe généralement appelée *Team-Building*. Il s'agit de la microsynchronisation qui s'inscrit elle-même dans un processus plus vaste : la macrosynchronisation.

La macrosynchronisation affecte des groupes sociaux, des populations entières. Elle est à l'origine des modes, des tendances à grande échelle, des courants sociologiques. Le sociologue David Phillips de l'université de San Diego qualifie la macrosynchronisation d'effet Werther du nom du roman de Goethe *Les Souffrances du jeune Werther* (1774). Dans cet ouvrage, le héros, romantique hypersensible, se suicide. Acte banal en littérature mais qui, à l'époque, eut des conséquences inattendues. En effet, à la suite de la publication de l'ouvrage, une impressionnante vague de suicides balaya l'Europe.

Le processus de mimétisme collectif a été étudié par David Phillips qui aboutit aux conclusions suivantes : quand un suicide est largement annoncé dans la presse, une surprenante augmentation des accidents se produit (accidents d'automobiles, d'avions de ligne, d'avions privés). Et le phénomène est accentué dans les zones où le suicide a fait l'objet d'une communication intensive. Quand il s'agit du suicide d'une seule personne, c'est le nombre d'accidents individuels qui augmente. Quand il s'agit de suicides collectifs et/ou associés à des meurtres, c'est le nombre d'accidents avec plusieurs victimes qui augmente. Même les âges des victimes sont étonnamment comparables. La macrosynchronisation étant à l'œuvre, les suicides augmentent. En ce qui concerne les accidents mortels, ils ne seraient selon David Phillips que des suicides « déguisés ». Les études qu'il a menées montrent que deux pics se produisent : le premier trois à quatre jours après l'annonce du suicide, le deuxième sous forme de réplique, sept à neuf jours après l'annonce.

La synchronisation nous concerne donc tous, que ce soit au niveau de la microsynchronisation ou au niveau de la macrosynchronisation.

Certains ne manquent pas d'utiliser ce processus à des fins plus ou moins contestables : la claque et les « bisseurs » dans les spectacles, les rires préenregistrés à la télé, les rieurs professionnels dans les soirées « people », les faux acheteurs dans les réunions de prospects, les produits gratuits par milliers pour lancer une mode. Les adolescents sont une cible privilégiée pour ces méthodes. Ultrasensible à la synchronisation, elle fonctionne sur le miroir social, la recherche d'appartenance et sur une peur : « Si je ne suis pas à la mode, je ne ressemblerai pas aux autres et je serai rejeté(e). »

Le manager performant veille à utiliser de façon pertinente et respectueuse la synchronisation dans sa relation avec ses collaborateurs. Elle lui permet d'être en phase avec eux et donc de mieux communiquer. Il sait se mettre au même niveau et au même rythme que ses collaborateurs, il sait créer des moments de convivialité au cours desquels tout le monde vibre à l'unisson.

Le regard

Le regard parle de façon très précise. C'est un élément du non-verbal incontournable dans la communication. L'aspect culturel doit bien entendu être pris en considération. Par exemple, lorsqu'un Japonais et un Français se rencontrent, le risque est que le Japonais pense « Quelle arrogance ! », parce que le Français le regarde droit dans les yeux, et que le Français pense « Quel hypocrite ! », parce que le Japonais baisse le regard en signe de déférence.

Différence culturelle mise à part, le regard d'une personne se porte naturellement vers le haut lorsqu'elle est en relation avec des images. Par exemple, lorsqu'elle se remémore le jour de son entrée dans l'entreprise, son regard se dirige en haut à gauche et lorsqu'elle imagine la prochaine réorganisation de son bureau, il se dirige en haut à droite. De la même manière, lorsqu'elle se souvient des paroles que son patron a prononcées le jour de son arrivée dans l'entreprise, son regard se dirige horizontalement sur la gauche alors que lorsqu'elle imagine ce qu'elle dira à son équipe lors de la réunion du lendemain, son regard se dirige horizontalement vers la droite. Lorsqu'elle se dit des choses à elle-même, elle est en dialogue interne, elle regarde alors vers le bas à gauche. Enfin, lorsqu'elle est dans ses sensations, ses sentiments, ses yeux fixent naturellement le bas à droite. Ces mouvements oculaires sont souvent brefs et peu perceptibles.

À part quelques rares exceptions, nous sommes tous logés à la même enseigne en cette matière. Ce qui fait que là encore, si les mouvements oculaires sont conformes à ce qui est dit, cela sonne juste et la communication fonctionne. Dans le cas contraire, l'interlocuteur décode une incohérence qui nuit à la communication.

EXEMPLES

Le manager parle depuis vingt minutes à son équipe d'un projet enthousiasmant en regardant en bas à gauche, ce qui signifie qu'il est en train de se parler à lui-même : « Est-ce bien la bonne approche ? Ne prend-on pas trop de risques ? Que vont-ils en penser ?... » Son discours ne porte pas puisqu'un projet qui se déroulera par définition dans l'avenir devrait déclencher un regard en haut à droite.

Le manager interroge son collaborateur sur la façon dont s'est déroulée une visite commerciale. Le collaborateur lui affirme que tout s'est bien passé. Il veut convaincre et utilise un ton volontairement assertif. Il porte son regard en haut à droite. Le manager perçoit que la façon dont son collaborateur s'exprime sonne faux. Après vérification, il réalise que la visite s'est soldée par un clash avec le client.

TENTATIVE DE MANIPULATION DÉJOUÉE

EST-CE QUE LES ACCÈS OCULAIRES peuvent être utilisés pour manipuler ? Il est toujours possible de tenter, mais les chances de succès sont minces. L'inconscient est en effet capable de déjouer ce type de piège, comme le montre l'exemple suivant.

Bill Clinton, conseillé par un spécialiste dont vous jugerez de la compétence, organise une conférence de presse. Le pupitre d'où il s'adresse aux journalistes fait que ceux-ci sont tous situés sur sa gauche. Lorsqu'une question embarrassante lui sera posée, son regard se portera donc automatiquement vers la gauche. Ceci est cohérent parce que lorsque l'on a accès à sa mémoire, à son passé, le regard se porte sur la gauche.

La conférence de presse se déroule et la question fatale lui est posée : « Avez-vous eu des relations sexuelles avec Mlle Monica Levinski ? » Bill Clinton répond en regardant bien sur sa gauche, attentif au fait de ne pas avoir un accès oculaire droit qui le trahirait.

C'est alors que le paraverbal, l'intonation, entre dans la danse en indiquant clairement que sa réponse n'est pas crédible. Vous connaissez la suite...

Quand nos sens sont en éveil, quand nous sommes attentifs, nous sommes lucides et la manipulation a peu de prise sur nous.

Plutôt que de dépenser de l'énergie à manipuler, mieux vaut donc communiquer... tout simplement.

S'il y a congruence dans la communication, le regard se dirige vers le haut à gauche, car il s'agit pour le collaborateur de se remémorer une situation passée. Comme son regard se porte en haut à droite, le collaborateur est en train de construire une situation qu'il n'a pas vraiment vécue.

Pour bien communiquer

« Le manager doit être capable de dire ce qu'il va faire,
de dire ce qu'il veut avec précision. »
Pierre-Yves Legris, P-DG de Legris Industries

Dans le mot communication, il y a étymologiquement « avec » puis « unique » et enfin « processus ». La communication serait-elle un processus qui permet d'être « un avec » l'autre, d'être « comme un » ? d'être dans la même bulle ? Quand la communication est bonne, elle a en effet, comme la communion, une dimension empathique qui fait qu'à un certain moment le récepteur et l'émetteur ne font plus qu'un.

Je vous propose une définition enrichie : la communication est un processus d'influence interactif destiné à véhiculer, partager et se mettre d'accord sur UN message dans une relation gagnant-gagnant.

• Interactif : il s'agit bien d'une relation multidirectionnelle, et non unidirectionnelle qui ne serait que de l'information.

• Gagnant-gagnant : chaque partie en présence doit tirer un avantage à l'issue des échanges. Il est important de le préciser dans la mesure où la communication et la manipulation utilisent un processus identique. La seule différence est qu'à l'issue de la seconde, il n'y a qu'un seul gagnant : le manipulateur.

Notons que si le manager utilise la communication pour manipuler, il y a fort à parier que l'effet ne sera pas durable. Les interlocuteurs ne sont pas naïfs, ils peuvent être ponctuellement victimes de ce type d'agissement, mais pas durablement. C'est ainsi que ceux qui utilisent la communication pour tromper, travestir, illusionner,

CONDUCTEUR DE COMMUNICATION

CE CONDUCTEUR EN 7 ÉTAPES a fait ses preuves dans toutes les circonstances de la vie relationnelle, qu'elle soit professionnelle ou personnelle. Quand il est suivi selon un ordre immuable en y ajoutant bien entendu sa propre sensibilité, il permet d'optimiser considérablement sa communication.

1. Préparation. Définir avec précision l'objectif et ce qui doit être communiqué. Identifier le mieux possible le profil de l'interlocuteur. Lister les valeurs auxquelles il semble particulièrement attaché. Prévoir d'aller droit au but pour éviter les dérives et les discussions sur les détails : « j'ai souhaité vous voir pour vous demander de ramener le taux de rebut à 1 % pour le 30 novembre. »

2. Perception photographique. Dans l'étape de préparation et lors des échanges, utiliser le « zoom » pour photographier à la fois le cadre général et les détails. Ce type de perception est à l'opposé du mode « holographique », à l'origine de nombreuses erreurs, qui généralise à partir d'un détail et qui déduit les détails à partir d'une perception globale.

3. Aïkido verbal. Accompagner et reformuler ce que le récepteur a exprimé : « Si j'ai bien compris votre point de vue, vous considérez qu'en modifiant la ligne de production à ce niveau, le taux de rebut pourra être ramené à 1 %, c'est bien cela ? »

4. Feu vert. À ce stade, l'interlocuteur doit impérativement donner son accord sur ce qui vient d'être dit. Tant que le feu vert ne s'est pas allumé, il est inutile de commencer à émettre son point de vue. Le feu vert peut se traduire par une phrase comme : « C'est bien cela ! » ou « Exactement ! »

5. Émission. Ce n'est qu'à ce stade que le manager s'exprime vraiment. Il ne doit pas le faire plus tôt sous peine de tomber dans le piège de l'émission ▶

CONDUCTEUR DE COMMUNICATION

prématurée, source fréquente d'échec en communication.

6. *Feed-back*. Cette étape conduit soit à un accord et la communication prend fin, soit au début d'un cycle d'échanges qui reprendra systématiquement les étapes précédentes jusqu'à un accord.

7. Retour à l'étape 2. Si les deux interlocuteurs ne se sont pas mis d'accord, le manager approfondit et affine ses informations en revenant à l'étape de la perception photographique.

séduire... perdent tôt ou tard leur crédibilité. « Séduire, c'est mentir », disent les psychanalystes. Et quand le mensonge est installé dans le système relationnel, le fil de la crédibilité et celui de la confiance sont coupés, avec toutes les conséquences qui s'ensuivent.

L'effet de la communication est perceptible et s'évalue lors du *feed-back*. Lorsque notre interlocuteur a compris ce que nous avons communiqué, il nous adresse un *feed-back* comme : « Vous souhaitez que je pilote ce dossier pendant l'absence de Marie, jusqu'à vendredi soir, c'est bien cela ? » Notre interlocuteur ayant été capable de reformuler clairement ce que nous avons communiqué, nous pouvons considérer que notre communication a été efficace. Dans le cas contraire, nous devons réajuster notre communication pour mieux nous faire comprendre et non critiquer l'interlocuteur pour son incapacité à comprendre.

Une règle d'or en communication : « Lorsque mon interlocuteur n'a pas compris mon message, c'est à moi d'améliorer ma communication. » En management, lorsque le manager a admis qu'il porte la responsabilité de la communication avec ses collaborateurs, il s'attache à éviter les erreurs majeures.

Après une pratique systématique des fondamentaux de la communication, après que son utilisation est automatisée, le manager bénéficie d'une compétence avec laquelle il peut commencer à jouer, à improviser, selon la personnalité et les talents qui lui sont propres.

Schéma classique de l'apprentissage, d'abord laborieux pour devenir ensuite de plus en plus léger au fur et à mesure que la compétence s'installe et se révèle. Vertu de la pratique pour passer d'une compétence consciente à une compétence inconsciente. L'exemple suivant montre comment un manager a utilisé la communication avec subtilité, avec sa propre sensibilité, pour résoudre un problème auquel tout manager peut être confronté un jour ou l'autre.

LA COMMUNICATION EN ACTION

L'exemple suivant est un cas réel qui montre les effets de la communication en action dans l'entreprise.

Depuis cinq ans, une agence bancaire de huit personnes est en déclin continuel. Le chef d'agence étant « inexistant » depuis quatre ans, il n'y a pas de pilote dans l'avion. Le personnel est démotivé. Cette démotivation se traduit par une ambiance désagréable, voire détestable à certains moments : chacun pour soi, pas de solidarité entre les membres de l'équipe, « peaux de banane » pour tester la compétence des collègues, conflits fréquents, augmentation des erreurs, fuite des responsabilités, augmentation de l'absentéisme en fréquence et en durée... Que des grands classiques de la démotivation ! Si cette situation n'avait pas de conséquences graves, on pourrait en sourire tant elle est caricaturale. L'heure n'est cependant pas à la plaisanterie, car les résultats régressent de façon dramatique à la fois en quantité et en qualité. Voici quelques exemples.

• Le nombre de clients décroît lentement mais sûrement.

• Les clients fidèles quittent le navire et ouvrent des comptes pour eux et leurs enfants dans des établissements concurrents.

• Le nombre d'ouverture de comptes piétine.

• L'activité des comptes existants stagne ou ralentit.

• Les produits qui sortent de l'ordinaire ne sont pas proposés aux clients.

• Le nombre de réclamations clients n'a jamais été aussi élevé.

• Les marges diminuent.

Ce scénario catastrophe met en péril l'existence même de l'agence, mais ce n'est pas pour autant que le personnel, naguère motivé et enthousiaste, fait preuve de responsabilité et de créativité pour améliorer les choses. Pire, il baisse les bras, convaincu du fait qu'aucune solution ne peut émerger. Dans l'esprit des collaborateurs, même un changement de directeur d'agence ne permettra pas une amélioration significative. La situation est tellement grave que la direction générale envisage de fermer purement et simplement l'agence si une solution n'est pas trouvée rapidement. La clientèle sera transférée dans l'agence la plus proche. Certes, tous les clients ne suivront pas, mais aux yeux de la direction générale, mieux vaut un client satisfait que dix clients mécontents.

On ne peut que lui donner raison lorsque l'on sait qu'un client satisfait en parle en moyenne à trois personnes autour de lui, ce qui en fait un précieux prescripteur, alors qu'un client insatisfait communique ses états d'âme à six fois plus de gens, ce qui en fait un redoutable destructeur ! Destructeur d'image, de réputation, de chiffre d'affaires, de marge, de pérennité… Les nombreuses études réalisées sur ce sujet donnent des chiffres différents selon les contextes et les secteurs d'activité, mais le principe est toujours vérifié : un client insatisfait est un puissant surmultiplicateur d'image négative, sans commune mesure avec l'image positive véhiculée par un client satisfait.

C'est dans ce contexte que la direction générale décide de donner une dernière chance à l'agence en nommant un nouveau directeur. Celui-ci a carte blanche pour mener à bien sa mission de sauvetage. Voici la solution qu'il met en œuvre sur la base du conducteur de communication présenté plus haut.

1. Préparation • Perception photographique • Aïkido verbal • Feu vert

Le directeur d'agence commence par mettre en œuvre ce principe bien connu en management. Il s'attache à :

① Observer et écouter attentivement pour se représenter la situation de façon aussi objective et fidèle que possible, pour se faire une idée claire de l'état des lieux.

② Rencontrer chacun individuellement et écouter sa description personnelle de la situation de l'agence ; entendre ses éventuelles demandes et ses suggestions.

③ Réunir l'équipe lors d'une réunion informelle, puis lors de réunions plus formelles.

④ Observer les comportements individuels.

⑤ Observer les interactions entre les membres de l'équipe.

⑥ Passer le temps nécessaire à collecter les informations les plus fines qui soient pour se faire l'idée la plus précise qui soit de la situation.

⑦ Rendre compte des observations.

⑧ Rendre compte de l'analyse réalisée sur la situation.

⑨ Recueillir un accord de l'équipe sur les observations et sur l'analyse.

2. Émission

Une jeune collaboratrice est identifiée par le directeur d'agence comme pilote possible. Elle a 25 ans, occupe la fonction de guichetière, fonction qu'elle exerce sérieusement, sans faire de bruit, mais sans grand enthousiasme. C'est une collaboratrice dite sans histoire. Comme elle veut « être bien avec tout le monde » et qu'elle est influençable, elle a tendance à suivre le dernier qui a parlé... surtout s'il est délégué syndical. Jusqu'alors, elle « faisait partie des meubles », remplissait de manière plutôt satisfaisante les missions qui lui étaient confiées. Personne ne s'était vraiment posé de question sur ses potentiels. Lors de ses premiers entretiens, le nouveau directeur d'agence identifie chez elle de grandes qualités jusqu'alors inexploitées dans sa fonction de guichetière. C'est sur ces qualités qu'il va s'appuyer pour faire réussir son « pilote » et créer les conditions d'un changement vital pour l'agence. Le directeur d'agence et sa collaboratrice-pilote mettent en œuvre une nouvelle méthode de fonctionnement. Après plusieurs réunions de travail, ils se mettent d'accord sur un nouveau « contrat » :

- Ils définissent ensemble les objectifs à atteindre.

- Ils échangent sur les moyens nécessaires pour y parvenir.

• Ils établissent un planning de réunions flash au cours desquelles seront évalués les résultats des actions menées et seront traitées les difficultés rencontrées.

• Ils font systématiquement part des progrès réalisés à l'ensemble de l'équipe, lors de la réunion hebdomadaire du personnel de l'agence.

• Le directeur prend soin de valoriser les succès, ceux de sa collaboratrice-pilote et ceux des autres membres de l'équipe. Il fait en sorte de manifester publiquement sa satisfaction de façon à installer une ambiance fondée sur le plaisir à réussir ensemble.

• Il s'attache à ne pas « faire une histoire » des difficultés ou échecs. Il réfléchit plutôt avec sa collaboratrice aux solutions à trouver.

• Tout discours négatif est automatiquement recadré : « Comment vous y prendriez-vous pour régler ce problème ? »

3. Feed-back et déploiement

① Le directeur et son équipe font le point. Ils constatent que, contre toute attente, vu le contexte précédent, les objectifs sont atteints selon les différents critères retenus.

• Le nombre d'ouvertures de comptes a progressé.

• Les challenges commerciaux ont été relevés.

• Les réclamations clients sont peu nombreuses et traitées sur le champ.

• L'absentéisme s'est considérablement réduit.

• Les marges se sont améliorées.

② Forts de ce premier succès et de la satisfaction générale qu'il génère, ils décident ensemble de généraliser les nouvelles pratiques.

③ Ils mettent en œuvre les décisions prises.

En quelques semaines de communication adroite, de vision positive, de reconnaissance du travail bien fait, d'activation de la motivation, de coopération étroite avec une collaboratrice-pilote, puis avec l'intégralité de l'équipe, le nouveau directeur a pu transformer radicalement l'ambiance de travail. Avec comme conséquences une volonté de coopération du personnel et un redressement spectaculaire des résultats.

Manager les hommes, ce n'est pas si compliqué, n'est-ce pas ? Encore faut-il respecter un certain nombre de fondamentaux.

MasterManager®

« La pierre n'a point d'espoir d'être autre chose que pierre. Mais de collaborer, elle s'assemble et devient pont. » (Antoine de Saint-Exupéry)

Les fondamentaux de la performance managériale

Un célèbre professeur de management fut engagé pour conduire un séminaire d'une journée sur la performance pour des managers. Lorsque le professeur arriva à l'aéroport, les organisateurs lui apprirent qu'il devrait se contenter d'une heure pour présenter son sujet. Avant son intervention, il s'absenta et revint chargé d'un gros carton qu'il plaça près de son pupitre dans la salle de conférence.

Lorsqu'il fut invité à prendre la parole, Il ouvrit le carton et en retira un immense bocal qu'il posa sur le pupitre. Sans un mot, il sortit des pierres grosses comme des balles de tennis et les plaça délicatement dans le bocal.

Lorsque le bocal fut rempli jusqu'au bord et qu'il fut impossible d'y ajouter une pierre de plus, il leva lentement les yeux vers son auditoire et posa une question : « Est-ce que ce bocal est plein ? » Tous répondirent : « Oui ».

Il attendit quelques secondes, se pencha vers le carton et en sortit un sac de gravier qu'il versa minutieusement sur les grosses pierres ; puis il remua légèrement le bocal pour que le gravier s'infiltre jusqu'au fond entre les pierres. Le professeur leva à nouveau les yeux vers son auditoire et demanda : « Est-ce que le bocal est plein, cette fois ? » Les participants, qui avaient compris son jeu, répondirent : « Non ». « En effet », dit le professeur.

Il se pencha de nouveau, saisit un sac de sable, et le versa avec attention dans le bocal. Le sable se glissa lentement entre les grosses pierres et le gravier. Il posa encore la question : « Est-ce que le bocal est plein ? », et toute la salle répondit en chœur : « Non ! »

« Bien ! », répondit le professeur. Et comme l'auditoire s'y attendait il prit une bouteille d'eau et remplit le bocal jusqu'à ras bord. Le professeur leva alors les yeux vers la salle et demanda : « Que nous apprend cette expérience ? »

Un audacieux se lança : « Cela démontre que même lorsque notre agenda nous semble complètement rempli, on peut encore y trouver des interstices pour caser des rendez-vous et des tâches à accomplir ! » La salle éclata de rire et le professeur rebondit : « La loi devrait exiger qu'il soit écrit en lettres d'or sur tous les agendas : Un agenda surchargé nuit gravement à sa santé ! » Et il poursuivit en reprenant son sérieux.

« Ce que je voulais vous démontrer est tout autre. Si vous essayez de remplir le bocal en commençant par l'eau, puis le sable, le gravier et finalement les grosses pierres, vous ne pourrez jamais faire entrer toutes les grosses pierres dans votre bocal. Il faut bien entendu toujours commencer par introduire les grosses pierres. La performance commence par cela. » Il y eut un profond silence, chacun prenant conscience de la pertinence de ces propos.

« Ce qu'il faut retenir, continua-t-il, c'est qu'il est déterminant de donner la priorité aux grosses pierres dans sa vie professionnelle, sinon vous prenez le risque d'échouer. Si vous donnez la priorité aux peccadilles (le gravier, le sable), vous remplirez votre vie professionnelle de peccadilles et vous n'aurez plus assez de temps à consacrer à ce qui est important. Alors, interrogez-vous : Quelles sont les grosses pierres ? Quels sont les fondamentaux ? Qu'est-ce qui est majeur ? Lorsque vous aurez répondu à ces questions, mettez-les en priorité dans votre bocal, c'est-à-dire dans votre vie professionnelle. En y réfléchissant un peu, vous pourriez même étendre cette approche à votre vie personnelle... Mais ceci est une autre affaire ; j'ai été invité pour vous parler de performance professionnelle n'est-ce pas ?

« Dans votre vie professionnelle, quelles sont les "grosses pierres" qui peuvent vous conduire à la performance ? »

Et le professeur commença à énumérer : « La lucidité ? L'équité ? L'exigence ? Le respect ? L'exemplarité ? La confiance ? La responsabilité ? La motivation ? L'engagement ? La tolérance ? L'autonomie ? L'argent ? La communication ? La pérennité ? La sécurité ? La fidélité ? L'honnêteté ? La cohésion ? Le devoir ? La simplicité ? L'humilité ? L'exemplarité ? Le dynamisme ? L'organisation ? La reconnaissance ? Le désir ? L'ambition ? La curiosité ? La maîtrise ? L'innovation ? La convivialité ? La productivité ? La rigueur ? Le défi ? Le progrès ? La réussite ?... »

Il continua à égrener pendant plusieurs minutes et quand il eut fini, il ajouta : « **Vous remarquerez que les grosses pierres sont toutes des valeurs. Elles conditionnent votre vision !** Lorsque cette vision est noble, qu'elle répond à la fois à votre désir et à votre devoir, l'énergie que vous mettez dans l'action vous fait soulever des montagnes.

« De même, lorsque la vision que vous communiquez à vos collaborateurs est noble, qu'elle répond à la fois à leur désir et à leur devoir, l'énergie qu'ils mettent dans l'action leur fait soulever des montagnes.

« Rappelez-vous toutefois une chose essentielle : **vouloir être performant n'autorise pas tout. La performance doit s'inscrire dans la durée, d'où la nécessité de respecter les principes du management durable. D'où la nécessité d'agir en MasterManager®.** »

Le professeur se leva, salua respectueusement son auditoire et quitta la salle dans un profond silence, immédiatement suivi d'une *standing ovation*.

C'est un tonnerre d'applaudissements qui vous attend, vous aussi, lorsque vous aurez appliqué les principes de MasterManager®.

Maintenant, c'est donc à vous de jouer, car « Les idées ne sont pas faites pour être pensées mais pour être vécues » (André Malraux).

Tous mes vœux de succès

Retrouvez Claude Desbordes dans les formations Mastership®
qu'il anime en exclusivité avec Friedrich Schneider.
Pour toute information : info@mastership.fr

Index

GROUPE EXPRESS éditions

Groupe Express Éditions
29, rue de Châteaudun
75308 Paris Cedex 09

Collection dirigée par
Sébastien Loison

Suivi d'édition
Camille Geffroy
Nathalie Riché

Mise en pages
EMD S.A.S.

Graphisme couverture
Philippe Marchand/OLO

Fabrication
Jean Dufour

Achevé d'imprimer en juillet 2008
par l'Imprimerie EMD S.A.S.
53110 Lassay-les-Châteaux
N° 21040 - Dépôt légal : septembre 2008

ISBN : 978-2-84343-546-1